만나요약설교 9

만나요약설교 9번

초판 1쇄 발행 2015년 09월 05일
초판 2쇄 발행 2022년 04월 05일

지은이　김명규

펴낸이　박성숙
펴낸곳　도서출판 예루살렘
주　소　10252 경기도 고양시 일산동구 고봉로 776-92
전　화　031-976-8970
팩　스　031-976-8971
이메일　jerusalem80@naver.com
등　록　1980년 5월 24일(제16-75호)

ISBN　978-89-7210-555-8(03230)

책값은 뒤표지에 있습니다.

도서출판 예루살렘은 말씀과 성령 안에서 기도로 시작하며
영혼이 풍요로워지는 책을 만드는 데 힘쓰고 있으며
문서선교 사역의 현장에서 하나님 나라의 비전을 넓혀가겠습니다.

나의 힘이신 여호와여 내가 주를 사랑하나이다(시 18:1)

만나요약설교 9

김명규 목사 지음

머리말

설교를 한다는 것이 결코 쉬운 일이 아님을 느끼는 것은 순수한 내면의 감정입니다. 40년이 넘도록 설교했지만 남들처럼 소위 언변이 좋거나 웅변적이지도 못한 것이 사실입니다. 그렇다고 학문적인 깊이가 심오한 것도 아닙니다. 다만 목회자로 여기까지 오게 된 것은 내 안에서 끊임없이 역사하신 성령의 역사, 곧 하나님 은혜이며, 부족한 설교를 은혜로 들어준 성도들의 사랑의 힘입니다.

발에 체일뿐이었던 마른 당나귀의 턱뼈가 힘 있는 삼손의 손에 들려질 때에 블레셋 군대를 일 천 명이나 물리친 무기가 되었던 것처럼(삿 15:15~16) 하나님은 부족한 저의 설교를 들어 힘 있게 사용하셨습니다. 그리고 그 옛날 보릿고개 시대에 맛없는 보리밥도 맛있게 먹었던 것처럼, 매 주일 우리 은평의 성도들이 저의 설교를 맛있게 듣고 마음으로 먹어준 것과 나름대로 건강하게 성장해온 교회와 성도들에게 또 나 에게는 더 없는 감사입니다.

지금도 강단에 설 때마다 느끼는 것은 설교란 성령께서 하시는 일임을 고백하지 않을 수 없습니다. 설교를 듣는 가운데 성도들이 은혜를 받게 되고, 거듭남을 체험하며, 각종 병이 떠나는 현상들이며, 잠자는 영혼이 깨어나는 현상들이 일어났던 것은 설교자의 미사여구가 뛰어난 언변이나 심오한 학문적 강의에서 나오는 것이 아니라 오직 성령께서 설교자인 내 안에서 역사하셨기 때문임을 믿습니다.

정신없이 달려 오다보니 벌써 인생도 내리막길에 서 있고, 목회도 후반전에 와 있음을 보게 됩니다. 그러기에 남은 시간동안 내게 주어진 시간 속에서 더욱 설교에 전념하려고 합니다.

이제 우리 은평교회는 개척한지 35주년이 지났습니다. 그리고 지금은 지역이 재개발되어 4300세대 이만여명이 입주할 것을 대비해 온 성도들이 힘을 합쳐 교회 증축과 리모델링을 준비하는 가운데 있습니다. 8년 전부터 하나님께서 기도하라는 감동을 주셔서 전 성도가 24시간 40일 릴레이 기도를 년 4회 이상 진행해 오고 있습니다. 이렇게 기도에 모든 힘을 쏟고 있는 것은 기도하는 교회만이 하나님의 역사를 이루기 때문입니다(막9:29) 주님께서 언제 다시 재림하실지 알 수 가 없는 일이지만 목회자는 목회자로써 최후까지 사명에 살아가는 것이 본분이기에 최선을 다하게 됩니다.

만나설교 9권을 내면서 인생과 목회의 후반기요 가장 중요한 이 시기에 늘 어려울 때 옆에서 기도해 주시던 어머니 (故)김복춘 권사님과 장모님 이월식 권사님이 더욱 새롭게 느껴지곤 합니다. 그리고 향년 91세이신 불편하신 몸으로 주일이면 어김없이 예배에 참석하시는 아버지 김형창 집사님의 평안하기를 이 책에 담고 싶습니다. 그리고 누구보다도 결혼해서 지금까지 땀 흘리며 애써온 사모 유미자 아내에게 고마운 마음을 전하며, 매 주일마다 원고정리에 힘써준 교역자들에게 감사를 표합니다. 내가 태어나서 신학공부하고 목사가 되어서 여기까지 오게 된 대신총회 선후배목사님들과 장로님들에게 이 책을 드리고 싶습니다.

아울러 만나요약 9권의 추천서를 써주신 성도침례교회 증경 총회장이신 양재순 목사님과 예일교회 대신총회 증경총회장이신 강경원목사님에게도 감사를 표합니다. 언제나 출판에 힘써준 도서출판예루살렘 사장님에게도 감사를 전합니다. 이 책을 읽는 모든 분들에게 하나님의 강수 같은 은혜가 언제나 있기를 기도합니다.

2015. 8.
아파트 건설 망치소리에 시끄러운 덕천마을 모퉁이에서
小石 **김명규** 목사

추천사

　김명규 목사님이 '만나요약설교' 9권을 펴냄에 대하여 진심으로 축하하면서 추천사를 쓰게 된 것을 영광으로 생각합니다.
풍요속의 빈곤이란 말이 있듯이 지금의 세상은 종이출판물에 의한 책들은 점점 줄어들고 있으나 스가랴 선지자의 예언대로 '두루마리가 날아다니는 세상이라' 했듯이 사람들의 손 안에는 전자사전을 비롯해서 그 속에 수천 수만 권의 책들이 들려져 있고 필요하면 얼마든지 꺼내어 쓸 수 있는 풍요로운 지식의 세상입니다.
　그러나 정말 필요한 책은 보화와 같이 찾기 어려운 세상인데 김명규 목사님의 책은 광야를 가는 유대인들에게 맛나와 같이 현대 기독교인들에게 맛나와 같은 책이라고 생각됩니다.

　인간에게 필요한 책은 영감성이 있어야 하고 진실성과 사실성이 있어서 읽는 이들과 듣는 이들로 하여금 영혼이 소생하고 인격에 변화를 주고 삶에 길잡이가 되어야 합니다. 그렇기에 책의 진가는 책을 쓰는 이의 신앙과 인격과 삶에 의해서 결정되는 것입니다. 아무리 잘 쓴 책이라도 저자가 신앙이 없거나 영성과 인격이 비정상적이고 삶에 본이 되지못한 사람이라면 그런 사람이 쓴 책은 읽는 사람에게 유익한 것 같지만 허상만 추구하게 하는 것입니다.

김명규 목사님은 고향 후배이며 신학교 후배입니다. 유년기 시절에는 교회학교에서 가르쳤고, 전도사 때에는 우리 교회에서 실습하고 봉사했으며 은평교회를 개척하고 부터 지금까지 늘 가까운 지역에서 목회하고 있기 때문에 김명규 목사님의 신앙과 인격 그리고 삶에 대하여 잘 아는 사람 중에 하나라고 생각합니다. 그러기에 김명규 목사님이 나에게 추천사를 부탁한 것으로 생각하여 기쁘게 수락했던 것입니다.

　　김목사님 이야말로 오직 예수님만을 위한 영적인 사람이요 진실하고 정직한 충성된 사람이고 삶에 모범이 되어 예수님의 제자라고 말할 수 있습니다. 그러므로 김 목사님의 책을 읽는 사람들은 맛나와 같은 신비한 능력을 실어주게 될 것이라고 믿어 의심치 않습니다.

기독교한국침례회 성도교회
증경총회장 **양재순** 목사

추천사

　예수님께서 나약하고 힘없는 제자들에게 천하에 복음을 전하라고 명령하시고 승천하셨습니다. 성령충만한 제자들이 복음을 전하면서 위대한 능력자가 되었고 세상을 변화시키는 사도들로 부상하게 되었습니다. 복음은 그들에게 힘과 능력을 주었고 용기와 지혜, 세상에서 승리할 수 있는 매우 넓은 길을 열어주셨습니다.

　김명규 목사님은 평생을 복음으로 살아왔습니다. 신학교를 졸업하고 안양 덕천 마을에서 은평교회를 개척하여 40여 년 동안 한 우물을 팠습니다. 복음은 그에게 힘과 능력, 지혜와 용기를 주었습니다. 많은 사람을 붙여주셨고 재물을 허락하셔서 예배당과 교육관을 만들게 하셨고 강원도 영월에 넓은 수양관을 마련하게 하셨습니다. 복음은 그에게 꿈을 주셨고 은평교회의 21세기를 열어 가시려고 새로운 시도를 하게 하셨습니다. 기대가 됩니다. 복음으로 살았던 사도늘에게 하늘의 넓은 문을 여셨던 것처럼 복음으로 사는 김명규 목사님과 은평교회에 펼치실 하나님의 새마당이 마냥 기다려집니다.

그동안 김명규 목사님이 강단에서 능력과 기적을 일으키며 안양지역을 변화시켰던 복음의 내용을 한권의 책으로 펼쳐내게 되어 정말 축하합니다. 그가 전하는 복음은 간결하고 확신에 차있습니다. 뜨겁고 열정적입니다. 그 자신도 그렇게 살고 있고 교우들도 그렇게 살아가야 한다고 강하게 권하고 있습니다. 그래서 그 현장이 능력의 현장이요 기적의 땅이 되는 것입니다. 재정을 생각하지 않고 아홉번째 펴내는 만나요약설교가 강단을 풍성하게 하고 독자들에게 지혜와 비전을 제시하는 촉진제가 될 것입니다. 주의 영이 독자들에게 감동을 주시며 꿈을 꾸게 하시기를 기원하면서 기쁜 마음으로 추천합니다.

예일교회 / 예장대신총회
증경총회장 **강경원** 목사

목차

머리말
추천사

하나님

우리가 믿는 하나님(창 1:1)　18
앞서 행하시는 여호와(신 1:29~33)　23
우리를 구속하신 주 하나님(사 63:15~19)　28
능치 못하심이 없으신 하나님(슥 4:6~9)　34

예수님

내가 너희 안에, 너희가 내안에(갈 2:20~21)　39
예수님만 바라보아야 합니다(히 12:1~3)　45
선한목자! 우리는 그분의 양들입니다(요 10:14~15)　50
예수님만 바라보는 신앙(히 12:1~2)　55
예수님 안에 있어야 합니다(요 15:1~7)　60
예수그리스도 생명의 빛(요 1:1~5)　65

교회

다윗의 열쇠를 가진 교회(계 3:7~8)   71
이 복으로 살게 하옵소서(시 128:1~6)   77
사도행전적 축복의 교회(행 3:1~10)   82
세상에 대하여 교회가 할 일(마 5:13~16)   87
하나님의 교회를 세우는 사람들(마 16:18~20)   92

신앙생활

감격적인 신앙생활(행 16:19~34)   98
성도가 생활해야 할 중심 축(눅 9:28~36)   103
육에 속한 사람과 영에 속한 사람의 길(갈 6:6~9)   109
악한 세상에서 성도가 소유해야 할 제동장치(창 39:7~10)   114
성도의 세상에서의 생활(롬 14:13~18)   119

믿음

세상이 감당치 못할 사람들(히 11:33~40)   125
하나님께서 생각하시는 사람들(창 19:29)   130
축복받을 믿음과 영적 자세(사 54:1~2)   135

칭찬 듣는 믿음을 소유한 사람들(마 15:21~28)   141
주님을 기쁘시게 해드리는 사람들(고후 5:8~10)   146
믿어야 합니다.(막 11:20~25)   151

기도

기도의 응답은 축복입니다.(대상 4:9~10)   156
기도생활에 힘써야 합니다(골 4:1~6)   161
기도의 능력밖에 없습니다.(막 9:25~29)   166

축복

축복의 현장에 서라(요 2:1~11)   171
아멘 하는 축복 신앙(고후 1:15~20)   176
축복받은 이삭의 신앙과 축복(창 26:24~33)   181
가장 깊은 늪에서 가장 높은 축복의 자리로(욥 42:10~17)   186

영적전쟁

마귀를 물리치고 하나님을 가까이 하라(약 4:7~10)   191
사탄의 고발 내용이 거짓말이 되게 하라(욥 2:1~6)   196

신앙적으로 승리한 사람들(삿 7:2~8)　201
영적 무장을 해야 합니다(엡 6:10~21)　207
여리고성을 함락시킨 비밀(수 6:14~16)　212
야곱이 이스라엘로 바뀐 씨름(창 32:24~32)　217
최후 마지막까지 지키고 승리한 사람들(딤후 4:7~8)　222

● 구원/천국

십자가 위에서 흘리신 보혈 피(엡 2:1)　228
예수님이 다 이루셨습니다(요 19:30)　234
내가 가는 길은 생명의 길인가? 멸망의 길인가?(마 7:13~14)　239
구원의 축복을 받은 집(눅 19:1~10)　244
영혼구원의 절대조건(행 2:37~41)　249
천국에 입국하는 비자(히 3:15~19)　254
천국에 결실할 신앙(마 13:18~23)　259

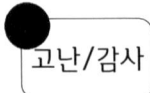

문제를 향하여 명령하라(막 4:35~41)　264
고난 중에도 소망을 가진 사람들(욥 23:8~10)　269
최악의 경우에도 감사하는 사람들(단 6:10)　274
범사에 감사하는 신앙(살전 5:16~18)　280

가정/교육

이 땅에서 잘되고 축복받는 길(엡 6:1~3)   285
자녀사랑 부모공경 행복한 가정(시 127:1~5)   290

결단

종말 때에 사는 길(벧후 3:7~13)   295
무익했던 사람이 사랑과 유익의 사람으로(몬1:1~7)   300
누구와 함께 가십니까?(눅 22:28~34)   306

만나요약설교 9

> 하나님

우리가 믿는 하나님
(창 1:1)

성경은 세상에서 제일 귀하고 존엄한 책 중에 책입니다. 왜냐하면 제일 많이 읽혀지고 제일 많이 팔리는 베스트 중에 베스트가 성경책입니다. 구약 1,500년과 신약 100년, 합해서 1,600년 동안 40여명에 의해서 기록된 책이기 때문에 귀한 것이 아니고 이 성경책은 곧 하나님의 말씀이기 때문에 귀한 것입니다. 모세는 애굽에서 태어나서 고대 애굽의 모든 고등학문을 통달한 사람으로 모세오경을 기록한 사람입니다.

성경의 첫 번째 시작 절이 창세기 1장1절인데 제일 중요한 용어가 다름 아닌 "하나님"이라는 용어입니다. '태초에 하나님이 천지를 창조하시니라' 하셨는데 우리가 믿는 그 하나님에 대하여 첫 번째 소개가 창조주 하나님으로 전달이 되었습니다. 사람들의 손에 의해서 만들어진 이방 신들(시 115:4~)과는 구별되신 어떤 분이신가를 말씀에서 배우게 됩니다. 내가 믿는 하나님께 대한 바른 신관(神觀)을 세우고 믿는 신앙이 되시기를 바랍니다.

1. 우리가 믿는 하나님은 삼위일체가 되십니다.

내가 믿는 하나님을 올바르게 인지(認知)해야 하겠습니다.

1) 이 하나님은 다른 이방신과 같이 누구에 의해서 만든 것이 아니라 영원부터 영원까지 자존(自存)하시는 하나님이십니다.

① 모세에 질문에 대한 하나님의 답변이십니다.
(출 3:14)모세에 질문에 대하여 '하나님이 모세에게 나는 스스로 있는

자니라 또 이르시되 너는 이스라엘 자손에게 이같이 이르기를 스스로 있는 자가 나를 너희에게 보내셨다 하라'(I AM WHO I AM.) 하였습니다. 하나님은 영원부터 영원까지 스스로 계신 분이십니다.
② 신약에는 '처음과 나중 되시는 하나님이시라' 하셨습니다.
밧모섬에 유배되어 있는 사도요한에게 보여주신 주님의 모습입니다.
(계 1:8) '주 하나님이 가라사대 나는 알파와 오메가라 이제도 있고 전에도 있었고 장차 올 자요 전능한 자라 하시더라' 하였습니다(계 21:6, 22:13 참조). 이스라엘을 구원 하신 여호와는 구원자로써 신약에서는 예수로 임재 하시게 되었습니다. 이른바 알파(A)와 오메가(Ω)가 되십니다.

2) 이 하나님은 삼위일체 하나님으로 보여 주셨습니다.

물론 성경에는 글자 그대로 '삼위일체' 라는 말은 없지만 하나님은 삼위일체이신 것이 분명합니다.
① "하나님"이라는 히브리어에서 밝혀주셨습니다.
'엘로힘'이라는 히브리어로 복수형을 나타내 주고 있습니다 (창 1:26~27, 사 6:7~8). 하나님이 세분이라는 뜻이 아니고 한 하나님이십니다. 또한 '알라' 라는 말도 있는데 그 뜻은 강한 자, 두려움의 하나님을 뜻할 때에 사용되었습니다. 예컨대(출 6:1~) '여호와께서 모세에게 이르시되 이제 내가 바로에게 하는 일을 네가 보리라 강한 손을 더하므로 바로가 그들을 보내리라 강한 손을 더하므로 바로가 그들을 그 땅에서 쫓아내리라' 하였습니다. (수 10:12, 삿7:8, 삼상 17:47, 계 2:26~27)
② 삼위일체 하나님은 각각 인격을 갖추시고 통일된 분이십니다.
요한 칼빈(John Calvin)은 삼위일체 하나님의 각 세 인격과 구별과 통일성에 대하여 "성부에게는 모든 만물의 근원이요 첫 출발과 행동하는 존재의 시작이 달려 있으며, 성자에게는 지혜, 계획과 만물의 질서 있

는 지배가 귀속되며, 성령에게는 권능과 만물의 효용성이 귀속 되어 있다"라고 정리하였습니다. 분명하신 사실은 한 하나님이라는 사실을 믿는 것입니다. '주는 우리 하나님 여호와이심이니이다'(렘 3:22)하였습니다.

2. 우리가 믿는 하나님은 영원하시는 하나님이십니다.

사람이 만들었다든지 어느 인물이 신격화(神格化)시켜서 믿는 대상이 절대 아닙니다.

1) 태초라는 말은 영존하시는 사실을 밝혀 주었습니다.
① 세상에는 신들이라는 것들이 얼마든지 많이 있습니다.
이름만 대어도 모두 들었고 알만한 어떤 인물을 내세워서 신(神)이라고 세우는 타락한 세대입니다. 결국 영혼을 도적질하고 사기치고 지옥에 데려가는 마귀의 술책에 불과합니다. 그것들은 절대로 신이 될 수 없는 존재들입니다(시 115:4~).
② 사람들이 만든 신은 역사가 흘려가면서 무너지게 됩니다 (삿 6:26~27).
사사기 시대에 기드온이 행하였던 기사를 읽게 되는데 사람이 만들어서 세운 신이라는 것들(god)은 사람의 몽둥이 앞에서도 무너지게 됩니다. 그리고 아무런 일도 할 수 없는 것들입니다(삼상 5:1~, 왕상18:28).

2) 하나님은 여호와이십니다. 나는 여호와라 하셨습니다.
① 여호와라는 뜻은 '구원 주'라는 뜻입니다.
하나님의 기념 칭호이며 우리가 믿는 하나님이십니다(출 3:15: 호 12:5). '저는 만군의 하나님 여호와시라 여호와는 그의 기념 칭호니라'(the LORD God Almighty, the LORD is his name of renown!)

하였습니다.
② 이 하나님은 영원하신 하나님이십니다.
시편에서 '다윗의 입을 의탁하사' 말씀하셨습니다. (시 102:26) '천지는 없어지려니와 주는 영존하시겠고', (사9:6) '전능하신 하나님이라, 영존하시는 아버지라, 평강의 왕이라 할 것임이라' 하였습니다. 우리의 구원주가 되십니다(마 1:21).

3. 우리가 믿는 하나님은 모든 존재를 창조하신 하나님 이십니다.

우연히 되었다거나 진화되었다는 것은 거짓이요 날조에 불과한 일이고 하나님께서 창조하셨습니다.

1) 태초에 하나님이 천지를 창조하시니라 하였습니다. 모든 존재는 창조입니다.

① 우주 만물을 창조하셨습니다(히 3:4).
'천지'라는 용어는 문자적으로 하늘과 땅 곧 지구와 우주라는 뜻이지만 모든 우주의 세계까지와 보이지 않은 세계까지 모두 창조하셨습니다. 현재 발견된 천체에 따르면 2,300만 광년이라는 말까지 나오게 됩니다. 1광년은 빛의 속도로 1억년을 재는 거리라고 했습니다.
② 영적 세계도 하나님이 창조하셨습니다.
영원한 천국도 하나님이 만드셨고, 지옥도 하나님이 일종의 감옥으로 만드셨습니다(벧후 2:4). 천사의 세계도 하나님이 심부름꾼으로 만드셨습니다(히 1:14). 사람은 하나님의 자녀로써 하나님의 형상대로 지으셨습니다(창 1:26~27). 하나님만 영광과 찬송의 존재입니다(사 41:10: 고전 10:31: 엡1:13).

2) 하나님의 위대성을 찬송합니다.

그저 크고 광대하시다는 표현밖에 다른 표현이 부족합니다.
① 다윗의 신앙을 보시기 바랍니다.
(시 145:3) '여호와는 광대하시니 크게 찬양할 것이라 그의 광대하심을 측량치 못하리로다'했습니다. 바울은(롬 11:36) 이렇게 전했습니다. '이는 만물이 주에게서 나오고 주로 말미암고 주에게로 돌아감이라 영광이 그에게 세세에 있으리로다 아멘' 하였습니다.
② 하나님은 창조주가 되십니다.
히브리어에서 창조했다는 말은 세 가지로 뜻했습니다. '바라'로써 무에서 유를 창조하는 것으로 신적 창조이고, '아사'로써 창조된 물질을 가지고 완전한 물체를 만드심이며, '야찰'은 하나님께서 특별히 목적에 따라서 사람을 만드신 것을 뜻합니다. 따라서 다른 이론으로 따지거나 불신앙으로 따지지 말아야 합니다. 내가 믿는 하나님을 올바르게 믿는 성도들이 되시기를 주의 이름으로 축원합니다.

▶ **결론** : 하나님을 바르게 고백해야 합니다.

앞서 행하시는 여호와
(신 1:29~33)

거대한 한강의 물줄기가 흘러가기 위해서는 어느 골짜기의 작은 물들이 모여져 작은 내를 이루고 그 내가 흘려가면서 계곡을 이루고 굽이굽이 흘러서 큰 강을 이루어 가듯이 한 국가나 한 개인이 정상에 우뚝 설 때 까지는 필설로 다 못할 우여곡절이 많을 것입니다.

예수 믿고 하나님의 자녀가 되어 천국에 갈 때까지는 수많은 일들을 겪게 되는데 존 번언이 지은 '천로역정'의 주인공 기독도의 가는 길이라 할 것입니다. 분명한 것은 지금도 졸지도 아니하시고 주무시지도 않으시고 함께 계신다는 사실입니다(시 121:1~6;사 41:10).

오늘 읽은 본문은 이스라엘 자손이(구약교회, 광야교회, 행7:38) 애굽에서 출애굽하여 광야 40년 길을 걸어갈 때의 사건인바 한 번도 가보지 못했던 길이지만 하나님께서 구름기둥과 불기둥으로 인도하시고 장막 칠 곳까지 인도하시는 하나님의 세밀 하신 손길을 보여주십니다. 지상교회 역사에는 고난과 역경이 있지만 하나님의 선하신 인도하심이 반드시 함께 계시기에(수 1:4~9) 축복이요 승리가 보장됩니다. 어렵고 힘든 시기이기에 본문에서 은혜를 받습니다.

1. '무서워하지 말라 두려워하지 말라'고 하셨습니다.

상황이 어렵고 힘든 때에도 두려워 말라고 하셨습니다.

1) 무엇을 무서워 말고 두려워 말아야 합니까?

광야를 거쳐 가는 이스라엘 백성들에게는 언제나 문제가 많습니다.

① 환경을 두려워하지 말라는 뜻으로 믿게 됩니다.
환경이 좋지 않습니다. 낮에는 40도 을 넘나드는 온도와 들짐승과 전갈이 있는 광야입니다. 성경이 이를 말씀해주고 있습니다(신 8:15~). 마라의 쓴물(출 15:23)과 마실 물도 없는 곳입니다(민 20:5~). 인간이 살아가는데 환경은 사람을 지배하기 때문에 어렵지만 극복해야 합니다.
② 미래에 모르는 일들이 어렵게 만들지만 두려워하지 말라고 하십니다.
미래를 아는 사람은 세상에 없을 것이지만 광야 40년 기간 동안에 이스라엘 백성들은 예측할 수 없는 길을 걸어가면서 어려웠을 것이 당연합니다. 지금은 불확실성의 시대에 살아갑니다. 증권이나 경제가 바닥이 나고 사회 범죄가 늘어가면서 세상이 어려운 시대임에 틀림이 없습니다. 그러나 분명한 것은 하나님께서 우리에게 주시는 말씀은 두려워하지 말라고 하셨습니다. 내일 일은 난 몰라도 주님이 함께 하시는 것은 확실하기 때문입니다.

2) 광야의 행로 중에 하나님께서 이스라엘을 안고 가셨다는 사실입니다.
　환경이 어렵고 미래가 밝지 못해도 부모가 어린아이를 안고 가시듯이 하나님께서 이스라엘 백성을 안고 가셨습니다.
① 하나님께서 함께하시는 최고의 표현입니다.
(31절)'광야에서도 너희가 당하였거니와 사람이 자기 아들을 안음같이 너희 하나님 여호와께서 너희의 행로 중에 너희를 안으사 이곳까지 이르게 하셨느니라' 하셨습니다. 지금도 우리를 안고 가시는 하나님의 역사를 믿어야 하겠습니다.
② 하나님은 이스라엘 백성들을 날개 안에 품어주셨습니다.
눈동자 같이 지키셨고 보호해 주셨습니다. 개인이나 국가나 민족 모두를 하나님이 지켜주시는 표현들을 보시기 바랍니다(시 17:8;신 32:10:

살후 3:16). 하나님의 이 손길이 지금도 변치 않으시고 역사해 주심을 믿어야 합니다. 하나님의 변치 않는 사랑과 긍휼의 손길입니다.

2. 하나님께서 인도하심은 구체적이고 확실하게 인도해 주십니다.

광야라는 환경에서도 하나님께서는 확실하게 인도해 주셨습니다.

1) 구체적으로 인도해 주셨습니다.

공중에 떠있는 무지개나 신기루가 아니라 확실하게 인도하여 주셨습니다.

① 장막 칠 곳까지 정확하게 인도하여 주셨습니다.

가는 길은 광야인데 누구 하나 가본 적이 없는 미지의 세계였습니다. 그러나 하나님의 선하신 길은 장막 칠 곳까지 인도하셨는데 (33절)'그는 너희 앞서 행하시며 장막 칠 곳을 찾으시고(to search out places for you to camp)했습니다.

② 어디에다 장막을 치고 살아가야 하는지를 구체적으로 이끌어 가셨습니다.

하나님께서 우리를 인도하심은 기계의 톱이 바퀴(Gear) 물려가듯이 정확하십니다. 요셉의 인생길에서, 욥의 인생길에서 에스더와 모르드개에 하만과의 관계에서도 분명히 보게 됩니다(에 16:1~4). 하나님의 역사하심은 세밀하고도 정확하십니다.

2) 구름 기둥과 불 기둥으로 인도해 주셨습니다.

지금도 하나님은 우리 인생길에서 구름 기둥과 불 기둥으로 인도 하십니다.

① 불 기둥과 구름 기둥은 성령과 말씀에 상징으로 볼 것입니다.

언제나 말씀의 역사와 성령의 역사하심은 지금도 함께 하시어 광야 같은 세상을 승리로 이끌어 가십니다. 따라서 모든 인생길의 문제를 하나님께 맡겨야 합니다(시 37:4~5). 하나님보다 더 정확하게 인도하실 분은 없습니다.

② 하나님을 믿고 신뢰해야 합니다.

하나님께 대한 믿음(Faith)과 신뢰(Trust)가 관건입니다. 미국 화폐인 달러 가운데 이런 글귀가 있습니다. 'In God we Trust' 우리는 하나님을 신뢰합니다. 그래서 미국이라는 나라의 건국이념은 시편 127:1~)입니다. 여호와께서 집을 세우시고 성을 지켜주시는 신앙고백이 그 나라의 건국이념입니다.

3. 우리는 하나님의 지시를 따라야 합니다.

(33절) '행할 길을 지시하신 자니라'(and to show you the way you should go)하였습니다.

1) 하나님의 지시하심에 따라야 할 의무가 있습니다.

낯선 길로 갈수록 안내자가 반드시 필요합니다.

① 안내자의 지시는 매우 중요한 일입니다.

험한 산등이나 외국에서 처음 가는 길에서는 안내자가 필수입니다. 우리는 지금 외국인과 나그네 길에서 살아갑니다(히 11:13~14). 하나님께서 지시한대로 가면 축복이요 가나안 땅이요 천국입니다(신 28:1~14). 지금도 택하시어 장막 칠 곳을 인도하십니다.

② 하나님의 안내하심은 정확하기 때문에 따르고 순종하면 됩니다.

오직 순종하나 뿐입니다. 그중에 여호수아와 갈렙은 그 견본입니다. (36절)' 오직 여분네의 아들 갈렙은 온전히 여호와를 순종하였은즉 그는 그것을 볼 것이요 그가 밟은 땅을 내가 그와 그의 자손에게 주리라' 하였습니다.

2) 불신앙은 죽음입니다.

(32절)'이 일에 너희가 너희 하나님 여호와를 믿지 아니하였도다'(In spite of this, you did not trust in the LORD your God)하였는데 이것이 문제입니다.

① 하나님을 믿어야 합니다.

믿고 의지하고 따라가면 만능 열쇠와 같지만, 의심이나 불신은 아무도 좋은 일을 볼 수 없습니다(약 1:5~7). 광야 같은 세상에서 믿음이 중요합니다.

② 은평교회 성도들이여! 하나님을 굳게 믿고 신뢰하시기 바랍니다.

생사화복의 그 주권이 하나님께 있기 때문입니다. 광야 길을 걷던 이스라엘을 인도하신 하나님의 손길이 이 세대에도 함께 계심을 믿고 승리하시기를 주의 이름으로 축원합니다.

▶ **결론** : 하나님의 약속은 지금도 불변하십니다.

우리를 구속하신 주 하나님
(사 63:15~19)

이 세상은 사람들이 임의적으로 만든 신들(gods)이라고 붙여진 이름들이 많음을 보게 되는데 세계 어느 곳에 가든지 신들(우상)이 많이 있습니다. 사도바울이 아테네에 가서 복음 전파할 때에도 아덴사람들이 범사에 종교성이 많아서 신들이 많았는데 심지어 '알지 못하는 신에게'(To an unknown god)라고 하는 자리를 만들고 제사하는 모습을 보고 그들이 알지 못하는 참 하나님을 전하는 현장을 읽게 됩니다(행 17:24~). 우리가 믿는 참 하나님은 사람들이 알지 못하는 분으로써 우주와 그 가운데 만물을 지으신 하나님이시며(행 24:17), 사람들이 임의로 만들거나 제작하여 세워놓고 섬기는 거짓이 아니며(시 115:4~8), 이스라엘이 대대적으로 믿고 섬기면서 복을 받는 참 하나님이시라는 사실입니다(시 115:9~12).

오늘 이사야 선지자는 본문에서 "주는 우리 아버지시라"(But you are our Father)하였고, "여호와여 주는 우리 아버지시라"하였습니다. (출 4:22)"이스라엘은 내 아들 내 장자라" 하였고, "내 아들(my son)이라 하였으며(렘 3:4), 나의 아버지(My Father)라고 불렸습니다. 창조주 하나님께서 나와 무슨 관계 속에 있는지를 분명하게 밝혀주시는 말씀입니다. (롬 1:1)바울이 예수그리스도의 종 사도바울이라 하여 분명하게 자기의 신분을 밝혔듯이 우리는 이제 하나님과 나와의 관계가 분명히 해야 할 때인 바 영적인 정체성을 확인해야 하겠습니다.

1. 여호와 하나님은 창조하신 창조주가 되십니다.

이세상의 모든 존재는 하나님의 창조하신 바의 존재들입니다.

1) 영적 호적을 떼어 열람해보고 가족관계를 보시기 바랍니다.

여기에 그 해답이 있습니다. 호적관계를 요즘은 가족관계라고 하는데 열람해 보면 분명히 해답이 나옵니다.

① 영적인 호적관계가 분명해 집니다.
· 구약적 배경에서 볼 때에 하나님은 창조주이시고 → 우리는 지으심을 받았습니다.
· 하나님은 이스라엘의 하나님이시고 → 우리는 택함 받은 사람들이 되었습니다.
· 하나님은 믿는 자의 주인이시며 → 우리는 그분의 종입니다.
· 하나님은 믿는 자들의 아버지시며 → 우리는 자녀입니다.
· 하나님은 우리를 질그릇으로 지으셨으며 → 우리는 질그릇들입니다.
· 하나님은 우리의 구원자이시며 → 우리는 구원받은 백성입니다.
· 신약적 배경에서 볼 때에 하나님은 우리 아버지이시며 → 우리는 그분의 자녀들입니다.

교회는 어머니와 같은 곳이며(갈 4:26), 우리는 교회에서 태어나서 교회를 통하여 천국에 들어가게 됩니다. 이것은 분명히 우리의 신앙인바 그 신앙을 확인해봐야 합니다(고후 13:5).

② 가족관계는 중요합니다.

세상적으로 볼 때에도 부모와 자식과 형제의 관계는 중요합니다. 어떤 사람은 태어나서 보니 부모가 왕인 경우가 있고, 반대로 태어나서 살다 보니 부모가 어려운 위치에 있는 경우도 있습니다. 자기의사와는 전혀 관계가 없지만 이렇게 살아가는 것이 인생사입니다. 우리는 영원 전부터 택함 받은 하나님의 자녀로 살아가며 영원히 천국에 가는 천국의 시민권자들이 되었습니다(빌3:20).

2) 여호와 우리 하나님은 분명히 우리 아버지가 되십니다.

왜 하나님께서 우리 아버지가 되시는지 크게 두 가지만 밝혀 보겠습니다.

① 여호와 하나님께서 나를 창조하셨기 때문입니다.

이 세상에 나를 태어나게 하신 창조주 하나님이 되십니다. 하나님의 형상대로 지으셨고(창1:27), 아담의 갈비뼈로 하와를 만드셨습니다(창 2:22~23). 또 (사 64:8) "여호와여 주는 우리 아버지시니이다 우리는 진흙이요 주는 토기장이시니 우리는 다 주의 손으로 지으신 것이라"하였습니다. 따라서 (사 29:16)지음 받은 물건이 지으신 자에게 어떤 토를 달수가 없습니다. 이 그릇은 우리 모두입니다(롬 9:24~25: 사 45:9~18). 찰스 다윈이나 진화론자들은 성경에서 볼 때에 거짓말쟁이입니다. 하나님이 없다고 주장하는 무신론자들도 망하게 됩니다(시 14:1~3, 53:1~3).

② 신약시대에 와서 여호와 하나님은 구세주이십니다.

구약에 "야웨"는 구원 주(Savior)로써 신약에 예수(마 1:21)입니다. 우리는 모두 죄인입니다(롬 3:10, 23: 요일 1:8~9: 롬 6:23). 율법아래서 죽게 된 우리를 속량해 주셨습니다(갈 4:5: 엡 2:4~5). 이제는 자녀가 되었고, 아버지라 부르게 되었습니다(요 1:12: 롬 8:15). 이 관계가 확실하게 살아있게 되시기를 바랍니다.

2. 여호와 하나님은 지금도 나를 위하여 일하고 계십니다.

이는 예수님께서 확실하게 말씀으로 확인해 주셨습니다. (요 5:17)"예수께서 저희에게 이르시되 내 아버지께서 이제까지 일하시니 나도 일한다 하시매"(I, too, am working)하셨습니다.

1) 하나님께서 나를 위하여 하시는 일을 보시기 바랍니다.

하나님께서 일하시기 때문에 지금 내가 존재하고 하나님의 자녀로 살아갑니다.
① 창세전부터 예정하셨고, 예정하시는 자들을 구속하시는 절차와 과정을 밟게 됩니다.
(엡 1:3~9)예정론을 밝히 보시기 바랍니다. (롬 8:30)예정된 그들을 부르심부터 구원에 이르기까지의 전체 과정을 보아야 합니다. 신학적으로 구원의 차서라고 부르게 됩니다.
② 이사야 선지자도 외쳤습니다.
(사 63:8)"그들은 실로 나의 백성이요 거짓을 행치 아니하는 자녀라 하시고 그들의 구원자가 되사"라고 하였습니다. 범죄투성이었던 유대 백성도 결국 하나님이 구원하여 주셨습니다. 이는 아버지의 사랑이십니다. 상처도 싸매어 주셨습니다.

2) 그 하나님은 영원히 함께 하시겠다고 약속하신대로 지금도 언제나 우리와 함께하십니다(마 28:20).
① 구약에서 보시기 바랍니다.
시편기자는 (시 21:1-)에서 분명히 밝혀 주셨습니다. 지금부터 영원까지 함께 하시는 하나님이십니다. 이사야는 외쳤습니다. (사 41:10)"의로운 오른손으로 너를 붙들어 주시겠다고"하셨습니다.
② 신약에서 보시기 바랍니다.
예수님 이름 속에는 우리와 함께 하신다는 뜻이 담겨져 있습니다(마 1:23). 마태는 이사야 7장14절을 인용하면서 전했습니다. "임마누엘"(Immanuel)이라는 말은 "하나님이 우리와 함께 하신다"는 뜻입니다. 하나님은 지금도 개인에게나 우리에게 임마누엘 되시는 하나님이십니다. 이 말씀위에서 흔들리지 말고 굳게 서있어야 하겠습니다.

3. 하나님께서 나와 관계가 확실히 아버지와 자녀의 관계라면 해야 할 일이 분명합니다.

이렇게 함께 하시기 때문에 내가 해야 할 일이 있습니다.

1) 하나님과 늘 가까이 해야 합니다.
아버지와 가까운 사이가 있고, 먼 사이가 있습니다.
① 가까이에서 하나님을 찾아야 합니다.
(사 55:6)가까이 계실 때에 찾아야 하고 불러야 한다고 하셨습니다. 그분을 향해 아버지라 불러야 합니다. 하나님을 가까이 하면 절대로 손해 보는 일이 없으며, 축복이요 유익입니다.
② 아버지를 가까이 하고 찾는 일은 기도생활입니다.
하나님께서 언제나 알아주신다고 하셨습니다. (마 7:7) "구하라"(Ask), "찾으라"(seek), "문을 두드리라"(knock)고 하셨습니다. 이것이 복이 됩니다. 혹시 죄를 지었을지라도 용서하신다고 약속하셨습니다(약 5:16).

2) 자녀이기 때문입니다.
말씀을 따라야 합니다. 영적으로 아이와 같은 존재입니다(고전 3:1, 13:11).
① 아이들은 부모님 말씀을 믿고 따라가야 합니다.
이 신뢰관계가 깨어지면 곤란합니다. (사 63:10) "그들이 반역하여 주의 성령을 근심케 하였으므로"라고 하였는데 곤란합니다. (엡 4:30) "하나님의 성령을 근심하게 하지 말라"고 하셨습니다. 하나님은 우리에게 (사 41:8) "나의 벗 아브라함의 자손이라"고 하셨습니다. 우리는 아브라함의 믿음의 본을 받고 따라가야 합니다.
② 하나님 아버지를 가까이 하면 축복입니다.
영혼이 잘되는 자의 표본이 됩니다(요 3서 2~3). 이 모든 일은 다름

아니라 하나님과의 관계성입니다. 하나님과의 관계가 언제나 바르게 맺어가는 성도들이 모두가 되시고 우리를 구속하신 하나님을 기쁘시게 해 드리기를 주의 이름으로 축원합니다.

▶ **결론** : 우리는 하나님의 자녀들입니다.

능치 못하심이 없으신 하나님
(슥 4:6~9)

인간은 누구나 힘이 있는듯하지만 사실상 약한 존재들입니다. 능력이 있는듯하지만 사실상 무능한 것이 너무나 많고 연약합니다.

감기만 걸려도 감기 앞에서 힘이 없게 되고 영원히 세상에 살 듯 덤벼들며 살지만 하루 밤 사이에도 무슨 일이 생길지 알 수 없는 존재가 인간입니다. 그래서 성경은 (잠 1:7) "여호와를 경외하는 것이 지식의 근본이거늘 미련한 자는 지혜와 훈계를 멸시하느니라"하였습니다.

부분적으로 볼 때에는 짐승들보다 못한 부분도 있습니다. 청각은 고양이에 뒤지고 냄새는 개보다 떨어지게 되며 눈은 독수리에게 미치지 못하는 것이 사람입니다. 그러나 하나님께서는 사람에게 모든 것을 다스리고 지배하는 권능을 주셨습니다(창 1:28). 그래서 사람은 머리가(Brain)있습니다.

주전 538년 바사왕 고레스가 유대인은 자기 고향으로 돌아가라는 귀향명령에 대제사장 여호수아를 중심으로 돌아와서 성전을 건축할 때의 일이 본문 말씀입니다. 방해꾼이 많았지만(느4:3, 6:1~5, 슥 4:1~24, 5:3~6:14) 성전 건축이 재건되는데 이는 사람의 힘이 아니라 하나님의 영으로 되었습니다. 여기에서 하나님의 절대 능력을 배우게 됩니다.

1. 하나님의 절대 능력은 말씀에서 나타나게 됩니다.

전지전능하신 하나님의 말씀이기 때문입니다.

1) 하나님 말씀은 능력이 있습니다.

사람들의 평범한 말과는 전혀 다릅니다. '이는 힘으로 되지 아니하며 능력으로 되지 아니하고 오직 나의 영으로 되느니라'(but by my Spirit,' says the LORD Almighty)하였습니다.
① 하나님의 살아계신 말씀은 역사가 이루어지게 됩니다.
말씀의 위력을 보시기 바랍니다.
(창 1:1)창조의 말씀입니다.
(겔 37:11~)골짜기의 백골들이 살아 역사하는 말씀입니다.
(요 5:25)듣는 자는 살아납니다.
(히 4:12)살았고 운동력이 있는 말씀입니다.
(눅 1:37)'대저 주의 말씀은 능하지 못하심이 없느니라'(For nothing is impossible with God)하였습니다.
(요 1:14)이 말씀이 육신이 되어 오셨습니다.
(눅 24:32)말씀대로 부활하셨습니다.
② 스룹바벨에게 임하신 말씀 역시 같은 맥락입니다.
성전 짓는 일을 비롯해서 사람이 살아가는데 모든 역사는 하나님 말씀에서 이루어지게 됩니다. 하나님의 절대 주권을 배우게 됩니다(시 127:1~: 신 28:1~: 잠 16:9). 따라서 전능하신 하나님 말씀 앞에 바르게 서야 할 인생임을 깨달아야 하겠습니다.

2) 스룹바벨의 성전이 건축되는 현장에도 하나님의 말씀에 능력대로 되었습니다.
(7절)큰 산이 스룹바벨 앞에 평지가 되어 성전의 머릿돌을 놓게 되었습니다.
① 성전을 짓지 못하게 하는 사단의 방해가 무너지게 되었습니다.
사람의 능력이나 권능이 아닙니다. "하나님이 가라사대"입니다. 오늘 날 교회 안에 이 말씀의 위력이 있게 될 때에 사탄의 권세는 무너지게 됩

니다. 스룹바벨시대의 사탄의 역사는 지금도 교회가 활동할 수 없도록 방해하는 시대입니다.
② 사탄의 권세는 하나님 말씀 앞에서 꼼짝할 수 없고 결국 패하게 됩니다.
(마 2:1~)예수님의 탄생 때부터 역사했습니다.
(마 4:2)40일 금식기도 하실 때에도 역사했습니다. 그러나 예수님은 그때그때마다 사탄의 권세를 제압하시고 이기셨습니다. 그리고 최후에는 십자가에서 승리하셨습니다(골 2:15)

2. 하나님의 절대적인 능력은 성령의 능력으로 나타나게 됩니다.
(6절) '오직 나의 영으로 되느니라'하였습니다.

1) 성령이 역사하실 때에 큰 산이 평지가 됩니다.
이것은 전적인 성령의 능력이요 역사하심입니다.
① 스룹바벨 성전을 지을 때에도 이 능력으로 가능케 되었습니다.
스룹바벨, 학개, 에스더 등 일꾼들의 힘이나 능력이 아닙니다. 전적인 성령의 역사로 이루었습니다. 그 성령께서는 지금도 임하셔서 가능케 역사하시는 분이십니다. 그래서 그리스도인들과 교회는 역시 하나님의 영으로 가득해야 합니다.
② 성령의 능력 앞에 모두 할 수 있습니다.
사도바울은 옥중에 있었지만 기뻐 할 수 있었고 '기뻐하라'(빌 4:4)고 하였습니다. 내게 능력 주시는 자 안에서 내가 모든 것을 할 수 있다고 고백하기도 하였습니다(I can do everything through him who gives me strength / 빌4:13). 이런 능력은 성령 안에서 가능합니다.

2) 이 세대의 교회들에게 이 능력이 요구됩니다.

성도들에게 이 능력이 필요합니다.
① 이 능력이 있을 때에 세상을 이기게 되고 전도할 수 있기 때문입니다.
죽을 영혼을 살리는 전도는 절대적으로 성령 안에서만 가능합니다(행 1:8). '권능'(權能)은 폭발물입니다. 성령께서 오셔서 복음의 불모지에 교회를 세우는 일도 이 역시 성령의 권능입니다.
② 성령 받게 될 때에 역사가 나타났습니다.
베드로의 입장이 바뀌었습니다(행 4:19: 마 26:31~35). 기적이 나타나는 현장을 보여주었습니다(행 3:1~). 이 권능역시 우리에게 있어야 하겠습니다. 주님이 약속하신 능력입니다.

3. 하나님의 절대적인 권능 앞에 큰 산은 평지가 되리라하였습니다.

'큰 산아 네가 무엇이냐 네가 스룹바벨 앞에서 평지가 되리라'하였습니다. 태산은 무너지게 됩니다.

1) 큰 산과 같은 문제 앞에서도 능력이 역사하게 될 때에 바뀌게 됩니다.
① 성령이 나타난 현장들을 주목해 보시기 바랍니다.
(출 6:1~)큰 권능이 더해지게 될 때에 바로도 무너지게 됩니다.
(출 14:13)홍해가 갈라지게 되었습니다.
(수 3:15)요단강도 갈라지게 되었습니다.
(수 6:15)큰 성 여리고도 무너지게 되었습니다.
(골 11:49)골리앗도 하나님의 힘을 입은 다윗의 권능 앞에 무너지게 되었습니다.
② 우리에게 보이는 산은 더 이상 큰 산이 될 수가 없습니다.
하나님의 사람들에게는 더 이상 큰 산이 될 수가 없습니다. 믿을 때에

는 역사가 있습니다. 그러나 불신앙으로 의심하게 되면 곤란합니다. (마 14:27~31)두려워 하거나 의심치 말아야 합니다.

2) 능치 못하심이 없으신 하나님이십니다.
　우리는 이 능력을 믿습니다.
① 믿고 기도하는 사람에게 가능한 일입니다.
(막 9:29)'기도 외에 다른 것으로는 이런 유가 나갈 수 없느니라 하시니라'하였습니다.
(약 5:15)믿음의 기도는 역사하는 힘이 있어서 질병에서 주께서 일으키십니다.
② 하나님 말씀 믿고 의지하시기 바랍니다.
하나님 말씀을 믿어야 합니다. (요 2:1~11)무슨 말씀을 하시든지 믿고 행하여야 합니다.
(눅 5:1~4)말씀에 의지하여 그물을 내려야 합니다. 이제 은평교회 성도들에게 하나님의 절대적인 권능의 역사하심이 체험되어 지기를 주의 이름으로 축원합니다.

▶ **결론** : 우리는 하나님을 믿습니다.

> 예수님

내가 너희 안에, 너희가 내안에
(갈 2:20~21)

　외모를 보아서는 그 사람을 판단할 수 없는 것이 인간의 모습입니다. 밭에서 자라나는 열매는 겉을 보아서도 어느 정도 익는지 알 수 있고 달고 맛이 있는지를 판단하지만 사람의 속마음은 알 수가 없습니다. 그래서 속담에도 '열 길 물속은 알아도 한 길 사람 속은 모른다'고 하였습니다.

　130년 전통의 미국 보스턴 마라톤대회에서 사제폭발물을 터뜨려 많은 인명피해를 낸 사람을 보면 얼굴이 미남형이었습니다. 1987년 KAL 858기를 공중폭파한 당시의 북한의 김현희씨도 미인 중에 속했습니다. 문제는 육체적 미모가 중요한 것이 아니라 그 마음속에 무엇이 들어있고, 무엇이 자리를 잡고 있느냐가 중요한 관건입니다.

　예수님은 바리세인들에게 너희는 너희 아비 마귀에게서 났다고 하셨습니다(요 8:44). 요한복음 15장에서 포도나무 비유에서 (15:14) '내 안에 거하라 나도 너희 안에 거하리라'하셨습니다. 라오디게아 교회에서도 권면하시는데 문밖에서 두드리신다고 하셨습니다(계 3:20).

　현대과학은 머리 가락 하나만 있어도 그 사람의 유전자(DNA)를 검사합니다. 예수님은 먹는 문제를 통해서 교훈하시는데 입으로 들어가는 것이 더러운 것이 아니라 입에서 나오는 것이 더럽다고 하셨습니다(막 7:15).

　식당들 중에는 대통령이 한 번 들려서 식사한 사진을 크게 붙여놓고 홍보하는 식당도 있습니다. 강원도 영월에 가면 이승만 초대대통령이 영월 탄광촌에 방문했다가 식사한 곳도 보았고, 경기도 과천에 이명박 대통령이 한번 들린 식당도 보았습니다. 내 안에 계신 예수님은 늘 나와 함께 계시는 분이십니다. 보석류 중에는 몸에 좋은 것이 있고, 몸에 해로운 것도 있다고 하는데, 예수님은 우리 안에서 영원한 생명을 주시는 분이십니다.

본문에서 사도바울은 그의 유명한 신학적인 용어인 '그리스도 안에서'(ἐντό Χριστός)를 강조 했는데, 내가 어떻게 하면 예수님 안에 그리고 내안에 예수님이 계시는 생애에 대하여 살피는 은혜의 시간이 되시기를 바랍니다.

1. 예수님 안에서 내가 죽어야 합니다.

'그리스도 안에'라는 용어는 중요합니다. 그리스도 안에서 내가 날마다 죽어야 합니다(고전 15:31). 세례를 받을 때에 이미 그리스도 안에서 죽었습니다(롬 6:1~11). 바울도 '날마다 죽는다'(I die every day)고 했습니다.

1) 예수 믿게 되면 옛날의 나는 죽게 되어 있습니다.

(20절)내가 십자가에 못 박혀야 그리스도께서 내안에 사신다고 하였습니다. 육체적이고 타락된 불신앙적인 것 세속적인 모든 것이 죽게 되고 예수 안에서 새롭게 살아야 합니다.

① 예수님은 죄가 없으신 분으로 나를 대신하여 죽으셨습니다.

예수님 안에 내가 죽는다는 것은 예수님과 같이 내가 낮아지고 때로는 포기해야 할 것은 포기해야 한다는 뜻입니다. 낮아지면서 희생할 줄도 있어야 합니다. 예수 믿을 때에 그리스도 안에서 이미 죽었기 때문입니다(롬 6:1~3, 6~11). 옛것은 죽게 됩니다.

② 예수님은 피 흘려 죽으셨습니다.

피 흘리셨다는 것은 피는 생명인지라 생명을 버리셨다는 뜻입니다. 이는 예수 믿는 자들에게 생명을 주시기위해서입니다(요일 5:11~13). 그래서 하나님의 아들 예수님을 믿는 자가 영생이 있습니다(요일 5:12).

그 안에 생명이 있었습니다. 급한 수술환자에게 수혈하지만 영혼까지 살리지는 못합니다. 그러나 예수님의 흘리신 보혈의 피는 우리의 영원한 생명을 살립니다. 다른 사람에게 피를 나누어 주는 수혈이 1628년경 이태리의 의사 조버니 코레에 의해서 시작되었고, 1900년대에 오스트리아의 병리학자인 카롤 라트슈타이너에 의해서 혈액형이 분류되는 것을 발견되었습니다. 그러나 그 피는 우리의 죄를 씻지는 못합니다.

로 리 (R. Lowry)에 의해서 1876년 찬송으로 불러진 찬송가 252장 (구 184장) 나의 죄를 씻기는 예수의 피 밖에 없습니다.

2) 내 죄를 씻는 피는 어떤 수혈 방법이 아니라 예수님 피 밖에 없습니다.

인류역사 가운데 유명인의 피 가 있어도 그 피가 내 죄를 씻지는 못합니다.
① 구약에는 많은 짐승이 죽었습니다.
죄 씻기 위해서였습니다. 그것은 그림자요, 예표였습니다. 예수님이 그 본체이십니다. 염소와 송아지의 피가 아닙니다(히 9:12). 그 피로써 성소에 들어갈 담력을 얻게 되었습니다(히 10:19). 따라서 그리스도와 함께 못 박히면 함께 살게 됩니다(갈 2:20).
② 내가 언제나 십자가에 죽게 될 때에 다시 살게 됩니다.
이것은 한 알이 밀알의 원리와 같습니다(요 12:24). 예수님 안에서 육신의 속한 모든 것들이 날마다 십자가에 죽게 되고 새롭게 사는 역사가 있게 되시기를 바랍니다.

2. 선물로 주신 믿음은 바르게 지켜야 합니다.

구원의 길은 믿음인바 이 믿음의 길을 바르게 걸어야 합니다(엡 2:8).

1) 구원과 믿음은 뗄 내야 뗄 수 없는 관계가 있습니다.

그래서 믿음은 금보다 귀합니다(벧전 1:7). 믿음을 금보다 귀하게 여겨야 합니다.
① 세상 그 어떤 것보다 믿음을 귀하에 간직해야 합니다.
한 때에 시골에서 올라한 할머니들이 금반지, 목 걸리 등을 빼앗아 가는 소매치기들이 있었습니다. 이렇듯 마귀는 언제나 우리에게서 믿음을 빼앗아 가려고 혈안이 되어 있으니 조심해야 합니다. 남자답게 강건해야 합니다(고전 16:13). 늘 깨어 마귀를 대적해야 합니다(벧전 5:8). 믿음을 굳게 지켜야 됩니다.
② 믿음을 이렇게 지키는 사람은 생활 방식이 다릅니다.
십자가에서 나를 죽이고 사는 사람이기 때문입니다. 나를 위해 죽이신 예수님 위해서 살아가게 됩니다(20절). 지금은 사회적 관심사가 건강문제입니다. 건강해 대한 방법도 많이 나왔습니다. 문제는 제일 오래 많이 살아도 100세 미만이지만 영원한 천국은 오직 믿음으로만 들어가게 됩니다. 따라서 영적 건강이 매우 중요합니다.

2) 영원한 생명을 위해서 어떻게 할 것인가도 생각해야 합니다.
그 해답은 성경에 자세히 기록되었고 가르쳐 주었습니다.
① 예수님 안에서 살아가는 것입니다.
예수님 안에서 사는 것은 세상 어떤 일과 문제 앞에서도 말씀과 믿음 안에서 사는 것입니다. 사도요한은 사랑하는 자 가이오에게 전하면서 그 비전을 상세히 전하여 주었습니다(요3서 1:1~4).
② 내 안에 예수님이 계심을 언제나 믿어야 합니다.
확인적인 신앙입니다. (고후 13:5)' 너희가 믿음에 있는가 너희 자신을 시험하고 너희 자신을 확증하라 예수 그리스도께서 너희 안에 계신 줄을 너희가 스스로 알지 못하느냐 그렇지 않으면 너희가 버리운 자니라' 했었습니다. 내가 예수님 안에 있는지를 확인하시기 바랍니다.

3. 우리의 전체 인생 속에 천국에 대한 소망을 늘 간직해야 합니다.

짧기 때문에 나그네요, 안개요, 하루 밤의 꿈과 같다고 하였습니다. 본문에 사도 바울이 전하는 복음의 핵심은 천국에 소망을 든든히 하라는 것입니다.

1) 신앙생활의 긍정적인 목적은 천국입니다.

천국은 날마다 우리가 바라보아야 합니다. 예수님 안에서 중요합니다.
① 신앙의 긍정적인 목적이 천국입니다.
'우리의 시민권은 하늘에 있는지라'(But our citizenship is in heaven -빌 3:20)하였습니다. 예수님이 십자가 죽으시고 부활하시어 승리하신 하나님 나라가 영원히 우리의 처소입니다(요 14:1~6).
② 천국은 없고 우리가 육신으로만 그냥 있다가 끝이 나면 가장 불쌍한 존재 일 것입니다.
사도바울은 부활신앙에서 분명하게 논증하였습니다. (고전 15:17~)그러나 예수님은 부활하셨고 천국을 확신하며 소망하게 하셨습니다.

2) 내안에 예수님으로 가득하고 그 소망이 천국에 있어야 합니다.

① 갈라디아 교회 사람들과 같이 변질되면 곤란합니다.
율법주의나 할례주의가 아니라 예수 십자가 보혈을 믿는 믿음이 병행되어야 합니다. 잘 달리다가 다른 길로 빠지는 일이 없어야 합니다(갈 1:6~). 끝까지 믿음과 복음을 바르게 사수해야 합니다.
② 우리의 생활 속에 영적인 일로 가득하게 해야 합니다.
지구의 70%가 물이요, 인체의 70%가 물이듯이 내안에 언제나 예수로 충만하게 해야 합니다. 예수님으로 옷 입은 사람입니다(롬 13:14). 모든 성도들이 언제나 이와 같은 신앙에서 믿음으로 예수 안에 살아가게 되

시기를 주의 이름으로 축복합니다.

▶ **결론** : 이 시간에도 예수 안에 있습니다.

예수님만 바라보아야 합니다
(히 12:1~3)

하루도 운전하지 않는 날이 없을 정도로 현대인들은 날마다 운전석에 앉아서 이동하게 됩니다. 옛날에는 중산층 가정에서 자동차를 구입하였던 것이 현대에 와서는 남녀노소 없이 자동차를 운전 하게 됩니다. 그런데 운전자는 언제나 앞도 주시하고 옆에서 전개되는 모든 사물의 변하는 일에도 조심해야 합니다. 그렇지 아니하면 크고 작은 사고로 이어지기 때문입니다.

본문에서 히브리서를 기록하면서 구약시대의 믿음의 큰 산맥을 산 사람들을 기록한 후에 12장에 오게 되는데 우리의 목표는 오직 예수그리스도이심을 분명히 전하여 주었습니다. 믿음의 사람들이 바라보고 믿을 것은 오직 예수님뿐이시라고 강조하였습니다. 세상에 다른 사람들이나 그 어떤 것들은 바라볼 수 있는 대상이 아니기 때문입니다. 예수님은 특히 미가서 7장5~6절을 인용하시면서 제자들을 교훈해 주셨는데(마 10:36~37), 우리가 바라보고 믿을 분은 예수님이심을 다시 한 번 생각하게 되는바 운전자로써 한 눈팔면 곤란하듯이 신앙생활하면서 다른 것으로 한 눈 팔지 말아야 하기에 본문에서 중요성을 깨닫습니다.

1. 하나님은 언제나 하나님께 소망을 둔 사람 편에서 역사하십니다.

오직 하나님만 우러러 보아야 하고(미 7:7), 나의 하나님이 나의 힘이 되신다(사 49:5)고 하였습니다.

1) 하나님은 나의 하나님이시라는 고백입니다.

멀리계시거나 타인의 하나님이 아니라 가까이 계신 나의 하나님이십니다.
① 나의 하나님으로 고백하시기 바랍니다.
나의 하나님으로 고백한 다윗은 '나의 힘이 되신 여호와여 내가 주를 사랑하나이다'(I love you, O LORD, my strength) (시 18:1). 이것이 하나님께 소망을 두는 사람의 고백입니다. 욥은 참을 수 없는 고난 중에도 하나님을 찾았고 깨닫게 되었습니다(욥 23:8~10). 욥의 신앙이야말로 하나님만 바라보는 신앙입니다(욥 1:1, 8, 2:3, 8). 하나님만 바라보는 사람은 끝내 승리하게 됩니다.
② 왜 하나님만 바라보아야 합니까? 왜 예수만 바라보아야 하는지 분명하게 알아야 합니다.
미가서에서 그 해답을 찾게 됩니다. (미 7:7) '나를 구원하시는 하나님을 바라보나니'하였습니다. 하나님은 구원의 하나님이시기 때문입니다. 죄짓고 죄 가운데서 멸망케 하시는 하나님이 아니시고, 복음을 통해서 나를 구원하시는 하나님이십니다. 따라서 언제나 '나의 하나님'이라고 고백해야 합니다.

2) 하나님은 지금도 나의 하나님이시기 때문에 그분만을 바라보아야 합니다.
세상 끝까지 함께 하십니다(마 28:20).
① 지팡이로 인도해 주시고 안위하여 주신다고 하셨습니다.
모세는 애굽에 투입되면서 지팡이 하나만 달랑 들고 갔지만 모세의 지팡이가 들려질 때마다 역사가 나타났습니다. 이는 모세의 지팡이가 무슨 능력이 있는 것이 아니라 하나님께서 함께하셨기 때문입니다(출 14:16, 21, 26: 민 20:11). 다윗은 주의 지팡이와 막대기가 나를 안위하시나이다'(your rod and your staff, they comfort me)라고 고백하였

습니다(시 23:4).
② 혹시 죄를 범하였을지라도 사해주십니다.
야고보는 이 사실에 대하여 분명하게 하였습니다(약 5:13~17). 구약시대의 미가도 분명하게 전하여 주었습니다(미 7:18~19). 우리의 모든 죄를 깊은 바다에 던지시겠다고 하였으니 완벽한 사유하심의 표현이고, 함께하심의 증표로 믿어야 합니다.

2. 언제나 예수님만 바라보아야 할 이유가 있습니다.

히브리서 11장에서 믿음의 증인들을 소개한 후 12장에서 이렇게 강조하신 것은 의미가 크다고 할 것입니다.

1) 이들은 모두가 예수님만 바라보는 사람들이라고 하였습니다.

(2절) '믿음의 주요 또 온전케 하시는 이인 예수를 바라보자' 하였습니다. 미가서 7장의 맥락과 같습니다.
① 예수님은 믿음의 주요 온전케 하시는 분이되십니다.
내 생애를 모두 바쳐서 섬겨드리는 분이십니다. 미가서에서 언급하였듯이 세상에는 내 생명을 맡길 사람이 그 누구도 없지만, 오직 예수님 한 분이 나의 구세주이십니다. 따라서 예수님만이 나의 생애를 맡으실 분이십니다.
② 예수님만이 구원주가 되시기 때문입니다.
세상에는 종교(Religion)라는 미명하에 사람들을 현혹케 하고 미혹해서 지옥 멸망으로 이끌어 가는 마귀에게 속는 일이 많습니다. 헛된 사심이요 헛된 일들입니다. 공산주의 사상이 100년 동안 사람들을 황폐하게 하였지만 기독교 복음은 가는 곳마다 살리는 일을 하게 되고 부유케 하였습니다. 예수님은 생명의 복음이 되시기 때문입니다.

2) 예수님은 나를 구원하시기 위하여 십자가를 지시고 대속적 죽음을 당하셨습니다.

오직 예수님뿐이십니다.

① 나대신 사형선고를 당하셨습니다.

내 생명을 건지기 위해서 피 흘려 죽으셨습니다. 죄 없으신 분이 법도 무시된 채 엉터리 재판이라는 이름하에 가혹하게 피 흘리시었고 생명을 버리셨습니다. 우리가 예수님만 바라보아야 할 중요한 이유입니다. 세상에 그 누가 나 때문에 죽으시고 생명의 부활하시어 나에게 새 생명을 주셨던가요?

② 예수님이 십자가에서 나의 모든 것을 해결하여 주셨습니다.

지옥 갈 죄를 해결해 주셨습니다. 따라서 예수 믿으면 정죄함이 없습니다(요 5:24: 롬 8:1~2). 죄로부터 온 모든 정죄와 눌림과 망하는 곳에서 해방이 되었고 자유가 선포되었습니다(요 14:1: 약 5:15: 막 16:18: 고후 8:9: 눅 4:18~19: 사 61:1~2).

3. 예수님을 믿고 바라보는 사람은 확실하게 해야 할 일이 있습니다.

본문 히브리서 분명히 밝혀 주셨습니다.

1) 예수님만 바라보는 사람들이 해야 할 일들을 보시기 바랍니다.

천국백성이요 천국 시민권자 이기 때문에 더욱 분명해 졌습니다(빌 3:20).

① 벗을 것은 벗어버려야 합니다.

(1절)'모든 무거운 것과 얽매이기 쉬운 죄를 벗어 버리고'(let us throw off everything that hinders and the sin)했습니다. 죄는 개인뿐 아니라 가정도, 단체도 후에는 망하게 만드는 것이 죄의 특성입니다. 그런데 예수님은 우리를 사랑해 주셨습니다.

② 이제는 예수 믿는 믿음으로만 살아야 합니다.
예수님만 바라보는 생활이 중요합니다. 예수님은 우리의 생활의 무거운 것들 까지 모두 지셨고 따라오라고 하셨습니다(마 11:28). 따라서 인생의 모든 짐을 맡기고 따라가야 합니다.

2) 우리 주님은 영원히 변하시지 않는 분이십니다. 사람과 환경은 변합니다. 그러나 예수님은 영원히 변하시지 않는 분이십니다(히 13:8).
① 세상의 모든 것은 변합니다.
사람도 변합니다. 사물도 변합니다. 대형거울 앞에서 자기의 외모를 바라보십시오. 옛날에 비해서 변한 자기 모습을 볼 수 있을 것입니다. 그런데 주님은 우리에게 대하여 변하시지 않으십니다.
② 이제 끝까지 인내해서 신앙생활에 최선을 다해야 할 때입니다.
인내로써 우리 앞에 당한 경주를 경주해 나가는 모두가 되시기를 주님의 이름으로 축원합니다.

▶ **결론** : 지금 누구를 바라보십니까?

선한목자! 우리는 그분의 양들입니다
(요 10:14~15)

　성경에는 때때로 하나님과 이스라엘 백성들인 성도들에게 비유로 말씀하실 때가 많이 있습니다. 구약뿐 아니라 신약에서도 보면 예수그리스도와 성도들 사이를 비유로 말씀하신 것이 많이 있습니다. 그 중에서 양으로 비유 하실 때가 많음을 읽게 됩니다.
　시편 23편을 중심으로 해서 시편 78편 52, 80:1, 사 40:11, 렘 31:10, 겔 34:11~12절 그리고 신약에 와서도 본문을 비롯해서 예수님은 목자요 믿는 성도들은 모두가 양들임을 말씀하고 있습니다(벧전 2:25, 5:4). 예수님은 '나는 선한 목자'(I am the good shepherd)라고 하셨습니다. 그런데 양된 우리가 타락 하여 다른 길로 가게 되었을 때에 예수님이 십자가를 지시고 희생하셨습니다(사 53:6). 이제 구원 받아 하나님의 자녀들이요(요 1:12) 주님의 양들이 되었는데 본문에서 은혜를 나누게 됩니다.

1. 예수그리스도는 나에게 선한 목자이십니다.
　이것은 개인마다 고백해야 할 중대한 신앙고백입니다.

1) '선한목자'(good shepherd)에 대하여 생각해 보겠습니다.
　왜 선한 목자이신지 말씀해 주십니다.
① 예수그리스도라는 뜻이 분명합니다.
우리가 언제든지 배우고 읽고 믿고 듣는 구원주 되시는 예수그리스도이십니다(마 1:21). '그리스도'(Χριστος)는 헬라어로서 히브리어로는 메시야인데 기름부름 받은 자요 구약 시대에 제사장, 선지자, 왕을 세울 때

에 기름 부었고 예수님은 삼직(三職)을 가지고 오셨습니다.
② 선한목자로써 양들의 이름을 모두 아시고 이끌어 가십니다.
어느 나라 대통령이든 국민들의 이름을 모두 모르겠지만 예수님은 우리의 목자로써 양된 우리의 이름까지 모두 아십니다. 태어나기 전부터 아시고 지금 형편과 미래까지 모두 아시는 주님이십니다. 주님의 양이기 때문입니다(요10:3). 빌립이 나다나엘을 예수님께 소개할 때에 벌써 아셨고(요 1:48), 아담과 하와가 무화과나무 밑에 있을 때에 아셨으며(창 3:9), 현재 우리 모두를 아시는 목자 되시는 예수님이십니다.

2) 양들에 대한 효과적인 부르심을 보게 됩니다.
　말씀으로 부르십니다(롬 13:11).
① 각각의 이름을 불러내십니다.
그래서 듣고 따라오게 하시는데 이때에 주님의 양들은 주님의 음성을 알고 따라가는데 주님의 양이기 때문입니다(4절). 따라서 우리는 언제나 주님의 음성을 듣고 따라가는 사람이 되어야 합니다.
② 선한 목자는 양들에게 풍성한 생명을 주십니다.
(10절)"내가 온 것은 양으로 생명을 얻게 하고 더 풍성히 얻게 하려는 것이라"하였습니다. 이 시간에 우리는 예수그리스도 안에서 풍성한 생명의 능력 안에 있는 주님의 양떼들임을 믿어야 합니다. 예수님의 풍성한 생명이 있습니다.

2. 예수그리스도는 참 목자로써 그 양들에게 말씀하십니다.
　목자로써 양들에게 대하여 분명한 관계를 말씀해주셨습니다.

1) 목자와 양의 관계를 여러 가지로 설명해 주셨습니다.
　목자는 목자이고 양은 양이지 하는 무관심한 관계가 아닙니다.

① 여러 가지 설명들을 관심 있게 말씀하심을 들어야 합니다.
(요 10:3)'자기 양'이라고 하셨습니다. 우리는 주님의 양입니다.
(요 10:7, 9)예수님은 양들이 드나드는 문이라고 하셨습니다. 따라서 양들이 예수님 안에서 생활하는 것이 성도입니다.
(요 14:6: 행 4:12)구원은 오직 예수그리스도뿐입니다.
② 분명한 사실은 주님의 양들만이 주님의 음성을 들을 수 있다고 하셨습니다.
이 세상 지구촌의 모든 사람들이 예수님의 음성을 듣는 것은 아닙니다. (요 10:27)"내 양은 내 음성을 들으며" 하였습니다. (살전 2:13) 데살로니가교회의 축복과 신앙생활의 모습이기도 하였습니다.

2) 목자의 양은 목자를 따르게 됩니다.

우리는 목축업에 대하여 잘 모르지만 중동지역 상황을 보게 됩니다. 수많은 양무리들이 목자들의 음성과 신호에 따라서 움직이며 생활하게 됩니다.
① 주님의 양은 주님을 따르게 됩니다.
(27절) "내 양은 내 음성을 들으며 나는 그들을 알며 그들은 나를 따르느니라" 하였고, 유대인들은 바리새인과 서기관들을 비롯해서 주님을 따르지 아니하는데 주님의 양이 아니기 때문이라고(26절) 하였습니다. 주님의 양은 주님의 음성을 듣고 따라가게 되는데 이것이 신앙생활입니다.
② 목자는 끝까지 양들을 보호합니다.
(28~29절) 내가 그들에게 영생을 주노니 영원히 멸망하지 아니할 것이요 또 그들을 내 손에서 빼앗을 자가 없느니라" 하셨는데 궁극적 구원입니다. 끝까지 버리지 아니하고 보호해 주십니다. 사람은 변해도 주님은 변하시지 않으시고 끝까지 주님의 양들인 성도들을 보호해 주시며 인도

해 주십니다. 예수님은 나의 참된 목자가 되시기 때문입니다.

3. 예수그리스도는 참 목자로서 법적 관계가 분명합니다.

변하지 아니하는 성령의 영적 법으로써 맺어진 관계입니다. 이 성령의 법은(롬 8:1~) 하나님의 사랑의 법이기도 합니다(요 3:16: 롬 5:8).

1) 하나님께서 맺어주신 영적관계입니다.

구약이나 신약이나 모두 법적 테두리 안에서 역사하였습니다.
① 예수님이 목자 되심과 내가 주님의 양이 된 것은 언약이요 약속입니다.
이것은 조직신학적 용어로 말하자면 행위언약이 아니요 은혜의 언약입니다. 우리의 행위가 좋아서 구원 받은 양이 아니라 예수님 안에서 은혜로 주님의 양이 된 사람들입니다. 더욱 감사해야 할 이유가 여기에 있습니다.
② 예수님이 십자가에서 모두 이루어 주신 은혜입니다.
(요 19:30)"다 이루었다"(Jesus said, "It is finished)하셨습니다. 참된 목자 되시는 예수님은 우리에게 구원의 축복을 주시기 위해서 십자가에서 죽으셨고, 대속해 주셨고 삼일만에 부활하시었습니다. 그 예수님은 우리의 진정한 목자가 되십니다.

2) 예수님이 참 목자요 내가 그분의 양이 된 것은 누구도 끊을 수 없습니다.

바른 믿음위에 굳게 서야 합니다.
① 바울은 전하였습니다.
(롬 8:34~39)"누가 정죄하리요 죽으실 뿐 아니라 다시 살아나신 이는 그리스도 예수시니 그는 하나님 우편에 계신 자요 우리를 위하여 간구

하시는 자시니라.,. 우리 주 그리스도 예수 안에 있는 하나님의 사랑에서 끊을 수 없으리라"하였습니다.
② 참된 주님의 양들에게는 정죄함이 없습니다.
성령의 법안에서 자유 하였기 때문입니다. (롬 8:1~2)"생명의 성령의 법이 죄와 사망의 법에서 너를 해방하였음이라"하였습니다.
은평교회 모든 성도들이 이 신앙 안에서 참된 주님의 양들이 되시기를 축원합니다.

▶ **결론** : 우리는 주님의 양입니다.

예수님만 바라보는 신앙
(히 12:1~2)

이 세상에서 사람들이 살아가는 환경 가운데는 무엇인가 주목하고 바라보아야 할 일들이나 종류들이 많이 있습니다. 예컨대 학생이 공부할 때에는 귀는 선생님의 강의 소리에 귀를 기울려야 하고 눈은 칠판을 주목하면서 다른데 신경 쓰지 않고 집중해야 합니다.

실내에 키우는 식물은 해가 비추는 방향으로 기울어 자라게 되고 희귀성 어류인 연어는 멀리 가서 성장하며 살아가도 죽을 때에는 어릴 때 자란 곳에 돌아오는 습성을 보게 됩니다. 성경에는 때때로 자연에게서 교훈을 얻으라고 하였습니다. (잠 6:6~)'개미에게서 그 하는 일을 보고 배우라' 하였습니다. 글을 쓰기도 하고 책을 연구하는 일은 인생이 행복하고 더 나은 생활을 위해서 입니다.

성경은 우리에게 말씀을 주시어 지키게 하심은 행복을 위해서 주시었다고 하였습니다(신 10:13). 그렇다면 우리는 성경의 목적인 예수그리스도를 분명히 배우고 예수님을 닮아가며 바라보아야 합니다. 히브리서 11장은 구약시대의 믿음의 큰 산맥들을 소개하였고 12장에서는 그들과 같이 예수그리스도를 바라보라고 하였는데 본문에서 예수그리스도를 바라보는 신앙을 배우게 됩니다. 영적 집중력이 필요한 시대입니다. 우리는 영적 집중력을 회복해야 합니다.

1. 예수님을 바라보는 신앙은 죄를 멀리해야 합니다.

이 세상은 죄로 가득하여 노아시대나(창 6:6) 소돔과 고모라의 시대와 같이(창 19) 하나님의 심판을 재촉하는 때가 되었습니다. 이럴 때에 믿는 성도는 죄가 들어오지 못하도록 힘써야 할 때입니다.

1) 신앙의 사람들은 죄를 멀리해야 합니다.

예수님이 십자가를 통해서 죄에서 해방시켜 주셨기 때문입니다(요 8:31, 롬 8:1~2)

① 참 하나님의 사람들은 죄를 멀리하는 자들이 되어야 합니다.

물론 이 세상에서 완벽한 신앙이나 신앙인도 없지만 그럼에도 성도는 성도의 위치에서 죄를 멀리하는 성도의 생활이 중요합니다. 요셉과 같은 생활입니다(창 39:9). 또한 마지막 시대에 성경이 경고하였고 권고한 말씀이기도 합니다(계 18:4).

② 언제나 십자가에 달리신 예수님을 바라보아야 합니다.

영적인 경주자이기 때문입니다. 예수님이 십자가에서 얼마나 고통을 겪으셨는가를(마 27:46) 마음에 상기시키고 생활해야 합니다.

2) 복된 길과 복되지 않은 길이 어디인지 보아야 합니다.

죄를 멀리하는 사람은 복되지만 죄를 따라가는 사람은 그 인생이 결코 복되지 않습니다. 지금과 같이 혼돈 된 시대에 믿는 성도들은 언제나 분간하고 분별되어 살아야 할 이유가 여기에 있습니다. 분별력이 중요한 때입니다.

① 시편 1편에서 분명히 보여 주셨습니다.

복된 길과 복되지 않는 길이 제시되었습니다. 영원한 길과 그렇지 않은 길이 제시되었습니다.

② 예레미야 17장에서 보여주셨습니다.

(렘 17:1~8)복된 길의 결과는 아름답지만 복되지 않는 길은 패망일 수밖에 없습니다. 죄악으로 관영된 시대이지만 성도는 예수님만 바라보아야 합니다.

예수님을 바라볼 때에 물에 빠지지 않기 때문입니다(마 14:30~31).

2. 예수님만 바라보는 신앙은 바른 경주를 해야 합니다.

모든 경기와 같이 영적 집중력을 회복해야 승리합니다. 마라톤 선수는 42.195km를 달리듯이 성도들은 천국을 행해서 달려가는 경주자(Racer)들이기 때문에 목적지가 분명합니다.

1) 바른 신앙에 의해서 달려야 합니다.
이 세상에는 바른 길보다 아닌 길이 많습니다.
① 바르지 않은 길을 조심해야 합니다.
예수님께서도 좁은 문과 넓은 문을 말씀하시면서 생명의 길과 사망의 길을 경고해 주셨습니다(마 7:13~). 이 세상에서 성공 실패가 문제가 아니라 영원한 천국에 큰 관심을 두어야 합니다. 바른 법(Rule)을 지키면서 경주하지 아니하면 심판 때에 인정 받을 수가 없습니다. 예를 들어 1986년 서울 아시안게임 육상에서 임춘애 선수가 2등 하였는데 1등 했던 선수가 반칙하였기에 1등으로 올라오는 경우도 있었습니다.
② 유명 인사가 되었다고 사람들이 성공했다고 말하는 것이 중요 한 것이 아닙니다.
주님 보시기에 어떠한가를 보아야 합니다. (마 7:22~)선지자 노릇 하였고 귀신도 쫓아내었느니 인기가 아주 높았지만 주님은 모른다고 책망하셨습니다. 그리고 반석위에 집을 건축할 것을 말씀해 주셨습니다.

2) 바른 경주를 하는 사람은 주님을 사랑합니다.
예수님을 사랑하니까? 라고 질문하게 되면 '예'라고 대답하시겠지요. 그렇다면 명심해야 합니다.
① 바른 경주를 하기 위해서는 십자가를 지고 가야 합니다.

예수님 십자가를 생각하면서 십자가를 지고 가야 되는 것이 성도의 길입니다9마16:24). 그리고 주님을 사랑해야 합니다. (신 6:5)마음을 다하고 성품을 다해서 주님을 사랑해야 합니다(Love the LORD your God with all your heart and with all your soul and with all your strength). 이것이 바르고 복된 신앙입니다.
② 십자가를 지지 않고는 바른 신앙의 길이 아닙니다.
사랑하는 제자 베드로뿐만이 아닌 모든 성도에게 십자가를 지라고 하셨고 예수님은 십자가에서 승리하셨습니다(골 2:15). 예수님이 승리하셨기 때문에 성도들에게도 승리할 수 있도록 함께 하십니다. 바른 신앙의 경주자들이 모두 되어야 하겠습니다.

3. 예수님만 바라보는 신앙에는 상급이 약속되었습니다.

잘 달려간 사람에게는 응분의 상급이 있는데 충분한 보상입니다. 성경에는 상급이 분명하게 약속되었기 때문에 믿어야 합니다.

1) 우리의 소망은 이 세상이 궁극적 목적이 아닙니다.
최후적인 소망은 예수그리스도를 통한 천국이요 하나님 나라입니다.
① 그래서 예수님만 바라보고 소망해야 합니다.
옛날 국민학교(초등학교)시절 큰 나무 밑에서 땅 따먹기 놀이를 하다가 종소리가 들리면 흙 묻은 손을 털고서 다함께 교실로 들어가곤 했는데 인생도 마찬가지입니다. 재미있고, 성공하며 살고 있지만 하나님의 시간표에 의해서 인생의 끝 종이 울리면 가야합니다. 예수님만 바라보아야 할 이유가 여기에 있습니다.
② 예수님은 십자가를 참으시고 승리하셨습니다.
본문 (2절) '십자가를 참으사'(endured the cross)라고 하였으며 사도 바울도 전하였습니다. 하나님의 본체시나 십자가를 지시고 우리에게 본

을 보여주셨습니다(빌 2:5~11). 우리가 따라가야 하는 신앙입니다.

2) 하나님은 보상의 하나님이십니다.
　모든 것을 보상해 주시고 갚아 주십니다.
① 축복으로 갚아 주십니다.
그래서 성경은 축복을 약속해 주셨습니다.
(시 128:1~2)여호와를 경외하는 자가 받을 복입니다.
(신 28:1~)하나님 말씀 따라서 믿고 순종하는 자가 받는 축복입니다.
(고후 8:9)예수님이 가난하게 되신 이유라고 전하였습니다.
② 천국의 보상입니다.
(마 16:27)행한 대로 갚으십니다.
(계 22:12)상이 약속 되었습니다.
(계 2:10)생명의 면류관입니다.
(벧전 5:4)시들지 않는 영광의 면류관입니다.
(딤후 4:7~8)의의 면류관입니다.
(살전 2:19)자랑의 면류관입니다.
(고전 9:24~25)썩지 아니할 면류관입니다. 우리 모두 상 받을 면류관의 주인공들로 신앙생활의 경주자(Racer)들이 모두가 되시기를 주의 이름으로 축원합니다.

▶ **결론** : 오늘도 내일도 주님만 바라보며 따라가야 합니다.

예수님 안에 있어야 합니다.

(요 15:1~7)

세상 모든 일들은 제도적으로 법이 있기 때문에 법 아래 있을 때에 자유가 보장됩니다. 세상적으로 완전한 법은 존재할 수 없겠지만 법은 지켜야 합니다. 미국은 법이 분명해서 시위를 하더라도 경찰 정지선(Police line)안에서만 가능합니다.

하나님께서 이스라엘 백성에게 생명선을 지키라고 분명히 말씀하셨습니다(신 30:19). 다윗을 비방했던 사울 계통의 시므이는 솔로몬 대에 와서 넘지 말아야할 선을 넘게 될 때에 죽게 되었습니다(왕상 2:36~46). 인간은 죄에 빠져 영원히 죽게 되어 있고 살 길은 오직 예수 그리스도 안에서만 생명이 보장 된 것이 하나님의 법입니다.

예수님은 포도나무 비유를 통해서 원줄기인 예수님 안에 있을 것을 말씀해 주셨습니다. (5절)'나는 포도나무요 너희는 가지니 저가 내 안에, 내가 저 안에 있으면 이 사람은 과실을 많이 맺나니 나를 떠나서는 너희가 아무것도 할 수 없음이라' 하였습니다. 사도바울은 그 유명한 용법 '그리스도 안에'(ἐν τῷ Χριστός)를 그 의 서신에서 무려 153회씩이나 사용하였는데 본문에서 은혜를 나누게 됩니다.

1. 예수님 안에 있는 사람들은 주변 정리가 깨끗해야 합니다.

(2절)'무릇 내게 있어 과실을 맺지 아니하는 가지는 아버지께서 이를 제해 버리시고 무릇 과실을 맺는 가지는 더 과실을 맺게 하려 하여 이를 깨끗케 하시느니라' 하였습니다.

1) 쓸모없는 가지는 제해 버리듯 주변정리가 깨끗해야 합니다.

　열매를 맺는데 지장이 있기 때문입니다.
① 신앙생활은 과수농사에 비유하게 된 것입니다.
과수나무는 봄에 싹이 날 즈음에 '전지작업'을 하게 됩니다. 그래야 열매가 튼튼하고 풍성하게 맺게 되기 때문입니다. 가지치기를 할 때에는 아픔과 고통이 있습니다. 그러나 농부 되시는 하나님께서는 가지치기를 하시며 열매 맺게 하십니다. 하나님께서 한 사람을 사용하시기 위해서 주변정리도 해주시고 그 사람은 하나님의 종으로 사용하시는 현실도 보았습니다.
② 주변정리를 해야 하고 버릴 것은 버리고 끊을 것은 끊을 때에 아픔과 고통이 따르지만 유익이 더 크게 됩니다.
시편 기자는 이렇게 전했습니다. (시 119:71~72) '고난 당한 것이 내게 유익이라 이로 인하여 내가 주의 율례를 배우게 되었나이다 주의 입의 법이 내게는 천천 금은 보다 승하니이다'하였습니다. 고통 중에서도 오히려 생애가 더욱 빛나는 일들이 세상 살아가는 중에서 많이 보게 됩니다.

2) 고통스럽겠지만 버릴 것은 버려야 합니다.

　예수님 안에 살기 위해서는 세상적인 것은 버려야 합니다.
① 믿음의 선진들의 경우에서 보겠습니다.
믿음의 사람으로 대표적인 아브라함은 하나님 앞에서 이렇게 보여주었습니다. 갈대아 우르를 떠나고(창 12:1), 하갈과 이스마엘을 내어 쫓아야 하였고(창 21:14~), 심지어 100세에 얻은 이삭도 바치라고 하실 때에 순종하는(창 22:1) 믿음을 통해서 더욱 견실하게 되고 축복받는 가문이 되었습니다.
욥은 고백하였습니다. (욥 42:5) '내가 주께 대하여 귀로 듣기만 하였삽

더니 이제는 눈으로 주를 뵈옵나이다'(My ears had heard of you but now my eyes have seen you)하였습니다.

② 하나님은 하나님의 백성들의 생애가 아름답도록 만들어 가십니다. 농부의 손에서 농작물이 가꾸어 가듯이 하나님의 손에 하나님의 백성들의 생애가 있습니다. 건축자의 손에 건물이 지어져가고, 미술이 그려지는 화가의 손, 딱딱한 돌을 다듬는 석공의 손보다 하나님께서 나에게 대한 계획과 섭리가 더욱 아름답습니다. (욥 23:10) '그가 나를 단련하신 후에는 내가 정금 같이 나오리라' 하였습니다.

2. 중요한 것은 예수 안에만 있어야 합니다.

(4절) '내 안에 거하라 나도 너희 안에 거하리라' 하였습니다.

1) 성경이 강조해 주시는 것은 '그리스도 안에'입니다.

(6절) '내 안에 거하지 아니하면 가지처럼 밖에 버리워 말라지나니' 하였고, (7절) '내 안에 거하고 내 말이 너희 안에 거하면'이라고 하였습니다.

① 예수 안에 있을 때에 천국까지 보장됩니다.

예수님 밖에는 구원이 없고 천국도 없거니와(요 14:6, 행4:12) 영원한 생명을 보장할 수도 없습니다(요일 5:11~13).

② 성경이 우리에게 강조, 강조하시는 것을 바로 알아야 합니다.

소아시아 일곱 교회들 중에는 칭찬과 책망과 권고로써 말씀하시는데 내용은 (계 3:20) '볼찌어다 내가 문밖에 서서 두드리노니 누구든지 내 음성을 듣고 문을 열면 내가 그에게로 들어가 그로 더불어 먹고 그는 나로 더불어 먹으리라' 하였습니다. 우리는 여기에 주목해야 합니다. 예수님을 밖에 세워놓지 않았는지 생각해야 합니다.

2) 예수님이 계시지 않는 인생은 결국 죽게 됩니다.

　세상적으로 제아무리 화려해도 예수님 없이는 죽게 됩니다. 그것은 꽃꽂이에 불과하기 때문입니다. 꽃꽂이는 아무리 화려해도 결국 죽게 됩니다.
① 태풍이 불어오고 비바람 불어도 예수 안에 있어야 합니다.
식물이 땅에 뿌리를 내리듯이 예수 안에 뿌리를 내리고 사는 인생이 될 때에 영원한 보장이 됩니다.
② 예수를 떠나서는 아무것도 할 수 없다고 하였습니다.
(5절) '나를 떠나서는 너희가 아무것도 할 수 없음이라'하였습니다. 따라서 어떤 일이 있어도 하나님의 사람은 예수 안에 있도록 힘써야 합니다.

3. 예수 안에 있는 것이 축복 중에 축복입니다.

　(7절) '무엇이든지 원하는대로 구하라 그리하면 이루리라'
(ask whatever you wish, and it will be given you)

1) 예수 안에 있으면 실패 같으나 성공입니다.

　편파적으로 볼 때에는 실패자 같으나 바르게 영적으로 볼 때에는 예수 안에 있을 때에 성공입니다.
① 예수 안에 있기 때문에 축복이 있습니다.
따라서 근대사적으로 볼 것이 아니라 구속사적인 시작에서 볼 수 있어야 합니다. 성경의 인물들은 매사에 신앙적으로 보게 되었고 성공했습니다. 예수님 안에 있는 것이 그렇게 큰 축복입니다.
② 나는 약점 투성이지만 예수님 안에 있을 때에 기회가 반드시 찾아옵니다.
(4절) '내 안에 거하라 나도 너희 안에 거하리라'(Remain in me, and

I will remain in you)했습니다. 태중에 있는 아이는 모든 것이 엄마에게서 공급 받기 때문에 아무 걱정이 없음과 같이 주님 안에 있을 때에 축복입니다.

2) 열매를 풍성하게 맺게 됩니다. (5절) '이 사람은 과실을 많이 맺나니'하였습니다.
① 열매가 많으면 기쁨이 충만합니다.
(11절) '너희 기쁨을 충만하게 하려함이니라'하였는데 열매가 풍성해 지고 예수님 안에 누리는 기쁨과 평안입니다. 따라서 예수 안에서 누리는 기쁨이 충만하게 되시기를 바랍니다.
② 이제 내가 확인 할 때입니다.
내가 예수님 안에 있는지 확인해야 합니다. 사도바울도 고린도교회에서 확인을 촉구하였습니다(고후 13:5~6). 은평교회 성도들 모두가 예수님 안에 있는 성도들이 되시기를 주의 이름으로 축원합니다.

▶ **결론** : 예수 안에서만 생명이 있습니다.

예수그리스도 생명의 빛
(요 1:1~5)

하나님께서 지으신 것 가운데 만약 빛이 없다면 세상은 얼마나 어두울까 생각 했습니다. 그런데 하나님께서 지으신 것 중에 제일 먼저 지으신 목록과 일정을 보면 첫째로 등장하는 것이 '빛'이라는 것입니다(창 1:3). '하나님이 가라사대 빛이 있으라 하시매 빛이 있었고'(And God said, "Let there be light," and there was light)하였습니다.

자연적이고 물리적인 뜻에서도 빛은 인간에게 중요하겠지만 빛과 어두움은 상징적으로 옳고 그름의 비유로도 중요합니다. 고대 아테네 길거리에서 철학자인 디오게네스는 '대 낮에 등불을 켜들고 외치기를 세상이 어두우니 누가 나를 빛으로 인도 하겠느냐'고 외쳤다고 합니다. 성경에는 어두운 세상을 죄악세상으로 이야기해 주었고, 하나님의 진리의 말씀 또한 빛으로 밝혀주는 때가 많습니다.

본문에서 사도요한은 예수님을 생명의 빛으로 소개하였습니다. 예수님은 빛과 말씀으로 오셨는데 큰 빛으로(사 9:1~7), 말씀과 빛으로(시 119:105)오셨습니다. 하나님에게는 어두움이 없습니다(요일 1:5). '하나님은 빛이시라 그에게는 어두움이 조금도 없으시니라'(God is light, in him there is no darkness at all)하였습니다. 따라서 그의 성도들 역시 이제는 어두움을 벗고 빛의 갑옷을 있어야 합니다(롬 13:12). 그리고 빛 가운데 서로 사랑하는 밝음 가운데 살아가야 하는 바(요일 2:8~11) 본문에서 은혜의 시간이 되시기를 바랍니다.

1. 빛의 속성은 어두움을 밝혀줍니다.

천문학자들에 의하면 우주공간의 제 일 발광체는 태양이라는 것입니다. 태양의 빛 때문에 지구의 생명체들이 생존하게 된다는 것입니다.

1) 예수그리스도는 생명의 빛이 되십니다.

태양은 자연계에 생명을 주는 길목이지만 예수님은 우리의 영원한 생명이 되십니다.

① 예수그리스도는 그 누구나 무엇과도 비교가 될 수 없는 분이되십니다.

하나님의 본체가 되십니다(빌 2:5~). 세상에 그 어느 유명한 인사들을 모두 합해 놓은 것보다 더 위대하게 빛나는 이름입니다. 자연계에서 비교할 수 없는 태양은 그 직경만 해도 지구의 109배, 부피는 약 130만 배, 질량은 약 33만 배, 발산하는 열의 온도는 평균 6,000도이고 1초 동안에 발산하는 에너지는 T.N.T. 100만 톤에 해당하는데 1메가톤급 원자탄을 1초에 1,000만개를 계속 터트리는 것과 같다고 합니다. 이 태양 주위로 수성, 금성, 지구, 화성, 목성, 토성, 천왕성, 해왕성 등의 행성들이 돌게 되는데 완벽한 시스템(system)으로 구성되어 있습니다. 예수님은 우리에게 세상에서 비교할 수 없는 빛의 본체가 되십니다.

② 이 모든 것은 하나님이 지으신 우주 세계요 프로그램입니다.

그리고 다스리라고 하셨습니다(창 1:28). 지으신 것이 하나도 그가 없이는 된 것이 없습니다(히 4:13). 따라서 인간은 하나님의 말씀과 빛 앞에서 벌거벗은 것같이 드러나게 됩니다. 생명의 빛 앞에 나오게 되면 믿음 가운데 영원한 생명이 약속되어 있습니다.

2) 하나님 앞에서는 감추거나 속일수가 없습니다.

현대 과학 장비인 엑스레이 투시기 앞에서도 모두 드러나게 되는데 영원한 생명의 빛 앞에서 감출 것은 아무것도 없습니다.

① 세상 과학 장비는 실수가 있지만 하나님께서 실수하실 것이라고 생각조차 말아야 합니다.
거짓말 탐지기는 속일 수 있을지 모르나 하나님의 빛 앞에서는 속일수도 감출수도 없습니다. 다만 생명의 빛 되시는 예수 그리스도에게 나와서 사는 길 밖에 없습니다.
② 성경에서 그 예를 보시기 바랍니다.
하나님 앞에 속일 수 없는 현장들을 예로 보겠습니다. (행 5:3)아나니아와 삽비라가 밭을 팔아서 일부는 감추고 일부만 가져왔을 때에 사도 베드로는 꼭 집어 지적하고 밝혀내었습니다. (왕하 5:25~)군대장관 나아만의 물질 때문에 욕심이 생겨 거짓말하던 게하시는 성령 충만한 엘리사 앞에 고스란히 드러나는 현장들을 보게 됩니다. 아침에 문틈 사이도 비추어지는 빛 앞에는 작은 먼지들도 눈에 보이게 됩니다. 내 영혼이 하나님의 빛 앞에 언제나 드러나게 되어 있습니다. '범죄치 않으려고 주의 말씀을 내 마음에 두었다'고 시편 기자는 고백했습니다(시 119:11).

2. 빛의 속성은 날 것을 익게 만들어 줍니다.

불고기와 갈비가 불에 익혀지게 되는데 불은 빛의 합성체라고 볼 것입니다.

1) 예수님은 불이 되시고 빛이 되십니다.

태양열 때문에 인간과 자연이 살아가듯이 영원한 생명은 오직 예수 그리스도이십니다.
① 예수 그리스도는 영원한 생명을 주시는 분이십니다.
그래서 예수를 믿게 되면 인간이 달라지고 변화하게 됩니다. 사회적으

로 문제가 많은 사람도 빛 되시는 예수님을 믿으면 변화됩니다. 마치 날 것들이 설익은 채로 있지 않고 익혀지는 것과 비교가 됩니다. 하나님께서는 우리를 뜻 때로 살아가도록 완숙하게 하십니다.
② 하나님 앞에 죄악 된 인간을 하나님 안에서 잘되는 그리스도인이 되게 하시는 것이 예수님의 빛의 속성입니다.
은평교회에 나오는 모든 분들은 하나님 앞에서 마치 설 익은 음식과 같이 되지 말고 성령 안에서 생명의 빛이 되시는 예수 그리스도로 인하여 잘 익은 성도들이 되시기를 바랍니다. 용광로와 같이 뜨겁게 역사하는 교회가 되어야 하겠습니다.

2) 빛 되시는 예수 그리스도를 믿으면 성장의 요소가 충만합니다.

모든 생명체들이 태양빛의 에너지가 필요하듯이 우리 육체 역시 태양광선을 받게 될 때에 비타민 D가 충족됩니다. 태양빛이 없으면 식물들은 살 수가 없습니다.
① 예수님은 우리에게 빛으로 생명을 주십니다.
예수님은 우리에게 영원한 생명이 되시며 영적으로 에너지가 되시기 때문에 살게 됩니다.
식물들이 탄소동화작용을 통해서 필요한 탄소를 흡수하고 산소는 버리듯이 예수 그리스도 안에서 영적에너지는 생명의 빛입니다.
② 예수 그리스도 안에서 있게 되면 세상 환경에서 쉽게 낙심치 않습니다.
예수 그리스도 안에서는 살아가는 영적 에너지가 세상과 차원이 다르기 때문입니다. 그래서 예수 믿는 사람들은 세상에서 살아가지만 살아가는 가치관이 다르게 살게 됩니다. 바울은 예수믿음 후에 세상 것은 배설물 같이 여기고 살 수 있었던 것도 이 때문입니다(빌 3:7~8).

3. 빛의 속성은 치료의 기능이 있습니다.

빛의 속성(function city of light)들이 많이 있는데 그 중에 하나가 치료의 속성이 있습니다. (요 1:4) '그 안에 생명이 있었으니 이 생명은 사람들의 빛이라' 했습니다.

1) 빛이 되시는 예수님은 인간들을 치료하시고 고치십니다.

그 분에게 맡기면 소망이 있게 됩니다. 소망의 하나님이십니다(욥 15:13: 롬 15:13).
① 치료해 주십니다.
유대 백성들이 절망과 낙심 가운데 있을 때에 이사야 선지자 와 말라기 선지자를 통하여 소망을 주시는데 빛으로 치료하시는 주님을 전하게 됩니다(사 9:2, 말 4:2). '흑암에 행하던 백성이 큰 빛을 보고 사망의 그늘진 땅에 거하던 자에게 빛이 비취도다' 하였고, '내 이름을 경외하는 너희에게는 의로운 해가 떠올라서 치료하는 광선을 발하리니' 했습니다.
② 자연과학적 방면에서도 빛은 치료의 방법으로 사용합니다.
독일에 시험 물리학자인 뢴트겐박사는 1895년 빛을 연구하다가 음극선 즉 불투명 물체를 통과하는 빛을 발견하게 되는데 이것이 오늘날 'X-방사선'이라고 말합니다. 주석가인 메튜 헨리(Matthew Henry)는 '세상에 태양빛이 없다면 지하 감옥과 같이 되고 말 것이다. 하나님의 영광의 빛이 없다면 암흑이 되고 말 것이다. 예수 그리스도는 스스로 빛나는 구원의 빛이다' 라고 하였고, 카일 델리취(Cail Daliche)는 '의의 태양이 되시는 예수 그리스도는 모든 다친 것과 상처를 고치신다. 그분은 생명의 빛이기 때문이다' 라고 하였습니다.

2) 생명의 빛 안에 있기 위해서는 반드시 해야 할 일이 있습니다. 체험해야 합니다.

① 예수님이 나의 구세주이심을 반드시 믿어야 합니다.

'빛이 어두움에 비취되 어두움이 깨닫지 못하더라'(요 1:5). 그래서 빛보다 어두움을 더 사랑합니다(요 3:19). 빛 가운데 있으면 하나님의 자녀가 되는 권세가 있습니다(요 1:12).

② 빛 가운데 사는 성도가 되어야 하겠습니다.

빛 가운데 살게 되면 빛의 속성에서 주시는 온갖 혜택과 축복이 빛 되시는 예수 그리스도로 말미암아 믿는 자들에게 오게 되는 것이 약속되었습니다. 은평교회 모든 성도들이 빛 가운데서 온갖 혜택과 축복이 임하게 되시기를 주의 이름으로 축원합니다.

▶ **결론** : 우리는 빛 가운데 사는 존재들입니다.

> 교회

다윗의 열쇠를 가진 교회
(계 3:7~8)

이 세상을 살아가면서 모든 이들의 꿈은 매사가 잘 풀려지고 성공하는 일일 것입니다. 영적 신앙생활인 신앙도 영혼이 잘 되어야 하고 거기에 따른 인생사들도 형통해야 합니다. 일컬어서 매사에 문이 열려야 한다는 말씀입니다.

옛날 시골에서 목회하시는 목사님들의 이야기 속에는 이런 이야기가 있습니다. 자녀들은 성장에서 도시로 보내고 혼자서 각종 짐승들을 키우며 살아가는 할머니집사님이 지내시다가 짐승들이 아플 때나 새끼를 출산 할 때, 문제가 발생하면 목회자는 심방 가서 짐승에게 손을 얹고 기도하면 새끼가 잘난다는 것입니다. 자녀들 뿐 아니라 심지어 짐승들까지 기도해야 한다는 시골 목회의 에피소드를 들을 때에 매사에 인생사는 문이 열려야 함을 보게 됩니다.

학생들에게는 공부의 문이 열려야 되고, 사업가는 사업의 문이 열리며, 정치인에게는 정치를 잘 할 수 있도록 문이 열려야 하듯이, 인생사에서 제일 중요한 일은 영적 신앙의 문이 열리는 일입니다.

2014년에 은평교회 성도들에게 열리는 문이 있게 되기를 바랍니다. 본문에서 소아시아 일곱 교회 중에 여섯 번째 교회인 빌라델비아 교회는 주님께서 열린 문을 주셨는데 다윗의 열쇠를 가지신 분이 한번 닫으면 열 사람이 없고 한 번 열면 닫을 사람이 없는 주권자 되시는 주님이시라고 하셨습니다. 형제우애라는 뜻을 가진 빌라델비아(Philadelphia)가 주전(B.C) 2세기(159~138)버가모 왕조의 앗탈루스 2세(AttalusⅡ)가 건립하여 왕의 형에 대한 사랑의 표시로 이름 짖게 되었고 그곳에 교회가 세워졌습니다.

적은 능력을 가지고도 주님의 능력을 지켜 나가는 오늘 날 우리가 본 받아야 하는 교회를 통하여 은혜의 시간이 되시기를 바랍니다.

1. 이 열쇠는 한번 열면 닫을 사람이 없고, 닫으면 열사람이 없습니다.

일컬어서 다윗의 열쇠로써 다윗은 오실 메시야 되시는 예수 그리스도의 표상이었습니다.

1) 언제나 누구도 움직일 수 없는 전천후적인 열쇠입니다.

다윗에 자손으로 오시는 예수 그리스도에 대한 절대 권한을 창세기에서부터 계속 예언된 사실과 같습니다.

① 이는 세상 그 누구도 흉내 낼 수 없는 일입니다.

세상에는 많은 열쇠들이 있습니다. 현관문의 열쇠부터 시작해서 자동차 열쇠까지 정말 많은 열쇠들이 있지만 천국 가는 열쇠는 오직 예수 그리스도 뿐입니다. 세상 그 어떤 유명종교 지도자나 정치인들도 모두 이 열쇠로만 천국에 입성하게 됩니다. 다른 것은 없습니다. 오직 예수님만이 양의 문이며 다른 이는 모두 절도요 강도라고 하셨습니다(요 10:7~8).

② 따라서 천국에 들어가는 문의 열쇠는 다윗의 자손으로 오신 예수 그리스도 뿐이십니다.

예수님 이름 외에 다른 이름이나 길은 헛것이요, 우상에 불과한데 우상의 길은 사람이 만든 수공물로써 아무것도 아닙니다(시 115:4~8, 135:15~18). 그런데 사람들은 하나님을 알되 하나님을 하나님으로 섬기지 아니하고 다른 길로 가게 되었으니 무서운 심판이 기다리고 있는 것입니다(롬 1:18~25).

2) 2015년도에는 완전히 인생의 열쇠를 가지신 예수 그리스도만 의뢰

하고 믿고 인생사를 모두 걸어보시기 바랍니다.

① 예수님께 인생을 맡기면 영원히 살게 되고 축복이 있습니다.

세상 도박판에 투자했다가 모두 망치는 일들이며, 증권은 잘 모르지만 증권에 투자해서 모두 손해 보는 일들도 많습니다. 그러나 예수 그리스도에게 인생을 투자하고 맡기게 되면 인생이 망하는 법이 없습니다. 예수 그리스도 안에서는 영원히 망하지 않습니다. 다윗의 열쇠를 가지신 예수 그리스도의 세계이기 때문입니다.

② 예수 믿고 예수님을 의지해서 손해 본 사람은 하나도 없습니다.

(벧전 1:24~25) '모든 육체는 풀과 같고 그 모든 영광이 풀의 꽃과 같으니 풀은 마르고 꽃은 떨어지되 하나님 말씀은 영원하신다'(but the word of the Lord stands forever)고 하였습니다. 따라서 2014년도에는 망하지 않은 하나님 말씀위해 인생을 투자해 나가시기 바랍니다. 여기에는 영원히 망하지 않는(단 2:44) 천국이 있고 축복이 있습니다. 세상나라는 망하되 바벨탑이 무너졌듯이 무너지겠지만(창 11:7~8), 다윗의 열쇠를 가진 예수 그리스도의 나라는 영원하고 계속해서 세워지게 됩니다.

2. 다윗의(후손) 자손으로 오신 예수 그리스도는 천국의 열쇠를 가지고 계십니다.

인생사에서 제일 중요한 일은 천국에 관한 사건입니다. 그런데 이 천국 열쇠는 누가 가지고 계십니까? 예수 그리스도 이십니다.

1) 예수님은 교회론을 말씀하시면서 천국열쇠를 언급하십니다(마 16:19)

① 천국열쇠를 주신다고 하였습니다.

'내가 천국 열쇠를 네게 주리니 네가 땅에서 무엇이든지 매면 하늘에서도 매일 것이요 네가 땅에서 무엇이든지 풀면 하늘에서도 풀리리라'(마

16:19)하였습니다. 예수님은 기도의 특권도 허락해 주셨습니다(요 14:12~14, 15:7, 16:23~24).
② 이 천국의 열쇠는 예수님의 이름을 믿고 고백 할 때에 주어지는 축복입니다.
예수 그리스도에 대한 올바른 고백입니다. 예수님은 엘리야나, 세례요한이나 선지자 중에 하나가 아니십니다. '주는 그리스도시요 살아 계신 하나님의 아들이시라'고 해야 맞습니다. 그리고 그분이 나의 구세주이심을 믿어야 합니다. 예수님은 그 고백위에 주님의 교회를 세우신다고 하셨습니다. 영원한 천국 구원은 지상교회를 통해서 주어집니다.

2) 따라서 예수 그리스도 이름 밖에는 천국에 들어갈 수 없습니다.
　예수님은 다윗의 자손으로 예언된 대로 오셨습니다.
① 이 열쇠는 음부의 권세를 이기는 권세가 있습니다.
예수 그리스도 교회의 특권이며, 음부의 권세를 이기는 능력이 이 열쇠에 있습니다. 악한 세력이 제아무리 강하게 역사해도 예수의 이름 앞에는 굴복 당하게 됩니다. 2014년도 한해 동안에 성도들이 예수 이름으로 승리하시기 바랍니다.
② 예수님 이름으로 기도하게 될 때에 기도하는 것이 응답됩니다.
(마16:19) "네가 땅에서 무엇이든지 매면 하늘에서도 매일 것이요 네가 땅에서 무엇이든지 풀면 하늘에서도 풀리리라"하였습니다. 예수님은 만능열쇠(master key)와 비교됩니다. (요 14:14) "내 이름으로 무엇을 구하든지 내가 시행하리니"(You may ask me for anything in my name, and I will do it)하셨으니 예수님 이름으로 기도하고 응답받는 2014년이 되시기를 바랍니다.

3. 이 열쇠는 교회를 통한 영혼구원에 역사와 축복의 문이 열리는 능

력입니다.

예수 그리스도의 이름으로 역사되는 능력입니다. 여기에 구원이 있고 축복이 있습니다.

1) 부흥의 문이 열려야 합니다.

주님의 교회는 처음에는 보잘 것 없이 시작되었습니다(겔 47:1). 성전 문지방에서 시작한 작은 물줄기에 불과했으나 온 세상을 덮는 거대한 생명수의 강이 된 것과 같습니다.

① 불신 이방인들이 믿고 돌아오는 능력입니다.

(행 13:48) '영생을 주시기로 작정된 자들이 돌아오게 됩니다.(행 14:27)' 이방인들에게 믿음의 문을 여시고 구원받게 하십니다. (골 4:2) 바울은 전도자로서 이 전도의 문이 열리기를 기도해 줄 것을 당부하였습니다. (고전 16:8) '내가 오순절까지 에베소에 유하려 함은 내게 광대하고 공효를 이루는 문이 열리고'라고 해서 이 문들이 열리기를 바라보았습니다. 축복이요 성공적 문입니다.

② 바울이 말하는 성공과 축복이 무엇이겠습니까?

복음전도해서 영혼구원하고 교회를 세워서 부흥하는 것이 바울의 성공입니다. 2014년도에 은평교회가 더욱 전도에 힘써서 영혼구원의 숫자가 늘어 교회부흥과 함께 성도들이 복을 받기를 바랍니다. 공효를 이루는 문(great door)이 열려야 합니다.

2) 다윗의 열쇠를 가진 교회는 무엇이든지 열리게 되어 있습니다.

기도하는 곳에 축복하시는 하나님의 약속입니다.

① 믿음으로 더욱 힘써서 기도해야 합니다.

낙심하거나 실망치 말고 인내로써 기도해야 합니다. 인내의 기도요(약 5:10~11), 항상 기도요(눅 18:1: 골4 :2), 믿음의 기도입니다(약1:5~6).

여기에 응답이 약속되어 있습니다.
② 인내의 말씀을 지켜야 합니다.
빌라델비아 교회는 인내의 말씀을 지켜 나가게 되었고 축복이 약속되었습니다. 적은 능력을 가지고도 내 말을 배반치 아니하고 지켜 나갔다고 칭찬 받았습니다. 세상은 험악하지만 2014년에도 은평교회 성도들이 이 신앙으로 열린 문이 주어지고 영육 간에 승리하는 한해가 되시기를 주님의 이름으로 축원합니다.

▶ **결론** : 다윗의 열쇠를 가지고 승리해야 합니다.

이 복으로 살게 하옵소서
(시 128:1~6)

　세상을 살아가면서 묵은해를 보내고 새해를 맞이할 때마다 하나님의 축복을 기다리고 소망하게 되고(Hope), 그 안에서 계획(Plan)을 세웁니다. 그리고 축복을 주시기를 믿고, 믿음으로(Faith)달려가게 됩니다.
　2014년도에도 하나님께서 복을 주실 줄로 믿습니다. 복의 근원은 하나님이시기 때문입니다. 그래서 다윗도(시16:2) " 내가 여호와께 아뢰되 주는 나의 주시오니 주밖에는 나의 복이 없다 하였나이다"(I said to the LORD, "You are my Lord, apart from you I have no good thing.") 라고 고백 하였습니다. 그리고 야베스라는 사람은(대상4:9~10)그 하나님께 복을 구할 때에 하나님께서 허락해 주셨습니다. 하나님께서 복을 주시기로 되어 있어도 구하여야 할지라(겔36:37)라고 하였습니다.
　신년을 또 맞이하면서 은평교회 성도들에게 예비하신 축복이 본문에서 나타난 시편 128편의 말씀이 이루어지는 생활이 되기를 바라는데, 모든 복은 하나님의 교회 안에서 영육 간에 임하게 됩니다.
　(5절)"여호와께서 시온에서 네게 복을 주실지어다"하였는데 그래서 예루살렘을 위하여 기도해야 하는바(시122:6) 예루살렘이나 시온이나 모두가 신약의 교회론적으로 상징성이 있습니다. 교회라는 용어는 본래 히브리어로 '카알' 즉 부른다(Call)라는 말과 '에다' 즉 집회(assemble)라는 뜻인데 신약에 와서는 엑클레시아(ἐκκλησία)로서 '불러내다'(call out), 함께 오다(together come)로써 예수 그리스도를 믿고 구원받을 사람들은 말하게 됩니다. 2014년도에도 이와 같은 은평교회 성도들이 본문 같이 복을 받기를 소망하며 은혜를 나누겠습니다.

1. 성도들에게는 교회의 복이 중요합니다.

 예루살렘의 복이란 곧 교회의 복이라 할 수 있습니다. 예루살렘을 떠나면 강도를 만나게 됩니다(눅 10:37). 어렵게 교회까지 나왔지만 교회를 잘못 만나서 이상한 곳으로 빠지는 경우들이 있기 때문에 교회의 복을 받는 것이 중요합니다.

1) 참 교회는 여호와 하나님이 언제나 임재하시는 복을 받게 됩니다(시 128:5).

① 언제나 시온에 임재하시는 하나님이신바 시온은 교회를 의미하게 됩니다.
(애 4:2)시온의 아들들과, (아 3:11)시온의 딸들에게 임하게 됩니다. (시 133:3)여호와께서 그곳에서 복을 명하셨는데 영생의 약속입니다. 따라서 예루살렘을 떠나면 곤란하고 언제나 교회 안에서 복이 임한다고 약속되었습니다.
② 지상에서 교회가 없다면 괴로움이요, 슬픔입니다.
유대 백성들이 70년간 바벨론에 포로 되었을 때에 체험 했던 슬픔과 괴로움이 간증이 되었습니다(시 137:1~). 공산치하에서의 옛 소련 연방과 중국에서 많은 성도들이 겪었고 지금도 북한 땅에서 신음하는 지하 교도 성도들에게서 듣게 됩니다. 교회에서 마음대로 예배가 진행 된다는 것은 복중에 복입니다.

2) 교회의 복은 여호와의 평강의 복이 됩니다.

 왜냐하면 진정한 평강은 하나님과 관계에서만 약속되었기 때문입니다 (요 14:27: 롬 1:7).
① 예루살렘이란 용어 자체가 평화의 뜻입니다.
살렘은 평화(Peace)라는 뜻을 가지고 부르는 이름입니다. 이스라엘의

세 번째 왕이었던 솔로몬 역시 평화라는 이름에서 주어진 것입니다. 은 평교회 성도들이 교회 안에서 이 복이 임하시는데 늘 평안이 가득하기를 바랍니다.

② 예루살렘은 샘이 마르지 않고 언제나 넘치는 곳입니다.
광야에서의 샘은 생명수와 같은 존재입니다. 광야와 같은 세상에 살면서 샘은 생명이 됩니다. 살렘이란 뜻은 또 다른 의미로써 '우물'이란 뜻도 있습니다. 예수 그리스도 안에서 우리는 샘 곁에 있는 존재들입니다(창 28:19; 출 15:27). 혹 쓴물을 단물로 바뀌는 능력이 십자가의 복음입니다(출 15:25). 2014년에 이 축복이 가득하게 있기를 바랍니다.

2. 예루살렘 복인 교회의 복을 받는 사람이 있습니다.
이것은 무엇과 비교할 수 없는 대단히 중요한 복입니다.

1) 여호와를 경외하는 자에게 주신다고 하였습니다(1절).
"여호와를 경외하며"(who fear the LORD)라고 하였습니다.
① 경외한다는 것은 경배한다는 뜻입니다.
그냥 알고만 있는 것이 아니고 실제적으로 예배하고 엎드려야 합니다. '경외'라는 말은 두려워하는 뜻이 강하게 비추어 집니다. 사랑과 긍휼과 자비의 하나님이시지만 두렵고 두려운 하나님이시기도 합니다. 심판주이시기도 하기 때문입니다.
② 하나님께서 아시고 복을 내려주십니다.
하나님께서 아시고 복을 주실 자에게는 복을 주시지만 심판하실 자에게는 심판하시는 엄정하신 하나님이십니다. 믿는 자에게는 영생이지만(요 3:16), 불신자에게는 심판이 기다리고(요 3:36) 있음을 알아야 합니다. 그래서 예루살렘 복이 중요합니다.

2) 예루살렘의 복을 받은 사람들이란, 말씀에 순종하는 자들입니다.

　하나님 말씀에 듣고 순종하며 행하게 될 때 복이 있습니다.
① "도에 행하는 자마다"라고 하였습니다.
(1절)"도에 행하는 자마다"(who walk in his ways)라고 하였습니다. 영어로 직역하자면 그의 길들 안에서 걸어가는 사람들입니다. 여기에서 말씀은 도요, 율법이요, 표준입니다. 성도의 표준(Standard)는 말씀입니다. 다른 길은 없거니와(갈 1:8), 다른 길로 가면 강도요, 도적이의 길이 됩니다(요 10:8). 따라서 복음 안에서 살아야 합니다.
② 표준대로 행하게 될 때에 복이 있습니다.
이것이 원리요 생의 지침이요, 이정표가 됩니다. 그 길로 가게 되면 축복이 됩니다(사1:19). 그리고 영혼이 잘되고 범사가 잘되고 강건케 되는 것이 약속이 되었습니다(요3서 2~3). 은평교회 성도들이 2014년에 이와 같은 길로 걷게 되시기를 바랍니다.

3. 하나님께서 복을 주시는 내용들이 구체적으로 약속되었습니다.

　뜬 구름 잡거나 신기루 잡을려고 하지만 잡을 수 없는 무지개(Rainbow)잡는 식이 아니라 구체적으로 약속되었습니다. 그리고 이 복은 세상에서만 아니고 영원히 받게 됩니다.

1) 손이 수고한대로 먹는 복이 약속되었습니다.

　(2절)"네가 네 손이 수고한 대로 먹을 것이라 네가 복되고 형통하리로다"하였습니다. 내 노동의 댓가가 다른 곳으로 새어 나가지 않게 지켜주시는 복입니다.
① 그래서 복되고 형통한 축복입니다.
이는 이미 모세를 통해서 약속해 주셨습니다. 신명기 28장1~14절까지 성민 된 하나님의 백성들이 받을 축복이 약속되었습니다. 신약교회 안

에서 받아야 하는 축복이기도 합니다.
② 가정에 대한 축복이 약속되었습니다(3절).
가정의 질서가 무너지는 시대에 작은 천국으로서의 가정들이 되기 위해서 받아야 할 축복들이 약속되었습니다(신 28:5). 네 광주리와 떡 반죽 그릇의 축복입니다. 다윗 또한 이 축복을 간증하였는데(시 144:12-), 하나님의 백성이 받은 축복입니다.

2) 이들은 모두가 예루살렘 복에서 복이 시작되었습니다(5~6).

예루살렘의 복을 받게 될 때에 구체적으로 받은 축복입니다.
① 예루살렘의 복은 교회의 복입니다.
따라서 바른 교회관을 가지고 신앙생활 하는 것은 대단히 중요한 것입니다. 많은 사람들이 그릇된 교회관 속에서 복이 없는 경우들이 있기 때문입니다. 이것은 또한 말세 때에 나타나는 특징이기도 합니다(마 24:4~6).
② 장수의 복도 약속되었습니다.
100세 시대라고 하는데 건강과 안녕 그리고 재물이 따르지 않는 것은 곤란합니다. 다윗이나(대상 29:28), 모세나(신 34:7), 안나(눅 2:36)와 같은 사람들이 예표적 축복을 보여 주었습니다. 은평교회 모든 성도들의 노후가 모두 이렇게 아름답게 되시기를 예수 그리스도 이름으로 축원합니다.

▶ **결론** : 교회 안에서 축복이 약속되었습니다.

사도행전적 축복의 교회
(행 3:1~10)

　세상 모든 일에는 그 시작점이 있기 마련입니다. 거대하게 흐르는 강물도 거슬러 올라가 보면 발원지가 있음을 알게 됩니다. 시작점(Origin)이 중요합니다. 제품으로 말하면 최초의 제품이요, 음식점으로 말하자면 원조집과 같은 의미입니다.

　구약에서 나타난 교회는 신약에 대한 예언적 교회였다면 신약에는 예수님이 십자가에 죽으시고 부활하신 후 약속하신 성령께서 오심으로써 신약교회가 출발하게 되었는데 사도행전적 교회요, 교회의 시작입니다(Origin of the Church). 지난 이천년의 세월 속에서 여기까지 오는 동안 주님의 교회는 초대교회의 발자취가 뚜렷합니다. 2014년 3월에 34주년을 맞이하는 은평교회는 사도행전의 교회 속에 있어야 합니다. 현존하는 지상교회들 중에 대형교회도 있고, 작은 교회들도 있지만 닮아야 하는 교회는 사도행전 교회입니다. 사도행전 교회가 교회의 모델이요 견본이기 때문입니다.

　지상에 존재하는 교회는 완벽한 교회나 완벽한 신앙인은 없습니다. 그러나 모범적인 교회나 모범적인 성도는 있기 때문에 여기에 주목해야 합니다. 본문에서 우리는 사도행전의 교회를 배우며 본받는 계기가 되기를 원합니다. 주님이 중심으로 하는 교회요(요 6:26~29), 필요한 일꾼이 많이 있는 교회며(딤후 4:9~), 2:41, 4:4), 구원의 숫자가 날마다 더해가는 교회입니다. 이는 성령의 역사입니다(행 3:1, 2:41, 4:4). 주님 오실 때까지 은평교회가 모범적인 교회로 성장해 가기를 바라며 본문에서 은혜를 나누고자합니다.

1. 은평교회는 사도행전과 같이 더불어 함께하는 교회가 되어야 합니다.

교회를 가리켜서 '영적인 신령한 공동체'라고 말합니다. 천국의 시민권자(빌 3:20)들이 천국에 갈 때까지 지상에서 생활하는 곳입니다.

1) 매사에 함께 더불어 가 중요합니다.

교회 안에서 함께 된 지체이기 때문입니다.
① 베드로와 요한은 함께 더불어 생활하였습니다.
(4절) "베드로가 요한으로 더불어"라고 하였습니다. '더불어'는 '함께'(Together)요 '같이'(with)라는 뜻입니다. 하나님의 교회 안에서는 모든 그리스도인들이 상생하는 신앙생활로 나아가야 합니다. 예수그리스도 안에 있기 때문입니다. 산에는 큰 나무와 작은 나무들이 함께 살아가듯이 교회 안에서도 성도는 함께 살아야 합니다.
② 교회의 머리는 예수그리스도이시며 교회는 주님의 몸입니다. 성경이 우리에게 분명히 밝혀주시는 진리가 교회는 주님의 몸이라는 사실입니다(엡 5:30; 고전 6:15, 고전 6:19, 3:17). "하나님의 성전은 거룩하니 너희도 그러하니라"(for God's temple is sacred, and you are that temple)고 하였습니다. 주님의 몸 된 교회의 모든 성도들이 유념해야 할 부분입니다.

2) 함께 하기 위해서는 해야 할 일들이 있습니다.

영적이고 신령한 교회이기 때문에 서로가 노력해야 할 일들입니다. 여기에서 앉은뱅이가 일어나는 기적이 일어나게 되었습니다.
① 교회론적 말씀에서 배우게 됩니다.
(엡 4:2~3) "모든 겸손과 온유로 하고 오래 참음으로 사랑 가운데서 서로 용납하고 평안의 매는 줄로 성령의 하나 되게 하신 것을 힘써 지키라"하였습니다. 하나 되는 일은 교회가 중요한 일입니다(엡 4:4).

② 나는 "지극히 작은 자"라고 겸손해야 합니다.
(엡 3:7~8)사도 중에 '대'자가 붙은 대사도바울은 고백하기를 "모든 성도 중에 지극히 작은 자보다 더 작은 나에게"(Although I am less than the least of all God's people)라고 하였습니다.

2. 은평교회는 사도행전과 같이 주어진 말씀에 주목하는 교회가 되어야 합니다.

하나님 말씀이 임하게 될 때에 아멘 하는 교회가 좋은 신앙입니다.

1) 말씀을 바라보는 신앙이 좋은 교회요, 좋은 신앙입니다.

데살로니가교회와 베뢰아 교회에서 그 모습을 보게 됩니다.
① 데살로니가교회에서 초대교회의 좋은 점을 배우게 됩니다.
바울이 어렵게 복음 전할 때에는 힘들었지만 모범적인 교회로 부흥해서 자라났습니다(살전 1:3). 그리고 말씀을 잘 듣는 교회였습니다(살전 2:13). 하나님의 말씀은 그 자체가 살았고 능력이 있습니다(히 4:12).
② 베뢰아 교회는 신사적인 믿음으로 말씀을 배웠습니다.
데살로니가교회보다 더 신사적이라고 표현한 교회입니다(행 17:11). 간절한 마음으로 말씀을 받고 배우고 할 때에 믿지 않는 귀부인과 신사들이 믿는 자가 되었습니다. 하나님 말씀에 든든히 서가는 축복받은 교회의 모습입니다.

2) 베드로가 요한과 더불어 주목하였다고 하였습니다.

여기에서 '주목'하였다는 말은 헬라어로 '아테니사스($ἀτενίσας$)로써 무엇에 집중되고 고정되었다는 뜻입니다.
① 교회가 집중해야 할 일은 예수그리스도의 십자가와 부활을 전하는 신앙이 중요합니다.

은과 금이 아닙니다. 십자가와 부활을 전하여 구원을 얻게 해야 합니다. 이것이 하나님의 교회가 집중해야 할 일입니다. 나 같은 죄인을 구원하시기 위해서 죽으신 사랑입니다(롬5:8).
② 베드로와 요한은 날 때부터 앉은뱅이 된 사람을 집중해서 보는 전도의 눈, 선교의 눈을 가졌습니다.
그렇게 많은 사람이 성전에 오고가는 길목이었지만 베드로와 요한의 눈은 달랐습니다. 바울이 환상 중에 마게도냐 사람의 손짓을 보듯이(행 16:9) 이세대의 교회는 세상에 대해서 눈을 뜨고 볼 수 있어야 하겠습니다. 그리고 저들에게 십자가에 구원의 복음을 전해야 하고 살려야 하겠습니다.

3. 은평교회는 사도행전교회와 같이 역사가 나타나는 교회로 부흥해야 하겠습니다.

성령의 역사로써 교회가 부흥해 나가게 되는데 능력이 여러 곳에 나타났습니다.

1) 초대교회는 성령의 역사로 초자연적인 역사가 나타나게 되었습니다.
이는 하나님의 역사입니다(슥 4:6).
① 사도행전의 역사하심을 보시기 바랍니다.
(행 19:10~)심지어 바울의 손수건이나 앞치마만 스쳐지나가도 병든 자가 일어나게 되었습니다. 이는 이상한 일이 아니라 예수님이 승천하시면서 약속하신 일들입니다(막 16:17~). 하나님의 역사는 능치 못하심이 없음을 믿어야 합니다.
② 예수님의 이름으로 행하여지는 역사들입니다.
(6절)"은과 금은 내게 없거니와 내게 있는 것으로 네게 주노니 곧 나사렛 예수 그리스도의 이름으로 걸으라"하였습니다. 오직 예수 이름으로

만 교회가 줄 수 있어야 합니다. 예수 이름에 구원이 보장되었습니다(마 1:21).

2) 교회가 가진 것은 예수그리스도의 이름입니다.

　교회가 가진 것은 세상권력이나 세속적인 개념의 경제력이 아니라 예수그리스도의 이름입니다.

① 교회는 예수 그리스도의 이름으로 충만해야 합니다.
교회 안에 예수그리스의 이름이 없고 다른 것으로 충만하다면 병든 교회요, 문제가 많은 곳입니다. 현대식 맘모스 건물이 지어지고 사람이 많이 모인다고 해서 좋은 교회의 기준일 수는 없습니다. 은평교회는 예수 이름으로 충만해야 합니다.

② 앉은뱅이가 일어나는 기적은 하나님의 영광이 목적이었습니다.
앉아서 구경만 하던 사람이 일어나서 걸으며 뛰어가고 하나님을 찬송했습니다. 이것이 예수그리스도의 복음의 능력입니다. 은평교회가 복음의 능력으로 충만하게 되시기를 주의 이름으로 축원합니다.

▶ **결론** : 사도행전적 교회가 되기 위해서 힘써야 합니다.

세상에 대하여 교회가 할 일
(마 5:13~16)

옛날에 비해서 지금 세상은 요구도 다양하고 다양성 있게 변화무쌍한 세상이 되었습니다. 그럼에도 교회는 해야 할 일을 해야 하는바 그래서 더욱 힘이 드는 것을 보게 됩니다. 교회가 세상에 존재하지만 세상의 죽은 문화에 젖어서 살수는 없지만 그래도 거룩함(Holy)을 지키면서 세상에 대하여 해야 할 사명이 분명하게 있습니다. 이는 힘으로 되지 아니하며 능력으로 되지 아니하고 오직 나의 영으로만 가능한 일입니다(슥 4:6,10). 그런데 예수님께서 말씀하셨듯이 세상에는 이리 떼가 득실거리고 믿는 성도는 양 떼와 같기에 힘이 없습니다(마 10:16, 19). 그러나 성령께서 함께 하시기 때문에 가능한 일입니다(행 4:19).

본문에서 예수님께서 말씀하신 산상보훈 중에 교회가 세상에 대하여 해야 할 일을 배우게 됩니다. 이른 바 종교개혁자들인 마틴 루터나, 요한 칼빈 그리고 쯔잉글리나 요한 웨슬레 등의 발자취가 오늘날 교회의 기반일진대 다시 한번 우리의 신앙이 바로 세워 지도록 힘써야 하겠습니다. 본문에서 몇 가지 세상에 대한 사명을 확인하게 됩니다.

1. 주님의 교회는 이 세상에 대하여 책임적 관계에 있습니다.

주님이 이 땅에 오셔서 십자가 복음을 전하셨고 그 복음이 가는 곳마다 세상이 변화되고 바뀌어 발전하게 되었습니다. 여기에 교회가 해야 할 사명이 있습니다. 요한 칼빈은 오직 하나님의 영광, 오직 성경으로 세상을 바꾸어 나가게 되었습니다.

1) 예수님은 주님의 교회가 해야 할 사명으로 소금이라 하셨습니다.

   이 책임은 사명적 교회로써 언제나 염두에 두어야 할 일입니다. 지금 한국 교회가 회복해야 할 부분입니다.

① 첫째는 소금적 사명입니다.

"너희는 세상의 소금이니"(You are the salt of the earth)하셨습니다. 먼저 소금의 기능을 알아야 합니다. 소금은 맛을 내게 합니다. 성도가 가는 곳마다 교회가 세상에 가는 곳마다 교육, 병원, 학교, 문화발전 등을 통해서 복음적 맛을 내게 해야 합니다. 소금은 순결한 결정체입니다. 성도가 있고 교회가 세워지는 곳에 깨끗한 청결 등이 발휘되어야 합니다. 소금은 부패를 방지해 줍니다. 그래서 썩지 않도록 막아주게 됩니다.

② 사람에게 반드시 필요한 존재가 소금입니다.

소금이 없다면 사람은 살 수가 없는 것이 소금의 존재입니다. 이 세상에 하나님 백성이 살아가고 주님의 교회가 이 땅에 존재하는 이유입니다. 종말적 세상에서 더욱 이 부분에 사명이 주님의 성도들에게 있음을 직시해야 합니다.

2) 예수님은 주님의 교회가 해야 할 사명으로써 빛이라 하셨습니다.

   "너희는 세상에 빛이라"(You are the light of the world)하셨습니다. 소금이 육체에 반드시 필요하듯이 빛은 생활에 반드시 요구되는 요소입니다.

① 빛은 생활에 반드시 요구되는 존재입니다.

옛날 등잔불, 호롱불 등부터 현재 전기 등에 이르기까지 우리 생활에 필수적 존재입니다. 따라서 이 세상에서 하나님의 자녀들은 빛 된 존재가 되어야 합니다. 교회가 어두운 세상을 밝게 해야 할 사명이 있습니다.

② 소금이든 빛이든 그 역할을 다하기 위해서는 희생이 꼭 필요한 일입니다.
희생 없이는 빛과 소금의 역할은 생각 속에서 존재할 뿐이요 실제 생활과는 거리가 멀게 됩니다. (엡 5:8~9)빛의 열매가 열려야 할 이유입니다. 이제 한국 교회는 변해야 합니다. 그리고 세상에 빛과 소금적 생활로 나아갈 때입니다.

2. 주님의 교회는 세상에 대하여 세상 끝까지 책임져야 할 사명이 있습니다.

바로 구원에 대한 사명입니다. 독일이 유대인 학살 때에 쉰들러 리스트 (Schindler`s List)의 유대인 구출작전에 모든 것을 쏟아 부었던 그 열정과 뜨거움이 교회에 가득해야 합니다.

1) 주님의 교회는 세상에 대하여 끝까지 해야 할 구원적 사명이 있습니다.
기독교 강요를 기록한 요한 칼빈은 기독교가 이 세상에서 정치, 경제, 사회 모든 영역에서 해야 할 일들을 말하였습니다.
① 하나님의 교회는 세상에 대아여 끝까지 복음적 사명이 있습니다.
아브라함이 소돔지역에 대해 마지막까지 기도하던 모습처럼 해야 합니다(창 18:23~). 교회 존재는 세상에서의 부귀영화가 목적이 아닙니다. 교회존재는 세상에서 유명세를 떨치는 것도 아닙니다. 교회의 존재목적은 희생적 십자가 복음이 교회의 목적입니다.
② 십자가는 희생입니다.
예수님과 교회는 희생의 대명사입니다. 여기에 구원이 있습니다. 예수님이 무능해서 십자가를 지신 것이 아닙니다. 대속적 죽음을 당하셨습니다. 여기에서 우리는 빛과 소금을 보아야 합니다.

2) 이 사명을 상실하게 될 때에 주님의 교회는 세상에게 밟히게 됩니다.

예수님이 경고하신 부분입니다.

① 교회들이 희생적으로 사회적 사명을 다해야 합니다.

교회가 개인적 소유도 아니고 개인을 위한 공간도 절대 아니라 사회적 책임을 감수해야 하는 주님의 몸입니다. 그리스도인들은 어디에 있든지 잊지 말아야 할 부분입니다.

② 교회가 이 세상에 대하여 할 일들이 많습니다.

칼빈이 말한 것과 같이 성령으로 새롭게 되어서 '오직 성령'으로 '오직 성경'으로 바르게 서야 할 때입니다. 사데교회와 같이 책망의 대상으로써의 교회가 되면 곤란한 일입니다(계 3:1).

3. 주님의 교회가 세상에 대하여 끝까지 책임져야 할 사명적 이유가 있습니다.

지금과 같이 자유분방한 시대일수록 교회의 사명은 더욱 커지게 됩니다.

1) 교회는 세상을 구원해야 하는 존재이기 때문입니다.

유일한 노아의 방주와 같은 곳이 교회입니다. 그래서 나 혼자 축복받아 잘 살고 먹고 마시는 곳이 아닙니다.

① 교회는 이 세상에 존재하지만 세상을 구원하는 책임이 있습니다.

세상 건설의 목적이 아니라 긍정적으로 천국건설이 목적입니다. 기업은 이윤을 추구하지만 교회는 천국건설입니다. 이것은 십자가 복음 밖에 없습니다.

② 이 복음의 방법 역시 세상적으로는 어리석게 보일 수 있습니다(고전 1:18, 21).

그러나 이것은 하나님께서 세상을 구원하시는 방법이기에 중요합니다.

2) 최종적인 목적은 하나님께 영광입니다(고전 10:31).

　세상에 빛과 소금의 사명이 여기에 있습니다.
① 먼저 구원받은 성도는 하나님의 영광이 되도록 살아야 합니다.
(롬 11:36)세상 사람들에게 빛을 가리거나 영광의 방해꾼이 된다면 큰 일입니다.
② 지상 교회는 소금이요 빛입니다.
21세기 은평교회가 다시 한번 사명을 깨달아야 할 때입니다. 은평교회 성도들이 있는 곳에 빛과 소금이 되어서 수많은 영혼을 구원하는데 쓰임 받게 되시기를 주님의 이름으로 축원합니다.

▶ **결론** : 세상이 존재할 때까지 교회는 사명이 있습니다.

하나님의 교회를 세우는 사람들
(마 16:18~20)

　세상의 모든 일들은 세워지고(Build), 성장(Growth)해가는 것이 원칙입니다. 생명체도 태어난 후에 성장하게 되고, 국가 경제나 산업도 계속해서 발전해 왔습니다. 수많은 역경과 고난의 세월 속에서도 대한민국의경재력이 세계 200국가가 넘는 중에서 10위권 안에 있다는 것은 하나님의 축복이요 경이할 만한 일이라고 할 것입니다.
　개화기에 들어서면서 일본에게 36년 동안 지배 받았고, 6·25전쟁 잿더미 속에서도 이렇게 성장한 것은 세계가 놀라는 일이 되었습니다. 세계 거리마다 한국산 자동차들이 달리고, 가정에서는 가전 제품 들이며, 이동통신전화이며, 대한민국에서 최초로 만든 초음속기 T-50전투기가 태극기를 달고 하늘을 지키는 대한민국의 대표(made in korea)의 상징시대입니다.
　I·T기술을 비롯해서 세계 1위를 달리는 것들이 많음을 보게 됩니다. 이렇게 된 것은 그냥 이루어 진 것이 절대로 아님을 보게 되는데 첫째, 하나님께서 한국교회를 세계 선교를 위해 쓰시기 위해 축복하신 것이고, 둘째, 알게 모르게 피눈물 나는 산업전선에서 피땀 흘린 분들이 있기 때문이라는 것은 익히 알려진 사실입니다.
　은평교회가 설립 된지 35주년을 맞이하여 본문에서 예수님께서 세워 주신 교회를 배우고 이렇게 세워가고 성장해 가는 데는 그냥 되는 것이 아니라 여기에 필요한 역군들이 있음을 보게 되는데 주님 오실 때까지 성장되고 세워지기를 바라며 본문에서 은혜를 받으시기 바랍니다.

1. 예수그리스도의 교회는 예수그리스도에 대한 바른 신앙 고백하는 사람들에 의해서 성장하고 세워집니다.

지상교회는 세상에 존재하지만 계속 발전해 왔습니다.

1) 예수그리스도에 대한 바른 신앙고백이 그 으뜸입니다.

"사람들이 인자를 누구라 하느냐"(Who do people say the Son of Man is?)라는 것이 질문이셨습니다.

① 예수님께 관한 이야기들은 다양했습니다.

세례요한과 같은 수준에서 (마 3:8)세례요한, 엘리야와 같이 능력을 많이 나타내신다고 엘리야(왕상 18:44), 예레미야처럼 우시는 예수님을 예레미야(요 11:35: 눅 19:41), 이렇게 선지자들 중에 하나로 보았습니다. 오늘날에도 예수님께 대한 해석들이나 시각들이 많지만 정답은 아니었습니다. 예수님은 그리스도로서 제사장이요 선지자요 왕으로써 3직을 가지고 오신 메시야입니다.

② 주는 그리스도이시오 살아계신 하나님의 아들, 즉 하나님이십니다.

제자들에게 물으셨습니다. "너희는 나를 누구라 하느냐" 이때에 베드로가 대답했습니다. "주는 그리스도시요 살아 계신 하나님의 아들이시니이다"라고 할 때에 예수님은 극찬을 아끼지 아니하시며 그 위에 교회를 세우시겠다고 말씀해 주셨습니다. 따라서 주님의 교회는 예수그리스도에 대한 바른 신앙교회 위에 세운 교회입니다. 육신을 입고 오셨지만 죄가 없으신 예수그리스도이십니다(레 1~10장: 히 4:15).

2) 바른 신앙고백을 통해서 반석위에 교회가 세워지게 됩니다. 바른 진리는 예수그리스도이시기 때문에 이 진리위해 교회가 세워져야 합니다.

(요 14:6) "내가 곧 길이요 진리요 생명이니 나로 말미암지 않고는 아버지께로 올 자가 없느니라"(I am the way and the truth and the life.

No one comes to the Father except through me)하셨습니다.

① 주님의 교회는 진리 되시는 예수그리스도 안에서 세워지게 되는데 '반석'(the rock)이라고 하셨습니다.

반석위에 세워지게 됩니다. 반석위에 세워졌기 때문에 유대인들의 온갖 간계와 로마인들의 대 핍박이나 억압에서도 주님의 교회는 세워지고 313년에는 콘스탄틴 대제에 의해서 기독교가 공인되어 세계 속에 퍼지게 되었습니다.

지금과 같이 타락이 판을 치는 시대에도 반석 위에 세워진 교회는 세상을 향해서 계속 성장하고 세워지게 됩니다. 성령으로 기도하는 교회는 여기에 더욱 힘을 받게 됩니다.

② 진리에 서있는 사람들에게는 특징이 있습니다.

반석위에 세워졌기 때문에 '요지부동' 흔들리지 않게 됩니다. 음부의 권세가 이길 수 없습니다. 거짓 증인이나 이방사상들이 판을 쳐도 잠시 동안 뿐이고 참 교회는 계속 성장해 갑니다. 기도하게 되고 응답이 오며 주님과 계속해서 교통이 되기 때문입니다(막 11:24: 요 14:13~14, 15:7,16:24, 14:27). 주님의 교회는 평안가운데 계속 기도하며 승리하게 되는데 은평교회가 이렇게 되기를 축복합니다.

2. 예수그리스도의 교회는 십자가를 지고 가는 사람들의 의해서 세워지고 성장하게 됩니다.

예수님은 예루살렘에 올라가 잡히시고 십자가에 죽으실 것에 대한 말씀을 하시게 되는데 이때에 베드로가 만류하게 되었고, 예수님은 자기 십자가를 지고 따라올 것을 명하셨고 베드로를 책망하셨습니다.

1) 예수님은 십자가를 지시고 대속적 죽음을 위해서 오셨습니다.

예수님이 이 땅에 오신 목적은 대속적 죽음입니다.

① 예수님 자신이 이를 분명히 밝히셨습니다.
(막 10:45) "인자가 온 것은 섬김을 받으려 함이 아니라 도리어 섬기려 하고 자기 목숨을 많은 사람의 대속물로 주려 함이니라"하였습니다. 십자가를 부인하게 될 때에 예수님은 책망하셨습니다. '사탄아 내 뒤로 물러가라 너는 나를 넘어지게 하는 자로구나' 하시며 책망하셨습니다.
② 기독교는 십자가의 종교입니다.
십자가는 로마인들이 제일 악하게 죽이는 형틀입니다. 화려하게 빛을 내는 네온 싸인 십자가도 아니요, 목걸이로 만든 십자가도 아닙니다. 십자가를 지지 아니하면 예수님과 관계가 없고 교회적인 면에서 주님의 몸이 될 수가 없다는 말씀입니다. 따라서 모든 그리스도인들은 어디에 있든지 자신들에게 주어진 십자가를 지고 예수님을 따라가야 합니다. 구레네 시몬은 억지로 십자가를 졌지만 행운과 축복의 십자가가 되었습니다(마 27:32).

2) 십자가를 지게 될 때 주님의 교회는 바르게 세워 집니다.

반대로 십자가를 벗고 가려는 것은 주님의 교회를 세우는 일이 절대로 아닙니다. 왜냐하면 교회는 예수님의 십자가와 부활을 통해서 탄생되었기 때문입니다.
① 십자가 지고 가는 성도들이 되어야 합니다.
십자가 지고 가는 성도가 진짜 참된 성도이기 때문에 일상생활 속에서도, 교회 안에서도 십자가를 지는 성도가 되어야 합니다. 네로(Nero)황제 때에 베드로는 도망가다가 예수님을 만나고 다시 로마로 가서 십자가에서 거꾸로 순교했다는 말씀은 유명합니다.
② 십자가는 내가 매일 못 박히는 생활입니다.
그래서 바울사도도 "나는 날마다 죽노라"(I die every day. 고전 15:31) 고 하였습니다. 하나님의 교회는 이런 사람들로 의해서 세워지고 성장

하는바 우리 모두 여기에 속하기를 축복합니다.

3. 예수그리스도의 교회는 최후적으로 하나님 나라 영광을 바라보고 나가는 사람들의 의해서 세워지고 성장해 갑니다.

예수 믿는 우리가 최종적으로 바라보고 소망하는 것은 이 세상이 아닙니다. 천국이 최종적인 목적지가 됩니다.

1) 예수 이름으로만 가는 나라 천국을 날마다 바라보아야 합니다.

천국은 주님이 세우신 나라입니다.

① 예수님이 내 나라는 이 세상이 아니라고 하셨습니다.
빌라도의 법정에서 예수님이 분명히 해주신 말씀입니다. (요 18:36, 14:1~6)"내 나라는 세상에 속한 것이 아니라"하셨습니다. 그리고 그 결과는 예수님이 믿는 자 위해서 준비해 주셨습니다.

② 예수님이 그러하셨듯 우리의 최종적인 목적지는 천국입니다 (kingdom of God).
(요 17:16) "내가 세상에 속하지 아니함 같이 그들도 세상에 속하지 아니하였사옵나이다"하였습니다. 예수님이 제자를 위한 기도에서 말씀에 주셨습니다. 그래서 보화도 천국에 쌓으라고 하셨습니다(마 6:19).

2) 하나님의 영광으로 천사들과 함께 오실 때에 행한 대로 갚으신다고 하셔습니다.

(마 16:27)복음 때문에 교회를 위해서 욕먹고 땀 흘리고 십자가 지고 고생하셨습니다. 복입니다.

① 하나님께서 갚아 주실 것인데 하나님의 교회는 이런 사람들에 의해서 세워지고 성장하게 됩니다.
주님의 제자들이 그랬습니다. 초대교회부터 지금까지 주님의 교회를 세

운 사람들이 주님 오실 때에 복이 있습니다. 반드시 갚아 주실 때가 옵니다.
② 천국 면류관은 화려함 그 자체입니다.
그래서 더욱 힘써야 합니다(고전 15:58).
세상 면류관과 비교할 수 없습니다. (계 22:12)일한대로 갚아 주리라, (계 2:10)생명의 면류관, (벧전 5:4)시들지 않는 영광의 면류관, (딤후 4:7)의의 면류관, (살전 2:19)자랑의 면류관, (고전 9:25)썩지 않는 면류관이 준비되었습니다. 계시록21~22장에서 비추어진 천국을 보는 사람들이 있습니다. 세상 영광과 비교 할 수 없는 이 영광을 바라보면서 은평교회가 세워지는데 힘쓰는 성도들 모두가 되시기를 예수님의 이름으로 축원합니다.

▶ **결론** : 교회를 세우는 성도들이 됩시다.

> 신앙생활

감격적인 신앙생활
(행 16:19~34)

사람이 세상을 살아가면서 무엇인가 일을 하게 되는데, 그 일을 하는 자세가 각각 다르게 됩니다. 똑같은 일인데 기쁨과 보람으로 하는 자세가 있고, 억지로 하는 자세가 있음을 보게 됩니다.

어느 교회에서 교회를 건축하는데 목사님이 건축현장을 가보게 되었는데 돌을 다루는 일꾼이 있기에 물었습니다. "수고 하십니다". "얼마나 힘드십니까?" 물어보니 불만과 불평 속에 대답하기를 목구멍이 포도청이라 할 수 없이 일한다고 했답니다. 또 대패를 가지고 나무를 깎는 목수에게 "수고 하십니다". 라고 할 때에 예수님의 교회를 건축하는 일이니 감사합니다. 더욱 잘 해야지요? 하였답니다. 이들의 차이는 일에 대한 효과가 다름은 당연한 사실입니다.

본문에서 사도바울과 실라는 귀신들린 아이를 내쫓아주고 그 일로 옥중에 갇히게 되었는데도 감사와 찬송이 떠나지 아니하였고 그 결과로 인하여 옥사장이 구원받게 되었고, 기쁨의 교회 빌립보교회가 세워지는 하나님의 선한 일들이 이루어지게 되었습니다.

신앙생활은 어떤 일을 하든지 언제나 기쁨과 자원하는 마음으로 드리는 것이 하나님의 말씀입니다(빌 3:1, 4:4, 롬 12:12, 고후 9:7, 출2, 5:2, 35:5, 21, 29). 어떤 일이든지 기쁨과 감격이 사라지는 시대에 우리는 다시 한번 말씀으로 돌아가서 감격적인 신앙을 되찾아야 하겠습니다. 왜 감격스럽고 자원하는 기쁜 마음으로 할 수 있겠습니까? 이유가 분명히 있습니다.

1. 하나님께서 주신 은혜 안에서 감격스러운 믿음이 있었기 때문입니다.

　세상을 살아가면서 누가 사명에 충실하고 감격스럽게 일을 할 수 있느냐를 보여 주시는 말씀이기도 합니다.

1) 바울과 실라는 하나님의 은혜에 감격했습니다.

　현대에 와서 왜 교회들이 약해지고 있는지는 본문에서 잘 보여주고 있는바 그것은 감격스러운 믿음이 약해진 현상입니다.
① 성도의 마음에는 언제나 하나님의 은혜에 대한 감격스러움이 있어야 합니다.
처음에는 뜨겁고 감격스럽다가도 세월 속에서 묻혀서 뜨거움이 식어진다면 곤란합니다. 주님과 교회에 대한 첫 사랑이 식어지는 경우가 많습니다. 그래서 성경은 열심을 강조하였고(롬12:11), 에베소교회는 책망을 받게 되었습니다. (계 2:14) "너를 책망할 것이 있나니 너의 처음 사랑을 버렸느니라"(You have forsaken your first love)하였습니다. 사랑이 변치 말아야 합니다(엡 6:24).
② 현대 교회와 성도들은 자칫 뜨거움이 모두 식어버리고 껍데기만 남기 쉽습니다.
　그것은 마치 머리는 있는데 가슴이 없는 것과 같아서 곧 마르게 되고 죽게 됩니다. 머리는 있는데 가슴이 냉냉해서 죽게 됩니다. 특히 오랫동안 신앙생활을 해오는 성도 중에 이런 현상이 일어나기 쉽기 때문에 조심해야 할 부분입니다. 엔진이 꺼지지 않는 자동차와 같이 뜨거운 성령으로 충만해야 할 때가 되었습니다. 옥중에서든지 평화스러운 곳에든지 어디에서나 뜨겁게 열정적으로 불타올라야 합니다.

2) 다시 회복해야 합니다.

에베소교회에 주시는 말씀과 같이 내가 어디에서 무엇을 하다가 열정과 뜨거움을 상실했는지 생각하고 회개하여 회복해야 할 때입니다. 현대 교회가 겉으로는 외형적으로 커졌지만 내면적으로는 불 꺼진 엔진과 같다면 곤란한 일입니다.

① 회개하여 다시 뜨거움을 회복해야 합니다.

그래서 예수님은 사도요한을 통해서 강조해 주셨습니다. 회개 하여 다시 회복하고 찾으라는 권면입니다(계 2:5). 그렇지 아니하면 내 입에서 너를 토하여 내치겠다고 경고해 주셨습니다. 한국교회가 산업화 시대를 거치면서 외형적으로는 성장했으나 내면적으로는 모두 식어가는 때가 되었지 않나 반성하면서 회개하며 다시 회복해야 하겠습니다. 에베소교회의 사자에게 주셨으니 한국교회는 우리 모두의 목회자들부터 회개 운동이 일어나야 할 때입니다. 그래야 교회의 희망이 있기 때문입니다.

② 처음 신앙은 감격스러운 신앙이었습니다.

바울은 지금 예수님 만나서 구원받고 사도가 된 것에 대한 뜨거움이 계속 되었습니다. 한국교회는 우리 모두가 처음 뜨거움과 감격을 되찾아야 할 때입니다. 그래야 우리에게 주어진 세계선교에 막중한 사명과 민족통일의 숙제를 할 수 있기 때문입니다.

2. 바울과 실라는 감격스럽기 때문에 옥중에서도 찬송과 기도가 뜨거웠습니다.

환경과 상황을 뛰어넘는 초대교회의 상황을 보여주는 장면이기도 합니다.

1) 신앙생활 중에 언제나 낮과 같은 시간만 있는 것이 아니고 때로는 캄캄한 밤도 있습니다. 이때에도 기뻐하며 즐겁게 감격스러움을 잃지 않는 신앙이 중요합니다.

① 바울과 실라는 귀신 병 고쳐준 일 때문에 잡혀 옥에 갇혀 습니다. 상이나 칭찬 대신에 옥고를 치루는 고난이 왔습니다. 그런데 그 상황 중에서도 찬송하였고 감사했습니다. (롬 12:12) "소망 중에 즐거워하며 환난 중에 참으며 기도에 항상 힘쓰며" 했던 신앙을 보여주고 있습니다. 이 시대에 우리의 신앙이 이렇게 되기를 바랍니다.

② 환경과 배경은 변해도 신앙은 변치 않는 것이 중요합니다.
좋은 신앙은 어두울 때에도 찬송하며 이겨내는 신앙입니다. (욥 23:10) "그가 나를 단련하신 후에는 내가 순금 같이 되어 나오리라"(But he knows the way that I take: when he has tested me, I will come forth as gold)했던 신앙입니다. 여기에 생명의 면류관도 약속되었습니다(약 1:2~4).

2) 바울과 실라는 영적문제로 인해서 옥에 갇히는 밤이 왔지만 인생사에는 여러 가지 이유와 형태로 밤이 옵니다.
　이것이 인생길이기 때문입니다.
① 밤에 찬송할 수 있어야 합니다.
낮에만 아니라 밤에도 찬송해야 합니다.(25절)
"밤중 쯤 되어"(About midnight) 이것이 진정한 신앙입니다.
　② 언제나 밤만 있는 것이 아닙니다.
낮도 오게 됩니다. 동쪽에서 붉은 태양이 떠오르듯 밝은 날이 올 때가 있음을 믿어야 합니다. 은평교회 모든 성도들이 이 놀라운 신앙의 현장에서 승리하시기를 바랍니다.

3. 바울과 실라 앞에는 밝은 아침이 왔습니다.
　묶였던 쇠사슬이며 옥중 문이 열리고 옥사장이 구원받아 유럽의 첫 교회가 세워 짐으로써 바울이 그 곳에 간 목적이 실현되었습니다. 1)

바울과 실라를 향하신 하나님의 섭리가 분명하였듯이 우리에게 향하신 하나님의 뜻과 섭리가 반드시 있습니다.
① 옥사장를 구원하고 빌립보교회가 세워지기 위한 '하나님의 계획'(plan of God)이 실현되었습니다.
이 때에 주신 말씀이 유명합니다. "주 예수를 믿으라 그리하면 너와 네 집이 구원을 받으리라"입니다(행 16:31). 이 열정은 지금도 존재합니다.
② 이것은 신화(神話)나 꾸며낸 이야기가 아니라 실화요 사실입니다.
실제사건입니다. 예수님은 제자들을 파송 하시면서 참새 한 마리라도 하나님의 허락 없이는 땅에 떨어지지 않는다고 하셨습니다(마10:29). "너희는 많은 참새보다 귀하니라"(you are worth more than many sparrows)하셨습니다(마10:31).

2) 언제나 뜨거운 신앙으로 이겼던 사람들과 같이 되어야 합니다.
초자연적인 사실 앞에서도 하나님의 섭리가 분명히 있습니다. 이 사실을 믿어야 합니다.
① 사도행전 같은 기적들입니다.
(창 39:9)요셉과 같은 신앙이요, (단 1:8,3:18)다니엘과 세 친구들의 사건이요, (단 6:10~)다니엘에게 일어난 사건들이 지금도 때때로 하나님은 역사 하십니다. 믿음으로 말하는 사람들입니다(히 11:4).
② 이 세대에 은평교회 성도들이 뜨겁고 열정적인 믿음 가운데 이기는 성도들이 되시기 바랍니다. 이것은 믿음입니다(요일5:4). 밤에도 낮에도 깨어있는 신앙입니다(롬 13:11). 모든 성도들이 이 세대 가운데 바울과 실라 같은 신앙으로 승리하시기를 주님의 이름으로 축원합니다.

▶ **결론** : 우리는 감격적 신앙을 가져야 합니다.

성도가 생활해야 할 중심 축
(눅 9:28~36)

　사람이 이 세상을 살아가면서 어디엔가는 바로서야 하는 중심에 있어야 합니다. 중심을 잡고 있는 축이 흔들리거나 요동치게 되면 중심을 잡지 못하고 쓰러지게 될 것입니다. 건설현장마다 높은 망대와 같은 타워크레인이 분명한 중심에 서있기 때문에 자재들을 운반하게 됩니다. 이 원리는 문리학적 원리만 아니라 영적이고 신앙적인 면에서도 볼 때에 개인이나 교회 역사에서 모든 핍박과 환란을 극복하고 견디어 올 수 있었던 것은 그 중심축이 흔들리지 않고 서있기 때문이라고 봅니다. 여기에서 교회사의 발달과 유구한 역사를 말하게 됩니다.
　초대교회에서 야고보, 요한, 베드로, 바나바 등은 기둥 같이 여긴다고 고백했습니다(갈 2:9). 초대교회를 걸쳐 지난 세월동안 교회가 세상에 복음전파하며 굳게 세워져 온 것은 기둥 같은 신앙인들이 든든하게 버티어 왔기 때문이라면 이 세대에서도 어디엔가는 굳게 서있는 중심적인 축이 있기 때문입니다.
　본문 말씀은 변화산에서 모세도 지나갔고, 엘리야도 지나갔고, 화려한 조금 전의 일들이 모두 지나갔지만 베드로, 요한, 야고보에게는 예수님만 보이게 되었습니다. 오직 예수님만 보는 것이 역사적으로 승리했던 신앙의 축이였다면 여기에서 이 세대의 우리가 해야 할 중심적인 축이 무엇인가를 나타내 보이게 됩니다.

1. 언제나 예수님을 중심한 축이 분명해야 하며 이들은 기도 생활이 살아있습니다.

예수님이 평생을 기도로 일관해 보이셨기 때문에 따라서 예수님을 중심한 축은 기도 생활이 살아있어야 합니다.

1) 예수님은 언제나 중요한 때마다 기도로 본을 보여 주셨습니다.

따라서 바른 성도는 언제나 기도가 쉬지 말아야 합니다(살전 5:16~17, 마 7:7, 눅 18:1, 골 4:2).

① 예수님은 언제나 기도하셨습니다.

(마 4:1~11)공생에 시작점에서 40일 금식기도 하셨습니다.(마 16:9~13)제자들에게 주기도문을 가르치셨습니다. (마 14:23)오병이어의 기적 후에도 따로 기도하셨습니다. (막 1:35)새벽 기도하셨습니다. (마 28:39)겟세마네 동산에서 최후적인 기도하셨습니다. (시 108:2)다윗도 비파와 수금을 가지고 새벽을 깨웠습니다.

② 예수님은 기도하라고 강조하셨습니다.

4복음서에서도 기도를 많이 강조하셨음을 읽게 됩니다(마 7:7, 막 9:29, 11:24, 눅 18:1, 11~13, 요 14:13, 15:7, 16:23~24). 이 외에도 기도에 관한 말씀은 4복음에서 흔히 볼 수 있는 말씀이 되었습니다. 따라서 주님의 제자인 성도는 예수님 중심으로 언제나 기도의 축이 바르게 서야 합니다.

2) 오늘 본문에서도 사랑하는 제자 3명과 기도하시기 위하여 산에 올라가셨습니다.

(28절)"베드로와 요한과 야고보를 데리고 기도하시러 산에 올라가사" 했습니다. (29절)"기도하실 때"라고 기록되었습니다.

① 제자들에게 기도의 본을 보이시고 기도의 현장을 시청각으로 보이셨

습니다.
따라서 예수님이 승천하신 이후에 초대교회는 모여서 기도에 전념하셨습니다(행 1:14~). 기도가 죽으면 신앙생활도 죽음 것과 같습니다. 은평교회는 기도가 살아있어야 하겠습니다.
② 예수님 이름으로 기도하는 곳에는 역사가 나타나게 됩니다.
예수님 이름으로 오르지 기도에 힘쓸 때에 성령이 임하게 되었습니다(행 1:14, 2:1). 기도할 때에 귀신이 떠나게 되었고 앉은뱅이가 일어났습니다(행 3:1~). 이것은 예수님이 이미 약속하신 기적들입니다(막 16:17). 믿음의 기도는 병자들이 일어나게 됩니다(약 5:15). 엘리야의 능력과 기적의 현장이 모두가 기적의 현장에서 시작되었음을 보게 됩니다(왕상 17~18장, 약 5:16~17). 예수님의 이름을 가진 축으로 이런 역사가 나타나는 교회가 되시기를 축복합니다.

2. 언제나 예수님을 중심한 축이 있는 사람은 말씀 따라서 살아가는 사람들입니다.

예수님이 세상 계실 때에 하나님 말씀 따라서 생애를 사셨습니다.

1) 예수님이 하나님 말씀 따라서 사신 생애의 흔적(stivgma)을 많이 보게 됩니다.

무슨 일이 일을 때든지 언제나 하나님 말씀 따라서 사셨습니다.
① 마귀 시험을 이기실 때에도 말씀으로 이기셨습니다.
마귀는 하나님 말씀을 무서워하며 싫어하게 됩니다. 그래서 예수님의 흔적에는 구약성경에 인용구가 많습니다(마 4:1~11 → 신 8:3, 6:1, 16, 13절 등). 하나님의 말씀 앞에서 사탄마귀는 예수님을 떠나게 되었고 천사들이 나타나서 수종들게 되었습니다(마 4:11).
② 제자들에게 말씀을 강조해 주셨습니다(마7:24).

산상보훈 (마태 5~7장)의 결론도 말씀이었습니다. 행하게 될 때에 반석 위에 세운 집과 같다고 하셨습니다. (요 11:40)믿을 때에 하나님의 영광이 따르게 됩니다. 이 말씀은 태초에 계신 말씀으로 천지를 지으셨으며 육신으로 오신 말씀입니다(요1:1, 14). 언제나 말씀 중심한 신앙생활의 축이 분명해야 하겠습니다.

2) 말씀에서 벗어난 신앙은 바른 신앙이 될 수 없습니다.
　성경이 우리 신앙의 '유일무이'한 생활의 표준이요, 기준이기 때문입니다.
① 모든 신앙생활의 기준과 절대 잣대는 성경입니다.
세상의 국가나 단체의 모임에서도 법이 있고 기준이 있듯이 신앙생활의 기준과 법은 성경입니다. 따라서 성경에서 벗어난 신앙은 결코 좋은 신앙이 될 수가 없으며 하나님의 뜻이 아닙니다. 성경을 바르게 배우고 따라갈 때 축복과 바른 신앙이 됩니다.
② 화려한 경력이 문제가 아닙니다.
(마 7:22~) "그 날에 많은 사람이 나더러 이르되 주여 주여 우리가 주의 이름으로 선지자 노릇 하며 주의 이름으로 귀신을 쫓아내며 주의 이름으로 많은 권능을 행하지 아니하였나이까 하리니 그 때에 내가 그들에게 밝히 말하되 내가 너희를 도무지 알지 못하니 불법을 행하는 자들아 내게서 떠나가라 하리라"하시었고, 뒤를 이어서 반석위에 세운 집과 모래위에 세운 집에 대한 교훈을 말씀해 주셨습니다. 우리가 신앙생활 하는 그 중심축은 언제나 살아계신 하나님의 말씀임을 반드시 명심하기를 축복합니다.

3. 우리의 신앙은 언제나 오직 예수님만 보아야 합니다.
　모세나 엘리야도 지나갔고 화려한 모습의 광경이 모두 사라지게 되었지만 제자들에게는 오직 예수님만 보이게 되었습니다. 그리고 하늘에서 음성이 들리게 되었고(마17:5), "오직 예수 외에는 아무도 보이지 아니하더라"(When they looked up, they saw no one except Jesus – 마 17:8)

1) 성도의 신앙생활에는 언제나 예수님만 보이도록 해야 합니다.
① 다른 것이 모두 있어도 예수님이 제외되시면 아무것도 아닙니다.
모세나 엘리야도 중요하고 화려한 광경도 중요하지만 예수님이 그 중심에서 제외된다면 헛것에 불과한 일입니다. 오늘날에 와서 신학자들의 신학이론, 신비주의자들의 화려한 영적 체험들이 교회에 가득하지만 예수님이 계시지 아니하면 그것은 헛것입니다.
② 흔히 우리는 예수님이 계셨겠지 하는 습관에 젖기 쉽습니다.
그러나 다시 한번 확인해야 합니다. (눅 2:44) "동행 중에 있는 줄로 생각하고"(Thinking he was in their company)라고 하였습니다. 동행 중에 계신 것으로 안다면 다시 확인해야 합니다.

2) 지금 우리는 다시 한번 확인해야 할 때입니다.
　내가 정말로 주님과 함께 살아가고 있는지 확인이 필요합니다.
① 내가 교회 다니고 예배드리는데 내 안에 주님이 계신가에 대한 확신이 필요합니다.
예수님은 화려한 모습이나 하늘에 광명을 모두 뒤로 하시고 귀신들려 어려움에 처한 아이를 살리려고 온 아버지의 신음하는 모습과 귀신을 내 쫓지 못해서 민망해 하는 나머지 9명 제자가 있는 곳으로 하산하셨습니다. 이 부분의 모습이 현대교회가 다시 한번 생각해야 할 부분입니다.
② 우리 신앙이 화려한 기적의 현상만 추구하기가 쉽습니다.

교계에는 많은 간증들이 많습니다. (눅 10:20)귀신이 나간 것이 중요한 것이 아니라고 하셨습니다. (왕상 19:12)대단한 일들이 모두 지나가게 되었고 "세미한 소리가"(a gentle whisper)를 들어야 할 때입니다. 거기에서 새로운 교회의 사명이 들리게 된 줄 믿습니다. 우리의 신앙은 언제나 예수그리스도만 보여야 합니다. 이는 예수님만 바라볼 때에 가능한 일입니다(히 12:2). 이 세대에 은평교회 성도들은 예수그리스도만 바르게 바라보는 축이 분명하게 서 있기를 예수님 이름으로 축원합니다.

▶ **결론** : 어디에 축을 두고 신앙생활 합니까?

육에 속한 사람과 영에 속한 사람의 길
(갈 6:6~9)

세상에 모든 일에는 원리가 있기 때문에 그 원리에 따라서 살아갈 때에 편리하게 되고 복되며 결과가 아름답고 좋게 됩니다. 물은 위에서 아래로 흐르는 원리와 같습니다. 성도가 신앙생활 하면서 생명의 길로 가는 것이 신앙생활의 원리가 되는 것입니다. 따라서 하나님께서는 생명의 길을 따라가라고 분명하게 제시해 주셨습니다(신 30:15-19). 예수님께서 말씀하셨고(요 14:6), 누가의 기록도 전하였는데(행 4:12), 예수그리스도 밖에는 다른 길이 없습니다. 따라서 신앙은 행한 대로 갚으시는 주님이십니다(마 16:27: 계 22:12).

본문에서 사도바울은 분명하게 전하였습니다. (8절) "자기의 육체를 위하여 심는 자는 육체로부터 썩어질 것을 거두고 성령을 위하여 심는 자는 성령으로부터 영생을 거두리라"하였는데 여기에서 '심는다'는 말씀은 헬라어로 스페이로(σπείρων)인데 비유적 어법으로써 어떤 것에 대하여 계속하여 '투자하는 것'으로써 파멸, 파괴, 붕괴, 부패, 타락하는 것에 심지 말라는 것입니다. 우리는 옥토가 되어서(마 13:23) 영에 속한 사람 으로써 좋은 결실을 맺어야 합니다.

1. 육에 속한 길을 버려야 합니다.

육에 속한 것들은 일시적으로 화려하게 보일지라도 결국은 망하게 되기 때문입니다. 그리고 그 망하는 소리가 대단하게 들리는데 요한계시록에서 잘 보여주었습니다(계 18:1~).

1) 사람은 속일 수 있으나 하나님은 절대로 속일수가 없다는 사실을 보여 줍니다. 악한 자는 하나님이 모른 척 하시나 다 보신다고 하였습니다(욥 11:11).
① 스스로 속이지 말라하였습니다.
(7절) "스스로 속이지 말라 하나님은 업신여김을 받지 아니하시나니 사람이 무엇으로 심든지 그대로 거두리라"하였습니다. 농사 짖는 농부의 원리로 비유하셨습니다. '만홀이 여기다' 는 뜻은 헬라어로 묵텔($\mu \nu \kappa \tau \eta \rho$)인데 코를 치켜 올린다는 뜻으로 코 방귀 낀다는 것을 말합니다. 하나님은 그렇게 우롱함을 당하지 않고 심판 때가 있음을 분명하게 경고해 주셨습니다.
② 좋은 것을 심고 좋은 것을 거두게 해야 합니다.
밭에 심은 것이 좋은 것이면 좋은 것을 거두겠지만 나쁜 것을 심게 되면 나쁜 것이 자라서 거두게 됩니다. 그런데 밭에는 가라지도 함께 자라나서 선하고 좋은 곡식 에게 해를 끼치는 것이 세상입니다. 원수가 와서 몰래 뿌리게 됩니다(마 13:25~28). 잘 때에 뿌리고 가기 때문에 늘 깨어서 원수가 그릇된 것을 뿌리지 못하게 해야 필요성이 여기에 있습니다. 나쁜 가라지는 결국 심판 때에 불에 태우게 됩니다(마 13:30).

2) **육체를 위하여 심는 자가 되지 않게 해야 합니다.**
그 이유에 대하여 분명하게 말씀하여 주었습니다.
① 육체를 위하여 심는 자는 결국 썩어 질 것을 거두기 때문입니다.
우리는 썩을 면류관이 목적이 아니라 썩지 아니할 면류관이 목적이기 때문입니다(고전 9:25). 따라서 육적인 싸움에서 피나는 노력이 요구됩니다. 이는 사도 베드로도 강력하게 전파한 부분이기도 합니다(벧후 3:14~). 사도 바울도 부활장 결론에서 또다시 강조하였습니다(고전 15:33).

② 썩어질 육체적 삶은 이런 것들이기 때문에 조심해야 합니다.
주의 말씀과 함께하지 아니하는 불순종의 삶입니다. 배운 말씀대로 가지 아니하고 스스로 거슬러가게 됩니다. 하나님이 기뻐하시는 선과 의를 따르지 아니하고 가룟 유다와 같이 제 길로 가게 됩니다(행 1:18). 결국은 스스로 무너지게 되는 자업자득의 길이 됩니다. 따라서 잠시 동안 육체를 따라 사는 것이 아닙니다(벧전 1:24~25). 성도는 천국의 시민권자로서 살아야 합니다(빌전 3:20).

2. 영에 속한 삶을 살아야 합니다.

본문에서 중요하게 주시는 말씀이 영생에 이르는 영에 속한 사람입니다.

1) 영에 속한 삶은 어떤 것인가를 잘 나타내 주셨습니다.

① 영에 속한 삶은 말씀중심으로 따라가는 삶입니다.
(6절) "가르침을 받는 자는 말씀을 가르치는 자와 모든 좋은 것을 함께 하라"하셨습니다. 신앙생활 하면서도 말씀과는 거리가 먼 사람들이 있기 때문입니다.
② 성령 받고 성령 충만한 가운데서 성령의 인도 따라서 살아가는 삶입니다.
성령의 능력에 따라서 살아가는 것이 영적 생활입니다. 세상을 본받지 아니하며(롬12:2), 사람의 지혜가 아니라 성령께서 역사하시는 대로 따라가는 생활입니다(고전2:13~14). 우리는 분명히 성령으로 행하여야 합니다.

2) 행하게 될 때에 축복도 약속되었습니다.

구약에서도 행하게 될 때에 믿음이 증명이 되는데 아브라함을 예를 들었습니다(약 2:26). 이것이 믿음의 증표입니다.
① 선을 행하는 삶이 되어야 합니다.
행하게 될 때에 열매가 맺게 됩니다. '모든 좋은 것'(all good things) 이것은 물질세계에서도 보이는 것을 의미합니다. "함께 하라"는 말은 헬라어로 '코이노네오'(Κοινωνέω)로서 같이 나누는 것을 뜻합니다.
② 여기에 축복이 약속되어 있습니다.
순종하며 실천하게 될 때에 축복입니다. 구약과 신약에서도 영적 분별력을 가지고 하나님 말씀 따라서 순종하게 될 때에 축복이 수확되게 됩니다. (갈 3:9) "그러므로 믿음으로 말미암은 자는 믿음이 있는 아브라함과 함께 복을 받느니라"하였습니다. 은평교회 성도들이 성령을 따라서 살아가는 삶이 되어야 하겠습니다.

3. 영적 삶의 능력은 성령으로만 가능합니다.

그리스도인이라면 반드시 영적 삶으로 이어져야 하는데 이는 성령께서 내안에 역사하실 때만 가능합니다. 성령이 임하시면 권능을 받는다고 하였습니다(행 1:8).

1) 신앙생활 자체가 성령께서 도아 주셔야 합니다.

따라서 성령 받지 아니하며 올바른 신앙생활, 교회생활을 바르게 하기가 어렵습니다.
① 참 그리스도인이 될 수가 없기 때문입니다.
(롬 8:9) "만일 너희 속에 하나님의 영이 거하시면 너희가 육신에 있지 아니하고 영에 있나니 누구든지 그리스도의 영이 없으면 그리스도의 사람이 아니라"하였습니다. 에베소교회의 모습을 참고해야 합니다. (행 19:1~) "너희가 믿을 때에 성령을 받았느냐?"(Did you receive the Holy

Spirit when you believed?).
② 성령으로만 열매를 말합니다.
(갈 5:22~)성령의 9가지 열매도 분명합니다. 성령을 받았을 때에 달라지게 됩니다(행 4:19). 기적도 나타내게 됩니다(행 3:1~).

2) 말씀의 사람이 되어야 합니다.
　말씀의 사람은 성령께서 인도해 주십니다.
① 말씀을 의지하고 순종하게 될 때에 역사가 나타납니다.
(눅 5:1~4)말씀에 의지하였습니다. (요 2:1~11)무슨 말씀을 하시든지 그대로 하게 될 때에 역사가 일어났습니다.
② 말씀 속에 복이 약속되어 습니다.
특히 말세 때에는 말씀을 듣고, 읽고, 행하게 될 때에 복이 약속되었습니다(계1:3). 그러나 육에 속한 사람은 하나님 말씀을 따르지 않습니다. 은평교회 성도들이 말씀 따라 성령의 인도 따라서 영에 속한 성도들 모두가 되시기를 주의 이름으로 축원합니다.

▶ **결론** : 영에 속한 그리스도인들입니다.

악한 세상에서 성도가 소유해야 할 제동장치
(창 39:7~10)

 세상은 지금 기계문명의 발달로 급변 적으로 달라지고 있습니다. 옛날에는 꿈도 꾸지 못한 비행기가 공중으로 다니고 우주선이 우주를 왕복 하며, 지상에서는 철도가 얼마나 빨리 달리는지 앞으로는 시속 400km 대를 달리는 시대가 온다고 합니다. 가공 할만한 속도이거니와 이것은 모두가 성경에 예언한 종말 때의 일부라고 할 것입니다(단12:4). 그렇게 넓은 거리에 자동차들이 가득하게 채워지고 달리는 모습을 보며, 세상이 무섭게 변한 모습을 생각하게 됩니다. 그런데 모든 달리는 기계에는 제동장치(Brake system)가 있어서 달릴 때에는 달리지만 멈추어야 할 때에는 멈춤(stop)이 반드시 작동해야 합니다. 멈추지 않고 계속 달리기만 한다면 분명히 큰 사고가 나기 때문입니다. 지금 세상은 사회의 모든 분야마다 제동장치가 필요한 시대가 되었습니다. 가끔씩 뉴스(News)에 좋지 않은 소식들이 들려오는 이유는 영적이고 정신적인 부분의 제동장치가 고장난 듯한 생각이 들 때가 많습니다.
 신앙생활은 경주가(Racer)에 비교되는데 모든 일에 '절제'해야 한다고 전하였습니다(고전 9:24~25). 유명인사라도 제동장치가 고장 나게 되면 사고가 나게 됩니다. 본문에서 요셉은 제동장치가 올바르게 작동되었는데 요셉의 신앙을 배우는 시간이 되시기를 바랍니다.

1. 하나님을 두려워 할 줄 아는 신앙의 제동장치(Brake)입니다.
  하나님께서 눈을 시퍼렇게 뜨시고 모두 보시고 계시기 때문입니다.

1) 언제나 하나님 앞에 서있는 제동장치가 있어야 하겠습니다.

내가 어디에 있는지 하나님은 모두 보시고 계십니다(시 139).
① 하나님은 모두 보시고 계신다는 사실입니다.
'무소부재'(無所不在)요, '무소부지'(無所不知)이십니다.
(욥 11:11)"악한 일은 상관치 않으시는 듯하나 다 보시느니라" 하였습니다.
(시 94:9)다보시고 다 들으십니다.
(왕하 5:27)게하시의 행위도 아셨습니다.
(행 5:3)아나니아와 삽비라도 아셨습니다.
(수 7:12)아간은 물질 때문에, (삿 16:15)삼손은 이성 때문에 제동장치가 고장 나게 되었고 큰 사고를 일으켰습니다.
② 따라서 우리는 언제나 하나님 앞에서 제동장치를 늘 점검해야 합니다.
괜찮겠지 하면서 점검하지 않고 차량을 운전하다가 사고가 나듯이 인생을 점검 없이 살아갈 때에 문제가 크게 발생하는 사람들이 많습니다. 군부대의 수송부 구호가 있는데 '닦고', '조이고', '기름치자'입니다. 우리는 신앙생활을 항상 점검해야 합니다. 이 세대를 본받지 말고(롬 12:2), 거룩해야 합니다(살전 4:3).

2) 요셉은 이 영적인 제동장치를 잘 사용하였습니다.

죄악의 세력이 밀려올 때에 반드시 필요한 장치입니다. 하나님의 뜻은 거룩입니다(It is God's will that you should be sanctified - 살전 4:3).
① 보디발의 부인이 유혹하였습니다.
남편의 출세와 부귀와 영화와 명예를 앞세워 왔습니다. 육적욕망을 채우려고 찾아 왔을 때에 요셉은 이겼습니다. 살아계신 하나님 앞에서 있

다고 하는 영적 제동장치가 역사하게 되었습니다.
② 다윗은 한번 실패하였으나 회개하고 바르게 섰습니다.
사무엘하 11~12장에 나오는 사건입니다. 이때에 회개한 일이 시편 51편의 말씀은 큰 회개였습니다. 그리고 시편 139편 1~4절에서 "여호와여 나를 감찰하시고 아셨나이다"라고 고백하였습니다.
③ 다니엘과 세 친구는 영적 제동장치가 분명했습니다.
(단 1:8)음식 앞에서도, (단 3:17~)권력을 앞세운 우상 앞에서도, (단 6:10)생사의 기로에서 있는 사자굴속에서도 모두 바른 제동장치가 분명했습니다.

2. 신구약 성경말씀이 신앙의 제동장치입니다.

세상에는 유명인과 그들의 발자취가 때로는 인생의 안내자인 것처럼 생각됩니다. 그러나 분명한 것은 바른 인생의 길 안내는 오직 성경이라는 사실입니다.

1) 성경은 하나님 말씀이요 신앙의 유일무이한 법칙입니다.

모든 성경은 하나님의 말씀이요 성령의 감동으로 기록되었습니다(딤후 3:16).
① 하나님 말씀만이 구원의 길이 있습니다.
세상 어디에도 인생구원의 학문이 없지만 오직 성경에서만 구원의 확신을 제시하였습니다.
② 하나님 말씀인 성경을 믿는 모든 이들의 생활에서입니다.
이속에는 책망도 교훈도 바르게 함도 의로 교육함도 있습니다. (시 19:7~)하나님 말씀은 완전합니다. (시 119:105)인생 가는 길에 비취는 등불입니다.

2) 제동장치와 같은 하나님의 말씀인 성경을 늘 사모해야 할 것입니다.

① 하나님 백성은 날마다 성경을 사모해야 합니다.
성경만이 내 인생을 바르게 하기 때문입니다.
(시 19:10)정금보다 더 사모해야 합니다.
(계 1:3)읽고, 듣고, 지키는 사람들에게 복이 있기 때문입니다. 말세일수록 더욱 그리해야 합니다.
② 지금과 같이 범죄가 많은 때일수록 더욱 힘써 사모해야 합니다.
인터넷(internet)속도가 빠르고 그 만큼 사이버공간을 이용해서 범죄하는 때에, 성령으로 충만해야 할 때입니다. 믿는 성도는 내가 언제나 어느 위치에 있든지 생각해야 합니다.
(행 7:60~)스데반 집사님은 순교하는 자리에서도 오직 예수님만 바라보았듯이 우리의 생각이 그리해야 합니다.

3. 하나님을 믿는 신앙양심이 올바른 제동장치가 되게 해야 합니다.

양심도 화인 맞은 양심(딤전 4:2)이어서 후메내오와 알렉산더와 같은 사람이 된다면 곤란합니다(딤전 1:19~20, 딤후 4:14~15).

1) 하나님께서 주신 좋은 선한 양심입니다.

거듭나서 예수 믿는 사람들이 가지게 됩니다.
① 디모데는 우리에게 보여 주셨습니다.
(딤후 1:3~)청결한 양심으로 하나님을 섬겼습니다(clear conscience). 바울도 범사에 양심을 따라서 하나님을 섬겼다고 고백하였습니다(행 23:1). '섬겼다'는 뜻은 하나님 백성노릇 했다는 뜻입니다.
② 신앙생활에서 반드시 가져야 하는 양심입니다.
(딤전 1:19)착한 양심입니다.
(딤전 3:9)깨끗한 양심입니다.

(벧전 3:17)선한 양심입니다. 요셉이 가지고 있었던 외도하지 않은 깨끗한 양심입니다.

2) 말씀 따라서 가게 되면 잠시 동안은 고난이 오고 손해가 되지만 결국 승리가 됩니다.

 요셉은 죄를 이기려다가 감옥에까지 내려가게 되었고, 다니엘이 사자굴에 들어간 일과 같습니다.

① 요셉이나 다니엘은 승리했습니다.

고난이 아니라 오히려 축복이 되었습니다. (롬 8:28) "하나님을 사랑하는 자 곧 그 뜻대로 부르심을 입은 자들에게는 모든 것이 합력하여 선을" 이루게 됩니다.

② 제동장치가 요셉을 지키게 되었고 축복이 되게 했습니다.

(창 39:23)옥에서도 하나님이 함께해 주셨습니다.

(창 41:41)애굽의 총리가 되었습니다. 하나님께서 바로 왕을 통하여 높여 주셨고, 온 나라를 치리하는 통치권자가 되었습니다. 은평교회 성도들이 제동장치가 언제나 바르게 서있게 되시기를 예수님의 이름으로 축원합니다.

▶ **결론** : 요셉의 신앙을 배워야 하겠습니다.

성도의 세상에서의 생활
(롬 14:13~18)

예수님이 계실 때와 초대교회 당시의 유대사회는 종교적으로 크게 세 가지 종파가 있었습니다. 엄한 율법에서 생활하고 그 숫자가 제일 많다고 하는 바리새파와 반대로 내세를 부인하다시피하고 현실만 주장하는데 천사도 없다, 부활도 없다 하면서 현실주의만 내세우는 사두개파 그리고 세상에 복잡한 문제들 앞에서 피하여 산에 올라가 기도나 하자하며 현실을 도외시하는 입산수도파도 있었습니다.

그런데 오늘날에도 기독교 안에는 세 분류의 사람들이 현존하는 것을 볼 수 있습니다. 그러나 분명한 것은 기독교는 율법주의도, 현실주의도, 입산 수도파처럼 염세주의적 생각으로 현실도피적 생각도 아닙니다. 우리는 세상이라는 틀 속에서 여전히 공존하게 되는 가운데 세상을 살아가게 됩니다. 때로는 죄악을 탄식하기도 하고(겔 9:5), 세상 고통에 마주치면서 고통을 느끼기도 하며(벧후 2:6~), 인생문제를 보듬어 주며 복음을 통해서 살게 하는 일도 있습니다(마 17:14, 5:13~). 죄악으로 인하여 여전히 어둡고 캄캄할 때에는 우리는 믿음 안에서 성도의 생활을 바로 찾아서 해야 하겠기에 본문에서 은혜를 받게 됩니다.

1. 내가 서 있는 믿음의 잣대로만 남을 판단하지 말아야 합니다.

대게 남을 이야기 할 때에는 내가 가진 신앙이나 기준으로 이야기하기 쉽습니다.

1) 내가 가진 신앙적 잣대로는 세상을 구원할 수가 없고 불안전 합니

다.

　이미 구원받아 바른 신앙가운데 있는 사람은 세상의 도덕관이나 세상 살아가는 일들이 맞지 않기 때문입니다.
① 그래서 그들을 위하여 기도해 줄지언정 너무 예민한 자세는 삼가야 합니다.
소돔과 고모라성이 망할 때에 롯이 그 성에 살면서 당했던 고통의 현장에서 우리는 그 힌트를 얻게 됩니다(창 19:9). 말세 때의 세상역시 비슷한 현장임을 잊지 말아야 합니다. 비판하기 보다는(마 7:1) 그들의 구원을 위해서 기도해야 합니다(창 18:24).
② 비판하고 헐뜯는 자세는 좋지가 않습니다.
타인을 올려주고 칭찬해 주는 이야기는 좋지만 인격을 깔아 내리는 처사는 좋은 일이 될 수가 없습니다. 문제가 많을 때에는 예수님 믿으면 좋아질 텐데 라고 할 수 있어야 합니다.
일본인 에모토 마사루가 쓴 '물은 답을 알고 있다'는 책이 있는데 사람은 물로 구성되어 있다는 이야기입니다. 수정란 때에는 99%이고, 태어날 때에는 90%요, 성장하면 70%요, 죽을 때에는 50% 정도가 물이라고 합니다. 그래서 실험적으로 좋은 물을 두 컵에 넣고 한 컵에게는 '감사하다', '사랑한다' 하면 물의 반응이 육각형으로 되었고, 한 컵에게는 '저주한다', '싫어한다', 했더니 물이 금방 죽고 썩는 다는 것입니다. 좋은 음악을 들여 주면 육각형으로 변화고, 저주 음악 소리를 들려주었더니 물은 죽고 썩는다는 이야기입니다. 그래서 에모토 마사루씨는 물의 이야기지만 인간도 예외가 아니라는 이야기의 글을 썼습니다.

2) 하나님 말씀이 우리에게 교훈해 주시는 뜻이기에 답도 있습니다.
　성경은 우리에게 답을 주었습니다.
① 우리는 영적 생명을 가진 존재입니다.

생수 물을 시험하게 되고 다른 것을 시험한 결과도 좋지만 성경이 우리에게 주시는 최고 최대의 답변으로 살아야 하겠습니다. 따라서 타인을 행해서 비아냥거리거나 부정적인 말을 하는 것은 상대방을 죽이게 되고 병들게 만드는 자세이기에 삼가해야 합니다. 더욱이 지금 같은 인터넷 시대에 잘못된 악플들은 그리스도인이라면 결코 삼가 해야 합니다.
② 남의 말을 할 때에는 먼저 나를 보아야 하겠습니다.
이것은 예수님께서 산상보훈의 마지막장에서 강조해 주신 말씀이기도 하기 때문에 중요합니다. (마 7:1~) '비판을 받지 아니하려거든 비판하지 말라 너희의 비판하는 그 비판으로 너희가 비판을 받을 것이요'하였고, 형제의 눈 속에 있는 티는 보고 네 눈 속에 있는 들보는 깨닫지 못하느냐하셨는데, 우리나라의 속담에 "똥 묻은 개가 겨 묻은 개 나무란다"는 것도 우리에게는 교훈이 됩니다. 따라서 우리는 성도로써 격려해 주고 사랑해 주어야 합니다.

2. 그리스도인들은 이 세상 생활에서 늘 조심해야 합니다.

전절에서는 언어생활을 교훈하였지만 여기에서는 먹는 문제를 다시 돌아보게 합니다.

1) 먹는 문제에도 조심해야 합니다.

식물도 형제를 실족케 할 수 있기 때문입니다(15절). '하나님의 나라는 먹는 것과 마시는 것이 아니요'(For the kingdom of God is not a matter of eating and drinking.)했습니다(17절).
① 당시 사회 환경을 알아야 할 필요성이 있습니다.
고린도전서 8장13정에서 그 힌트를 얻게 되는데 시장에서 파는 음식까지도 우상에게 제사했던 것인지라 여기에서 믿음 있는 사람과 믿음이 약한 자 사이에 문제가 생겼습니다. 그래서 내 형제가 실족케 되면 나

는 영원이 고기를 먹지 않겠다고 단언했습니다.
② 성례전에서 나타난 현상을 교훈 삼게 됩니다.
로마교회 당시에는 침례로 완전히 물속에 입수였고, 성찬도 한상 차려서 먹는 일이었는데 노약자, 어린이, 여자들을 위해서 325년 칼게돈 회의 때에 바뀌게 되었습니다. 먼저 온자는 배부르거나 취하게 마시게 되지만 늦게 온자는 아무것도 먹지 못하게 되었는데 여기에서 고린도교회 문제가 발생하여서 바울은 크게 교훈해 주는 것이 오늘의 성찬입니다 (고전 11:20).

2) 마시는 것 또한 조심해야 합니다.

  취하도록 마셨습니다. '어떤 이는 시장하고 어떤 이는 취함이라'(고전 11:20~21) 그래서 바울은 지침서를 주게 되었습니다.
① 현대사회에 와서 그리스도인들의 문제까지라도 사회의 문제까지 번지고 있는 실정입니다.
참 그리스도인이 되었고 물과 성령으로 거듭난 백성이라면 정말로 필요한 약용 외에는(딤전 5:23~24) 시늉도 하지 말아야 합니다. 어떤 잔치에서 교회 중직자가 칵테일이라고 해서 마시는 것을 보고 새신자가 다른 교회로 갔다는 이야기도 있습니다. 서울에 있는 어떤 초대형교회 목사님이 비행기를 탔는데 장거리 여행 중 스튜어디스가 칵테일을 권하는 것을 정중히 사양 했는데 후에 알고 보니 그 교회 출석하는 청년이었다고 이야기 하는 것을 직접 들었습니다. (15절) '그리스도께서 대신하여 죽으신 형제를 네 식물로 망케 하지 말라'하였습니다.
② 그리스도인은 돈쓰는 일도 조심해야 합니다.
  내가 돈이 있다고 해서 많이 사용하면 교회내의 대부분인 빈곤층들에게는 시험거리가 될 수가 있습니다. 무엇을 마시든지 무엇을 하든지 하나님의 영광이 되게 해야 합니다(고전 10:31). 복음을 위해서 전도하고

선교하며 영혼구원 하는데 내 물질이 쓰이도록 해야 합니다. 어떤 교회는 자손에게 유산을 남기지 않고 교회에 헌신하는 성도도 있다고 합니다.

3. 그리스도인들은 생활 안에서 존경과 칭찬의 대상이 되어야 합니다.
사람들의 입에서 칭찬의 대상이 되도록 해야 합니다.

1) 칭찬받는 그리스도인들이 있습니다.
(16절) '비방을 받지 않게 하라'(Do not allow what you consider good to be spoken of as evil.)하였고, (18절) '이로써 그리스도를 섬기는 자는 하나님께 기뻐하심을 받으며 사람에게도 칭찬을 받느니라'하였습니다.
① 더욱 교회의 중직자나 일꾼들은 칭찬받는 자가 되어야 합니다.
(행 6:1~3)최초의 안수집사가 그랬고 바나바가 그런 일군이었습니다(행 11:23).
② 초대교회의 신앙적 흐름이 그랬습니다.
사도바울은 디모데에게 일군을 세울 때의 자격자들을 가르쳐 주었습니다(딤전 3:2).

2) 그리스도인들은 이제 어디서든지 교회와 천국의 대표자격임을 늘 생각해야 합니다.
대사에 잘하게 되면 그런 백성이 칭찬을 받고 주격이 올라가지만 잘못하면 욕을 받게 됩니다.
① 그리스도인들은 어디 있든지 개인이 아닙니다.
개인 차원을 넘어서 천국의 백성이기 때문에 주님의 영광을 위한 생활로 살아야 합니다. 시장에서 물건을 살 때에도 명심해야 할 일입니다.

② 모든 것을 할 수 있으나 모든 것이 유익한 것은 아닙니다.

말, 행동, 먹고 마시는 일까지도 그리스도인으로써 품위가 반듯해야 하겠습니다. 멋지게 살아가는 그리스도인들이 모두가 되시기를 축원합니다.

▶ **결론** : 그리스도인은 천국의 대사와 같습니다.

믿음

세상이 감당치 못할 사람들
(히 11:33~40)

우리가 태어나서 살아가는 이 세상은 평생을 두고 싸워야 하는 전쟁터와 같습니다. 스포츠에서 보면 상대방을 반드시 이겨야 하는 경기입니다. 유럽에서 프랑스는 독일을 반드시 이겨야 하고 아시아에서는 대한민국은 일본을 반드시 이겨야 한다는 정신이 깔려 있듯이 우리의 영적 싸움은 어떤 싸움이든지간에 이겨야 되는 싸움들입니다.

우리의 싸움은 육신적 싸움이 아니라 영적 싸움이요 신령한 전투현장에 살고 있습니다(엡 6:10). 마귀는 언제든지 요셉을 우혹하듯 아니면 유혹해 오든지(창 39:38) 욥에게 찾아와서 모든 것을 가져가든지(욥 1:3) 그러나 무조건 하고 이겨야 하는 고난도 감수해야 합니다(약 5:11~12). 때로는 위협적으로 찾아올 때도 있습니다(행 4:6~17). 그러나 초대교회 성도들은 이겼습니다.

본문 말씀은 초대교회 당시에 모진 핍박과 위협에서도 믿음이 약해지거나 굴복당하지 아니하고 이기고 승리하고 교회가 교회로서의 사명을 다했던 사람들의 이야기입니다. 이런 사람들은 그때에나 지금이나 세상이 감당할 수 없는 사람들이라고 일컫게 되는바 우리의 신앙이 이렇게 되시기를 원합니다.

1. 세상을 이긴 사람들은 철저하게 믿음의 사람들이었습니다.

어떤 유혹이나 핍박이나 위협이나 협박에서도 궁핍한 지경에서도 모두 이겨낸 사람들인데 이것은 믿음 밖에는 다른 방법이 없습니다(요일 5:4~).

1) 세상을 이기고 하나님께 순종했던 사람들이 모두가 믿음의 사람들이었습니다.
① 신앙의 사람들이 하나같이 세상을 이기게 되었는데 믿음으로 순종했던 것이 결과적으로 복된 사람들입니다.
(히 11:4)아벨, (5)에녹, (8)아브라함, (9)이삭, 야곱, 사라 등 수많은 사람들이 기록되었습니다. 우리의 신앙은 언제나 성경의 나온 인물들에게 배우고 복을 받게 됩니다.
② 세상을 이긴 믿음은 환경이나 상황에서 상대적이 아니라 절대적 믿음이어야 합니다.
상황이나 배경 따라서 변경되는 것은 올바른 믿음이 될 수가 없습니다. 하나님께 대한 절대적 믿음이어야 합니다. 대게의 사람들은 신앙생활을 상대적이거나 상황에 따라서 하게 되는데 이것은 성경적인 바른 믿음이 될 수가 없습니다. 모든 일은 오직 믿음으로(By faith)의해서만 나아가야 합니다.

2) 이 믿음으로 세상을 이겼던 사람들을 성경에서 읽게 됩니다.
이런 인물들은 어느 시대에든지 있게 되는데 성경에서도 읽게 되고 교회사에서도 볼 수 있는 믿음의 큰 산맥들입니다.
① 핍박 중에도 순교적 신앙으로 진리를 바르게 지키고 이긴 사람들의 모습니다.
우상이나 왕의 권력 앞에서도 굴복 하지 아니하고 이겼던 믿음의 사람들입니다(단 6:10). 바벨론 땅에 있었던 사드락, 메삭, 아벳느고의 이야기든지(단 3:15~) 역사가 같은 시대에 살았던 다니엘의 신앙은 우리 신앙의 모델이요 견본입니다. 일본 침략시대에 신앙생활의 모범을 보이신 주기철 목사님의 신사참배 거부운동 역시 우리 신앙의 거울이 됩니다. 바른 믿음을 가지고 지키는 사람들은 어느 시대에 무슨 문제가 오든지

믿음으로 이기게 되어 있습니다. 그래서 강하고 담대하게 영적 무장이 필요합니다(수 1:5~9).
② 이들은 모두 예수님을 믿는 믿음을 지킨 사람들의 이야기입니다.
편하고 좋을 때만 아니라 핍박과 환란 때에도 예수님을 믿고 믿음을 지켰습니다. (계 2:12~)버가모교회의 칭찬의 부분입니다. (계 7:14)큰 환란에서 나오는 자들인데 어린양의 피에 그 옷을 씻어 희개한 사람들입니다. 이 믿음을 바르게 지켜야 할 때입니다.

2. 이 믿음을 지키게 위해서는 죄악 세상과 싸워야 합니다.

이른바 영적전투요 전쟁터가 이 세상입니다. 그래서 우리의 신앙생활은 영적 전쟁으로 비유해서 말씀했습니다.

1) 우리는 십자가 군병들입니다.

① 믿음의 사람들은 모두가 십자가 군병들입니다.
십자가 군사들로써 좋은 병사가 되기 위해서 힘써야 합니다. 왜냐하면 반드시 싸워야 하고 이겨야 하기 때문입니다. 사도바울은 그리스도인들을 세 가지 직으로 비유했습니다. (딤후 2:1~6)농부, 운동선수, 그리고 군대의 병사들입니다. 이 세 가지 직(職) 모두 그리스도인들의 모형이기도 합니다. "그리스도 예수의 좋은 병사"(like a good soldier of Christ Jesus)입니다.
② 예수그리스도의 군사들이기 때문에 예수그리스도의 명령 따라서 살아가야 합니다.
군인인 지휘관에 명령에 따라서 살기도 하고 죽음도 불사합니다. 전투 현장에서는 죽기도 하는 것이 군인입니다. 고난도 받게 됩니다. (딤후 2:3)"너는 그리스도 예수의 좋은 병사로 나와 함께 고난을 받으라"했습니다. 평범한 군사가 아니라 '좋은 군사'(good soldier)입니다.

2) 군인의 목적은 싸우는 전투에 있듯이 성도 역시 영적전투에서 이겨야 합니다.

　이것이 군사를 운영하는 목적이기도 합니다.
① 성도들의 싸움은 마귀와의 싸움입니다.
그 마귀가 뿌려 놓은 잡초와 같은(마 13:25) 악한 것과 싸워야 합니다. 첫 사람 된 아담은 그 마귀의 시험에 무너지고 말았습니다(창 3:1~11). 그리고 죄가 세상에 들어오게 되었습니다. 그러나 예수그리스도는 두 번째 아담으로서 십자가로써 마귀를 이기셨습니다(롬 2:15: 마 4:1~11). 그리고 마귀는 결국 무저갱에 갇히게 될 때가 올 것 입니다(계20:1~). 그때까지는 계속 해서 마귀와 싸워야 합니다(벧전 5:8~).
② 온갖 유혹과 그릇된 나를 내세워서 싸움을 걸어오게 됩니다(요일 2:16: 마 13:25).
은평교회 모든 성도들은 영적싸움의 최전방에서 사령관 되시는 예수그리스도의 명령 따라서 날마다 이기고 세상이 감당치 못할 성도들이 되시기 바랍니다.

3. 그리스도인으로써 믿음을 지키기 위해서는 고난과 십자가도 감수해야 합니다.

　예수님을 믿고 따라가는 것들이 세상에서는 고난의 길이기 때문에 십자가의 길이라고 합니다(마 16:24).

1) 예수님을 따라가고 믿음을 지키는 데는 고난도 함께 따라옵니다.
　세상 모든 일들 공부, 직장, 사업 모두가 쉬운 일들은 하나도 없지만 예수 믿는 일도 생활론에서 쉬운 일은 없습니다.
① 환란에서 나오는 자들이라고 하였습니다(계 7:14).
이들의 숫자가 셀 수 없이 많습니다(계 7:9). 또 "내 충성된 증인 안디

바가 너희 가운데 곧 사탄이 사는 곳에서 죽임을 당할 때에도 나를 믿는 믿음을 저버리지 아니하였도다"하였습니다(계 2:13). 이것이 믿음입니다.
② 이들은 하나같이 예수그리스도에 대한 절대 신앙을 보여준 사람들입니다.
(27절)바로의 함정에도, (33절)사자의 굴에서도, (34절)불과 칼의 세력에도, (35절)악형에도, (36절)희롱과 채찍에도, 핍박, 돌로 치는 것, 톱으로 켜는 것, 칼로 죽임(행12:2)에도 궁핍, 환란, 학대 등 수 많은 난제 앞에도 믿음을 고수한 사람들이 되었습니다.

2) 세상의 면류관이 아니라 썩지 않는 면류관의 대상자들입니다.
  세상적으로 잠시 있다가 다 없어지는 것에 현혹된다면 곤란합니다. 영원한 것이 우리의 목표입니다.
① 그래서 고난이 올 때에 영광도 따라 옵니다(롬 8:17~18).
후사이기 때문에 고난도 함께 받습니다. (고전 9:25~)이기고 다투는 자마다 모든 일에 절제 하는데 그들은 썩을 승리자의 관을 얻고자 하는데 썩지 않는 면류관이 있습니다.
② 영적 싸움은 반드시 이겨야 합니다.
영국과 프랑스 대 독일의 싸움도 그들은 이겨야 하고 대한민국과 일본과의 싸움도 이겨야 하지만 우리는 영원한 천국을 위한 영적 싸움에서 반드시(must)이겨야 합니다. 세상이 감당 할 수 없는 신앙을 이어 나가게 되시기를 주의 이름으로 축원합니다.

▶ **결론** : 우리는 이기는 사람들입니다.

하나님께서 생각하시는 사람들
(창 19:29)

세상에는 국가나 단체들을 움직여 나가는 사람들이 있는데 '오너'(owner)라고 합니다. 그 오너에게 눈에 뛰기만 하면 그 분야에서 발탁되어 쓰임 받게 됩니다. 국가에 각 분야에서도 그렇겠지만 기업체에서도 유능한 인재를 발탁해서 채용하게 되고 운동경기에서도 유능한 선수를 발탁해서 기용하게 되는데 이때에도 감독에 눈에 띄면 됩니다.

하나님께서도 세상의 모든 일을 통치하시는 바 하나님의 눈에 합당해야 합니다. (시 101:5~6) "하나님께서는 마음에 교만한자를 용납하지 아니하시나 하나님께서 보실 때에 충성된 사람들 살피시고 계신다"고 하였습니다. 하나님의 눈에 합당한 자가되어야지 하나님의 눈 밖에 나게 되면 곤란합니다(잠 15:29: 시 145:18~19: 욥 11:11). 가이오는 사랑을 입는 자가 되었듯이 우리는 하나님 앞에 사랑을 입는 자가 되어야 합니다(요3서 1~4).

본문은 소돔과 고모라의 사건입니다. 아브라함의 기도가 하나님께 기억하신바 되었고 롯의 가정을 구원해낸 사건입니다. 말세 때에도 노아의 때와 같고 소돔과 고모라의 때와 같다고 하셨는데 우리의 신앙생활이 하나님께 합당하게 눈에 띄게 해야 할 때입니다. "아브라함을 생각하사"(he remembered Abraham)하셨듯이 하나님께서 생각하시는 신앙생활을 할 때입니다. 본문을 통하여 은혜를 나누게 됩니다.

1. 아브라함이 하나님을 믿는 믿음을 생각하셨습니다.

아브라함은 철저하게 하나님을 믿었습니다. 그리고 그의 손자 야곱을 사랑해 주셨습니다(말 1:2).

1) 하나님을 철저하게 믿고 사랑하였기 때문입니다.

하나님을 믿고 사랑하는 사람은 하나님은 더욱 사랑해주십니다.
① 하나님을 사랑하시기 바랍니다.
(잠 8:17)하나님을 사랑하는 자들이 하나님의 사랑을 더욱 받게 됩니다. 세상이 변할지라도 하나님을 믿고 사랑하는 그 사랑은 변치 말고 믿고 사랑해야 합니다. (사 26:8)심지가 견고한 사람입니다.
② 그런데 사랑에는 희생이 따르게 됩니다.
자식을 사랑하기 때문에 부모는 평생을 자식위해서 희생하게 됩니다. 사랑이 없다면 부모의 희생이 나오기 어렵게 될 것입니다. 데살로니가 교회는 주님을 사랑하였기에 사랑의 수고를 했습니다(살전 1:3). 베드로에게 주님은 사랑하느냐고 질문하셨고 베드로 대답은 사랑이었습니다. 후에 순교까지 했습니다. (창 22:1~14)하갈과 이스마엘도 없는데 아들 이삭을 드리는 것은 하나님을 사랑하였기 때문이고 경외를 인정받았습니다.

2) 아브라함은 하나님을 믿었습니다.

믿었기 때문에 간곡하게 기도하였고 부르짖게 되었습니다.
① 기도에는 믿음이 따라야 합니다.
믿음의 기도입니다. 믿음으로 기도하면 역사가 크게 다르게 됩니다. (눅 18:1~8)항상 기도하고 낙심치 말아야 되는데 여기에는 믿음이 따라야 합니다. (약1:15)믿음의 기도는 병든 자를 일으키는데 주님이 역사하십니다. 아브라함은 하나님을 믿었기 때문에 기도했습니다.
② 믿음과 함께 감사기도입니다.
기도에는 언제나 믿음이 따라야 하고 감사가 따라야 합니다. 감사가 없

는 기도는 문제가 됩니다. (골 4:2) "기도를 항상 힘쓰고 기도에 감사함으로 깨어 있으라"했습니다. 지금은 기도하지만 감사가 부재인 시대에 살아갑니다. 우리 모두 감사를 잃지 않고 기도해야 하겠습니다.

2. 아브라함이 롯에 대한 가족 사랑을 생각하셨습니다.

갈대아 우르에서 함께 살던 롯이 아브라함과 함께 떠나왔습니다. (창 14:4) "이에 아브라함이 여호와의 말씀을 따라갔고 롯도 그와 함께 갔으며"했습니다. 두 집 살림이 많아져서 결국 헤어지게 되었습니다(창 13:9~). 아브라함은 언제나 잊은 적이 없었는데 그 성이 불바다 된다고 했을 때에 아브라함은 기도했습니다.

1) 아브라함의 가족입니다.

하나님께서 아브라함의 가족 사랑을 기억해 주셨습니다.
① 간곡한 기도였습니다.
우선 살기를 위한 기도가 아니라 생명의 관한 기도입니다. 구원에 관한 기도입니다. 의인 50명부터 시작해서 마지막 10명까지 위해서 기도하는데 그 속에는 롯의 관한 기도였습니다.
② 불신앙 가족을 위해서 기도해야 하겠습니다.
인간적으로 따지면 서운 할 일, 괘심한 일등 이해 타산적인 일들이 있을 수 있겠으나 멸망치 않고 구원 얻기 위해서 기도해야 합니다. 예수 믿지 아니하면 지옥입니다. 천국이냐 지옥이냐 인데 기도해야 합니다. 그리고 사랑해야 합니다.

2) 혹여 나 때문에 상대방이 교회에 나오지 않는가도 생각할 줄 알아야 합니다.

① 교회 직분 자들이나 중직자일수록 뜨겁게 이 문제에 대하여 기도하

며 생각해야 합니다.
(딤전 3:4~5)교회에 직분자일수록 자기 집을 영적으로 잘 다스려야 하기 때문입니다. 따라서 가족구원 문제는 세상 어느 것보다도 중요한 일입니다.
② 자기 가족 구원문제가 급선무임을 깨달아야 하겠습니다.
내가 예수 믿고 구원 받아서 하나님의 자녀요 축복 속에서 영원한 천국을 확신한다면 이 좋은 일을 가족들이 함께 공유하게 해야 합니다. (딤전 5:8)가족을 돌보지 아니하면 불신자보다 더 악하다고 하였습니다. 아브라함은 롯을 위해서 기도했습니다.

3. 이 세대의 우리는 아브라함이 되어야 합니다.

시대 시대마다 하나님께서 쓰시는 사람들이 있는데 이 세대에는 우리가 그렇게 되어야 합니다.

1) 믿고 축복받는 것도 아브라함같이 되어야 합니다.

성경시대의 아브라함뿐 아니라 지금 시대의 아브라함입니다.
① 아브라함과 같이 믿고 행하게 될 때에 그 믿음이 중요합니다.
신약시대에도 아브라함이 강조되었는데 (약 2:21~26)야고보는 아브라함의 행동하는 믿음을 강조하였습니다. 이 세대에도 행동하는 믿음이 요구되는 때입니다.
② 믿음의 행동에는 축복이 따라옵니다.
아브라함은 믿음의 축복자가 되었습니다. (갈 3:9)아브라함과 같이 믿고 행할 때에 복이 따르게 됩니다. 이 모든 것이 하나님께서 아브라함을 생각해 주신 모습임을 보게 됩니다.

2) 아브라함의 기도는 결국 롯을 건져내었습니다.

이 세대에도 우리의 기도가 가족구원을 비롯해서 상대방을 구원해야 합니다.

① 가족이기 때문입니다.

가족이 불바다에 멸망 받는다고 하는데 구경거리만 된다면 곤란합니다. 롯이 소돔전쟁 때에 끌려갔었지만 그때에도 아브라함은 사병을 이끌고 가서 롯을 건져 내었습니다(창 14:14~). 우리는 나라와 민족과 교회와 가족위해 기도해야 하며 또한 북한 땅을 위해서도 더욱 기도해야 합니다.

② 이 세대에 아브라함으로 승리하시기를 바랍니다.

하나님께서는 지금도 모두 보시고 계신바 우리의 믿음과 사랑의 행동들이 하나님께 눈에 들게 해야 합니다. 하나님께 인정받는 믿음들이 되시기를 주의 이름으로 축원합니다.

▶ **결론** : 이 세대에 아브라함이 필요합니다.

축복받을 믿음과 영적 자세
(사 54:1~2)

누구든지 이 세상을 살아가면서 축복받고 잘 되기를 바라는 마음은 공통적인 심리일 것입니다. 학생은 공부에서 사업가는 사업적인 일에서 농어민은 농사일이나 어업에서 잘되기를 바라고 직장인은 직장생활이 성공적이기를 소원하게 됩니다. 하나님께서는 창조하실 때에 잘되기를 축복하셨습니다(창1:28). 그리고 예수그리스도께서는 우리를 영원한 죄와 사망의 굴레에서 구원해 주신 것 뿐 아니라 부요를 버리고 이 땅에 오셔서 가난하게 된 것은 그를 믿는 모든 성도들에게 부요케 하시려고 가난하게 되셨다고 하였습니다(고후 8:9). 따라서 성도는 잘되는 것이 정상입니다.

성경에서 믿음으로 산 사람들의 이야기에서도 보게 됩니다. 아브라함이 그랬고(창 12:1~2, 13:14~15), 이삭이 그랬으며(창 26:12), 야곱이 대표적으로 그랬습니다(창 31:10). 그래서 바울은 전하였습니다. (갈 3:9) "믿음으로 말미암은 자는 믿음이 있는 아브라함과 함께 복을 받느니라"(So those who have faith are blessed along with Abraham, the man of faith)하였습니다.

오늘 본문에서 하나님께서 사랑하시므로 이스라엘 백성을 구속해 주셨음을 노래하면서 감사의 찬송과 함께 이제 구원을 얻었기 때문에 믿음으로 말미암은 축복의 노래요(2절) 이스라엘을 회복시켜 주심이요(3절), 따라서 여기에는 기도가 필요한 바(겔 36:37, 마 7:7) 은혜의 시간이 되시기를 바랍니다.

1. 믿음으로 장막 터를 넓히라고 하였습니다.

장막 터를 넓히는 데는 믿음이 필요합니다. (2절) "네 장막터를 넓히며"(Enlarge the place of your tent)라고 하였습니다.

1) 이 일은 반드시 믿음이 있을 때에 가능한 믿음의 문제입니다.

영적인 일이기 때문입니다.

① 믿음의 세계는 무한대한 영역입니다.

우리는 동물의 왕국에서 나오는 동물들이 자기 영역을 표시함을 보게 됩니다. 그런데 사실상 성도의 영역은 무한대한 표시가 믿음의 표시라고 말할 수 있습니다. 히브리서 11장은 믿음의 산맥을 표시하였는데 1절에서 "믿음은 바라는 것들의 실상이요 보지 못하는 것들의 증거니 선진들이 이로써 증거를 얻었느니라"하였고, 이 믿음이 있을 때에 하나님을 기쁘시게 한다고 전하였습니다(히 11:6). 믿음의 반경은 사실상 무한대라고 보고, 이 믿음위에 자기를 건축해야 합니다(유 1:20절).

② 믿음은 축복받아서 담는 그릇이라고 볼 수 있습니다.

따라서 믿음의 그릇은 크기와 그릇의 적음에 양에 따라서 축복의 역사가 좌우됩니다. 예컨대 열왕기하 4장1~7절에 보시면 선지생도의 아내가 물질로 어려운 중에 빈 그릇이 다할 때까지 나오던 기름도 그치게 되는 체험을 하게 되었습니다. 더 이상 담을 곳이 없었기 때문입니다. 이것은 믿음의 비밀이기 때문에 대문을 걸어 잠그고 행하여졌던 사건입니다. 은평교회 모든 성도들에게 믿음의 그릇들이 많게 되고 체험의 역사들이 나타나게 되시기를 바랍니다.

2) 장막 터를 넓히는 일은 영적으로 다양하게 적용되는 일입니다.

비단 신앙적인 면에서 우리가 넓혀가는 것도 있습니다. 바울은 고린도교회에 전하는 복음에서 "너희의 마음을 넓히라"(고후 6:13)고 하였습니다.
① 모든 일은 마음에서 나오기 때문에 마음이 좁게 되면 좁을 수밖에 없기 때문입니다.
신앙적 마음도 넓혀야 합니다. 경재생활, 학업생활, 세상의 모든 일들이 마음에서 나오기 때문에 마음이 넓혀지는 것은 우선적인 조건이 됩니다. 지금은 세계화시대인데 좁은 생활을 가지고는 세계를 품을 수 없을 것입니다.
② 제일 중요한 문제는 영적으로 믿음의 장막 터가 넓어져야 합니다.
신앙의 연수가 깊어갈수록 하나님 말씀 토대로 깊어지고 넓혀지면서 견고하게 세워져 나가야 합니다. 여기에서 몸 받쳐서 일하게 되고 현저한 역사들이 나타나게 됩니다. 2014년에 은평교회 성도들이 이렇게 되시기를 바랍니다.

2. 휘장을 아끼지 않는 길은 믿음밖에 없습니다.

(2절) "네 장막터를 넓히며 네 처소의 휘장을 아끼지 말고 널리 펴되 너의 줄을 길게 하며"(stretch your tent curtains wide, do not hold back)하였습니다.

1) 축복받음 참 성도의 믿음의 자세는 아끼지 않으므로 역사가 나타납니다.

① 그 이유는 휘장의 줄을 아주 길게 펴는 대로 되어 지기 때문입니다. 그래서 믿음의 세계는 측량치 못할 신비의 세계입니다. 세상 학문적으로 수학공식은 1+1=2요, 2x2=4라고 하지만 영적 샘 방법은 1+1=a요, 2x2=a입니다. 따라서 신앙의 샘 방법은 세상의 공식으로 이야기 하는 것은 맞지 않는다는 것입니다. 믿음의 세계이기 때문입니다.
② 다만 휘장을 아끼지 말라고 하신 말씀과 같이 아끼지 말고 말씀을

따라 가는 것입니다.
성도가 해야 할 일은 믿고 순종하며 따라가는 일입니다. 신약에서나 구약에서도 언제나 이 원리에서 역사는 나타나게 되었습니다. 이것이 영적능력의 원리입니다. (마 17:20)믿음이 적으면 역사는 나타나지 않습니다.

2) 믿고 순종하며 따라 갈 때에 체험된 기적의 현장을 보시기 바랍니다.
① 가나혼인잔치의 기적입니다.
(요 2:1~11)포도주가 모자란 잔치 집에서 한 일은 주님이 뭐라고 하시든지 그대로 순종했던 모습만 있습니다. 물 떠온 하인들이 그의 일을 알았습니다. 휘장은 생활 속에서 나타난 일입니다. (눅 5:1~7)디베랴 바다가의 시몬이 체험한 기적의 현장에서도 "말씀을 의지하여 내가 그물을 내리리이다"(But because you say so, I will let down the nets)할 때에 역사는 나타나게 되었습니다. (마 14:14~21)오병이어의 기적의 현장에서도 어린아이의 믿음이 현장에 있었습니다.
② 내가 주님께 아끼지 말아야 할 휘장들을 생각합니다.
비단 물질만이 아니라 시간도, 몸도, 재능도 헌신할 수 있는 믿음의 자재들입니다. 여기에서 성막은 세워지게 되었고(출 25:1-), 심은 대로 거두게 되며(고후 9:7), 예수님이 칭찬을 아끼지 않았던 향유를 드린 마리아에게도 보게 됩니다(요 12:1~8). 성소의 물건들을 제작할 때에 예물을 가져오는 자들이 너무 많아 창고가 넘쳐서 다시 가져가라고 할 정도였으며(출 36:5), 성막이 아름답게 하나님의 설계도대로 제작되었고 축복이 임하였습니다(출 39:42~43).

3. 믿음의 자세가 요동되거나 흔들리지 않도록 말뚝을 견고하게 세우는 자세입니다.

(2절)"너의 말뚝을 견고히 할지어다"(strengthen your stakes)하였는데 말뚝을 견고히 하라는 의미를 바르게 알아야 합니다.

1) 말씀에 서서 확신을 가지는 일입니다.
확신에 서지 아니하면 흔들리게 되기 때문입니다. 그래서 광야에 세워진 성막의 울타리의 말뚝을 견고히했습니다(출 27장).
① 믿음위에 굳게 서있어야 합니다.
매사에 믿음인바 지혜를 구할 때도 믿음이요(약 1:5~6), 신앙생활의 모든 일에는 믿음의 확신위에 서있어야 합니다(고전 15:58). 말뚝(stakes)이 중요합니다.
② 말뚝은 잘 세워야 합니다.
표시이기도 하기 때문입니다. 땅을 사고 경계표시 하게 되는데 측량을 하고 표시로 말뚝을 박게 됩니다. 지적공사의 경계측량 말뚝이 견고하듯이 내 믿음의 경계선이 분명해야 합니다. (시 16:5~6)여호와는 나의 분깃을 지키시는 분입니다.

2) 광활한 대지위에 말뚝을 세우는 일은 나의 견고한 믿음입니다.
의심하지 않고 나가게 될 때에 거기에 기적이 나타나게 됩니다.
① 아브라함의 예를 보겠습니다.
룻이 아브라함을 떠난 후에 말씀하셨습니다(창 13:14~). 아브라함은 의심 없이 하나님 말씀을 견고하게 믿었으며 하나님께서 그 믿음을 의로 여기셨습니다(롬 4:18).
② 이 역사가 이 세대에 우리에게 나타나게 해야 합니다.
믿음이 약하면 흔들리게 되고 흔들리게 되면 무너지게 됩니다. 그래서 하나님께서는 심지가 견고한 자를 사랑하시고 축복해 주십니다(사 26:3). 은평교회 성도들이 모두가 이 믿음에서서 견고하게 되시기를 축

원합니다.

▶ **결론** : 휘장을 아끼지 말고 견고히 세워야 합니다.

칭찬 듣는 믿음을 소유한 사람들
(마 15:21~28)

　세상에는 어떤 일을 하든지 그 일들을 잘해서 칭찬 듣는가 하면 일을 잘 못해서 책망의 대상이 되는 일이 있습니다. 그래서 매사에 어떤 일을 하든지 잘 해나가는 것이 중요한 일이요, 관건이 되기도 합니다. 그러나 분명한 것은 이 세상에는 어떤 일이든지 완벽한 사람은 없고, 완전한 사람도 없다는 것입니다.
　계시록 2~3장에는 소아시아 일곱 교회가 기록되어 있는데 일곱 교회 모두가 특징이 있습니다. 칭찬만 듣는 교회가 있고, 칭찬과 책망을 듣는 교회가 있으며, 책망만 듣는 교회도 있습니다. 이것이 지상에 존재하는 지상교회의 현실의 모습입니다.
　그래서 세상에 살아가는 동안 지상교회는 늘 깨어 있는 것이 중요하기 때문에 깨어있으라고 강조해 주셨습니다(살전 5:6; 벧후 3:14; 마24:42). 예수님이 말씀하셨고 사도들도 두드러지게 강조하며 전했습니다. 그런데 문제는 말세 때 일수록 세상에서 믿음이 약화되어 가고 믿음이 점점 식어 간다는데 문제의 심각성이 있습니다(눅 18:8).
　이런 때에 본문에서 가나안 여인에 대한 사건에서 예수님은 우리에게 믿음을 다시 한번 일깨어 주시는데 개 취급 당하는 마당에도 실망하지 않고 믿음을 보여 주었기에 예수님이 칭찬 하시기를 "네 믿음이 크도다" 하셨습니다. '크도다'라는 뜻은 탁월하다, 중대하다, 아름답다, 라는 뜻이 담겨진바 이 세대에 우리는 이 여인을 통하여 우리 자신의 믿음을 확인하는 시간이 되어야 합니다.

1. 이 여인은 이방여인이었습니다.

예수님께 관한 바른 신앙을 가진 신앙인이었습니다. 예수그리스도에 대하여 바른 신앙을 고백하고 믿는 것은 매우 중요한 일입니다.

1) 예수그리스도에 대한 바른 고백이 신앙의 출발입니다.

다 같은 신앙 신앙생활 하는 듯 보이지만, 다른 사람들도 많이 있기 때문입니다.
① 예수님은 이 사실을 확인 하신 적이 있습니다.
(마 16:13~18) "가이사랴 빌립보 지방에 가실 때에 제자들에게 사람들이 나를 향하여 누구라 하느냐?("Who do people say the Son of Man is?")는 질문입니다. 그때에 베드로가 주는 그리스도시오 살아계신 하나님의 아들이시라고 할 때에 예수님이 기뻐하시며 칭찬해 주셨습니다. 그리고 그 고백위에 주님의 교회가 세워 질것을 약속하셨습니다. 지상교회는 예수님께 관한 것을 고백위에 세워지게 됩니다.
② 중요한 일은 예수님께 관한 바른 고백입니다.
(22절) "가나안 여자 하나가 그 지경에서 나와서 소리 질러 가로되 주 다윗의 자손이여 나를 불쌍히 여기소서"(Lord, Son of David)한 부분입니다. 예수님은 보통분이 아니라 다윗의 예언대로 "예수그리스도는 구원 주로써 이 땅에 오신 하나님의 아들이시라"라는 고백이요 신앙입니다. 지금 시대는 이단자들도 많고 자신들이 재림 예수라는 자칭 예수가 많은 때에 우리는 예수그리스도에 대한 바른 신앙고백으로 바른 믿음을 가지고 있어야 합니다.

2) 예수님은 구약의 예언과 약속대로 오신 분이심을 믿고 고백하는 여인이었습니다.

계속해서 다윗의 자손이라고 외칩니다.

① 예수님은 약속대로 오셨습니다.
구약의 수많은 인물, 사건, 제도, 법률 등은 예수그리스도에게 초점이 맞추어져 있습니다.
선지자 나단은 다윗에게 예언했습니다(삼하 7:12~16). 영원하신 예수그리스도가 태어나실 것과 그 나라가 영원하리라는 예언인바 구약에 곳곳에 기록되었습니다(사 11:1~2: 단 2:44~45). 그리고 예수님은 다윗의 자손으로 오셨습니다(마 1:1).
② 가나안 여인의 신앙은 예수그리스도에 대한 바른 신앙을 고백하였습니다.
정통적인 유대인이라도 예수님을 믿지 아니하였고, 오히려 메시야를 죽이려 하다가 로마의 힘을 빌려서 십자가에 죽게 하였는데, 이 여인은 유대인도 아니지만 예수님을 바르게 고백하였고 믿었습니다. 우리는 육신적으로는 유대인이 아니지만 예수그리스도를 믿는 자가 되었습니다(엡 2:1: 벧전 1:9).

2. 이 여인은 이방인이었으나 문제가 있을 때에 예수님께 나오는 믿음을 가졌습니다.

문제가 있을 때에 제각기 다른 길을 찾고 따르게 되지만 이 여인은 예수님께 나와서 고백하게 되었습니다. 여기에 문제해결의 축복이 있습니다.

1) 어떤 문제 앞에서든지 두려워 말아야 합니다.
(수 1:5~9)하나님께서 여호수아에게 이르신 부분이기도 합니다. 문제를 가지고 예수님께 나왔습니다.
① 문제 앞에 또 문제가 생겼습니다.
(23절)예수님은 아무 말씀도 하시지 아니했습니다. 그리고 개 취급 하

셨습니다. 그런데 이 여인은 두 문제 모두를 잘 통과(pass)하였습니다. 믿음은 시험거리가 왔을 때에 이기는 것이 믿음입니다(요일 5:4). 개 취급당했는데도 이기게 되었고 예수님께 한발자국 더 나가게 되었습니다.
② 큰 믿음이 문제를 이기게 됩니다.
시험거리가 큰 것이라도 큰 믿음만 있다면 능히 이기게 됩니다. 따라서 시험 많은 세상에서 우리는 이기는 믿음 위해서 기도해야 합니다. 내게 믿음이 더욱 견고해지기를 위해서 기도해야 합니다.

2) 가나안 여인은 포기하지 아니하고 예수님께 나아갔습니다.
　큰 믿음은 어떤 난관이 있어도 포기하지 않는 믿음입니다. 이것이 또한 건강한 신앙이요 큰 믿음의 사람입니다.
① 더욱 소리 지르며 예수님께 달려가게 되었습니다.
(22절) "나를 불쌍히 여기소서"하였습니다. "의인의 간구는 역사하는 힘이 많으니라"(약 5:13~16)하였습니다. 본문에서 소리 지르는 것은 간곡, 간절히, 애절함이 있는 부분입니다. 이것이 믿음 있는 사람이 하나님께 기도하는 자세입니다.
② 예수님께 더욱 가까이 가게 되었습니다.
이쯤 되면 포기 할 만한데, 포기하지 아니하고 더욱 예수님께 나아가게 되었습니다. 이것이 믿음입니다. (25절) "절하여 가로되 주여 저를 도우소서"하였습니다. 신앙인의 좌절은 불신앙입니다.

3. 이방 여인이었으나 예수님 앞에 겸손하였습니다.
　끝까지 포기하지 아니하고 나아가는 겸손을 보여주었습니다.

1) 끝까지 포기하지 않는 믿음을 배워야 합니다.

성경에서 끝까지 포기하지 아니한 사건에서 배우게 됩니다.
① 여기에서 큰 역사들이 나타나게 되었습니다.
(왕상 18:42-)엘리야는 7번까지 기도하여 큰비를 내리게 되었고, (왕하 5:14-)나아만은 7번까지 요단강 물속에 잠겼다가 깨끗하게 되었으며, (막 10:46~52)바디매오는 끝까지 예수님께 달려가 눈을 뜨게 되었습니다.
② 참 믿음은 문제 앞에서도 끝까지 주님께 부르짖게 됩니다.
겸손하게 엎드려 간구하게 될 때에 마침내 해결점이 생기게 되는데 예수님이 응답 하시어 치료가 되었습니다. 이것이 믿음입니다.

2) 큰 믿음의 배후에는 언제나 겸손이 따랐습니다.
　어거스틴(Augustine)은 신앙의 미덕은 겸손이라고 한 말은 유명합니다.
① 이 여인은 주님의 말씀 앞에 겸손했습니다.
(27절) "주여 옳습니다"하였는데 이 말은 주여 지당하신 말씀입니다 라는 것입니다. 건방지고 교만한 사람은 이럴 때에 대들고 대항하겠지만 겸손한 신앙은 무슨 말씀 하시든지 순종합니다. 앤드류 머레이(Andrew Murray)는 '우리가 겸손해야 할 이유는 하나님 앞에 피조물이요, 죄인이요, 성도이기 때문이라고' 하였습니다.
② 이 여인은 자기 위치를 알았습니다.
개 같은 존재요, 죄인이기 때문에 다른 할 말이 없었습니다. 이 겸손의 미덕 앞에 주님은 기적을 주셨습니다. 딸이 깨끗하게 낫게 되었습니다. 은평교회 성도들 앞에 이런 기적의 현장이 열리게 되시기를 주님의 이름으로 축원합니다.

▶ **결론** : 큰 믿음에는 기적도 크게 나타납니다.

주님을 기쁘시게 해드리는 사람들
(고후 5:8~10)

하나님께서 모든 만물을 창조하셨고, 사람들을 지으셨는데 그 목적은 하나님의 영광을 위해서였습니다. 따라서 사람들을 비롯해서 모든 창조의 목적대로 하나님의 영광을 위해서 사는 것이 중요합니다(고전 10:31). 사람이 만든 모든 작품들에게는 그 기능대로 목적이 있듯이 인생이 살아가는 목적은 하나님께만 향하고 영광 돌리기 위한 목적입니다(사 43:21: 고전 10:31). 사도바울은 고린도교회에 전한 말씀에서 개인적으로 현재 소망뿐 아니라 이 세상 삶과 죽음에 처한 자신의 삶의 목적과 이유를 고백하였습니다. 사도베드로도(벧전 1:3~4) '찬송하리로다'로 시작하게 되는데 그 찬송의 이유가 성도들은 하늘에 간직한 기업이며 산 소망(living hope)이라 하였습니다.

바울은 본문에서(10절) "우리가 다 반드시 그리스도의 심판대 앞에 드러나 각각 선악 간에 그 몸으로 행한 것을 따라 받으려 함이라"하였습니다. '다'라고 하심은 전 인류적이요, '반드시'라고 하심은 원하든 원하지 안 든 간에 필연적으로 온다는 것은 누구도 피할 수 없다는 뜻입니다. 따라서 우리는 언제나 주님을 기쁘시게 해드리는 것이 중요한바 여기에 인생의 목적을 두고 힘써 행하여야 하는바 본문에서 은혜의 시간이 되시기를 바랍니다.

1. 하나님을 기쁘시게 해드리는 사람은 믿음의 사람입니다.

믿음이 없이는 하나님을 기쁘시게 해드릴 수가 없기 때문입니다(And without faith it is impossible to please God - 히11:6).

1) 믿음은 영적생명과 같은 것입니다.

믿음 없이는 할 수 없는 것이 있습니다.
① 반드시(must)믿음만이 되는 일이 있습니다.
이 믿음만이 되는 첫째는 우리의 영원한 구원의 문제입니다(요 1:12, 3:16). 믿음만이 구원의 조건이 됩니다. 따라서 믿음이 있을 때에 구원이요, 하나님을 기쁘시게 해드리게 됩니다. 또한 믿음이 있을 때에 기적이 나타내게 됩니다. 기적의 현장에는 언제나 믿음이 강조되었습니다(마 9:20; 막10:52). 믿음은 중요한 영적생명과 같은 존재입니다.
② 믿음을 비유컨대 영적엔진과 같은 것입니다.
자동차의 엔진(Engine)과 같은 존재입니다. 인공위성의 로케트엔진이 없으면 올라갈 수 없고, 거대한 배도 엔진이 없으면 움직일 수가 없듯이 믿음이 없이는 어떤 것도 할 수가 없습니다. 그런데 마지막 때가 될수록 믿음이 약해지는 시대에 살아가는 것이 우리 자신들입니다(눅 18:8). 그래서 기도할 때마다 믿음이 떨어지지 않게 하기 위해서 기도해야 합니다. 예수님은 지금도 우리 위해 기도하고 계십니다(롬 8:26, 34; 눅 22:31~32).

2) 그런데 믿음은 순수하고 거룩한 믿음이어야 합니다.

성경에서 믿음을 금으로 비유하였는데(벧전 1:7), 금빛이 변하여 녹이 슬어버린다면 진짜 금이 될 수가 없듯이 우리의 믿음에도 녹이 슬거나 변질된다면 진짜 믿음이 아닙니다. 순수한 믿음이 그래서 중요한 것은 성경에서 변질된 사람들을 통해서 교훈해 주고 있습니다.
① 이스라엘에서 섞인 무리들이 문제였듯이 불순물이 섞인 믿음이라면 곤란합니다.
이스라엘이 출애굽을 시작해서 역사 선상에서 볼 때에 언제나 섞인 무리들이 문제였습니다(출 12:38, 레 14:10~11, 민 15:16, 느 13:3, 민

13:14, 왕상 11:1). 믿음이 세상과 섞이면 하나님을 기쁘시게 할 수가 없음을 말합니다.
② 하나님께서는 섞인 것을 좋아하시지 않습니다.
그래서 섞인 것에 대해서 단호히 말씀하셨습니다. (신 22:9) "네 포도원에 두 종자를 섞여 뿌리지 말라"하였고, (레 19:19) "육축을 다른 종류와 교합시키지 말며 두 재료도 직조한 옷을 입지 말며"라고 하셨습니다. 반대로 욥기서는 욥의 순수한 신앙을 칭찬하셨습니다(욥 1:1, 2:3). 하나님과의 관계(relationship)가 언제나 바르고 순수한 믿음 가운데 있을 때에 하나님을 기쁘시게 해드립니다.

2. 하나님을 기쁘시기 해드리는 사람은 자기 사명에 충실한 사람입니다.
무엇으로 하나님을 기쁘시게 해드릴까요. 철저하게 자기 위치에서 자기 사명에 충실한 사람입니다.

1) 이런 사람을 하나님이 찾고 계십니다.
찾고 계실 때에 하나님의 눈에 띄어야 합니다.
① 하나님이 찾고 계십니다.
(시 101:6) "내 눈이 이 땅의 충성된 자를 살펴 나와 함께 거하게 하리니 완전한 길에 행하는 자가 나를 수종하리로다"하였는데 마땅히 하야 할 충성입니다. (계 2:10: 잠 25:13: 고전 4:1~2)충성할 때에 하나님이 기뻐하십니다.
② 사명에 충실했던 사람들과 같이 살아야 합니다.
(창 7:1-)노아는 방주를 짓는 일에 사명을 다하며 충성하였습니다.
(느 9:8)아브라함은 하나님 앞에 충성을 보였습니다.
(히 3:5)모세는 하나님 집에서 사환으로 충성하였습니다.
(출 31:6)오홀리압과 브살렐은 성막 짓는 일에 충성했습니다.

(행 20:24: 딤후 4:3~8)바울은 죽도록 충성을 다했습니다.

2) 믿음으로 하나님을 기쁘시게 해드리고 충성하는 자에게는 상급과 축복이 약속되어 있습니다.
① 상급은 말할 것도 없이 약속되었습니다.
(마 16:27)행한 대로, (계 22:12)상급이 약속 되었고, (계 20:10)생명의 면류관, (벧전 5:4)시들지 않는 영광의 면류관, (딤후 4:8)의의면류관, (살전 2:19)기쁨의 면류관, (고전 9:25)썩지 아니할 면류관들이 영원한 천국에 준비되어 있습니다.
② 축복도 약속되었습니다.
(갈 6:7)믿음으로 심게 되면 믿음으로 거두게 됩니다. (대상 4:9~10)야베스는 기도하여 얻었고, (신 28:1~14)행한 대로 축복입니다. 하나님은 지금도 마음을 감찰하신다고 하셨습니다. 따라서 하나님을 기쁘시게 해드리고 축복받는 일생이 되어야 하겠습니다.

3. 하나님을 기쁘시게 해드리는 사람은 말씀을 사랑하고 지켜나가는 사람입니다.
하나님께서 기쁘시게 보이는 사람이 되어야 합니다.

1) 하나님 말씀을 사랑하시기 바랍니다.
사랑하고 좋아하게 되면 가까이 하게 되어 있습니다.
① 하나님을 좋아하면 부지런히 가까이 해야 합니다.
부지런히 읽고, 듣고, 지켜나가게 되는데 여기에 복이 있습니다(계 1:3). 주님을 사랑하기 때문입니다. (요일 3:22~23) "무엇이든지 구하는 바를 그에게 받나니 이는 우리가 그의 계명들을 지키고 그 앞에서 기뻐하시는 것을 행함이라 그의 계명은 이것이니 곧 그 아들 예수 그리스도의

이름을 믿고 그가 우리에게 주신 계명대로 서로 사랑할 것이니라" 하였습니다.
② 사랑하면 가까이 있게 됩니다.
사랑하기 때문입니다. 하나님은 우리에게 편지로 하나님 말씀을 주셨는데 이 편지인 말씀을 믿고 사랑해야 합니다(고후 3:3).

2) 그리고 하나님 말씀대로 행하여야 합니다.
　사랑하기 때문에 섬기는 일입니다.
① 우리는 주님을 사랑해야 합니다.
그래서 바울도 본문에서 여기에 있든지 떠나든지 하나님을 기쁘시게 해드리는 자 되기를 원한다고 하였습니다. 바울의 주님 사랑이 우리에게도 뜨겁게 임하기를 바랍니다.
② 여기에 축복도 약속되어 있습니다.
(아 7:13)솔로몬은 사랑하는 자 위해서 새것과 묵은 것을 쌓아 두었듯이 주님이 그의 사랑하는 자에게 주시는 축복이라고 하였습니다. 은평교회 모든 성도들이 사랑이 식어지는 때에(마 24:12: 엡 6:23) 변함없이 사랑해야 합니다. 더욱 하나님을 기쁘시게 해드리는 성도들 모두가 되시기를 주의 이름으로 축원합니다.

▶ **결론** : 은평교회는 주님을 기쁘시게 해드려야 합니다.

믿어야 합니다.
(막 11:20~25)

세상에는 어떤 일이든지 핵심과 중심을 매우 중요시 여깁니다. 찐빵에는 앙꼬라는 말이 있듯이 자동차의 핵심은 엔진이요, 우주선을 우주로 날아가게 하는 것도 엔진에 있기 때문에 엔진은 매우 중요합니다. 소문난 음식점의 핵심은 맛을 내는 기술이기 때문에 비밀에 속합니다. 우리가 천국에 가는 데는 우주선의 로켓과 같아서 중요한 것이 있는데 그것은 바로 믿음입니다. 믿음이 아니면 천국에 갈수 없기 때문입니다. 그런데 이 믿음은 비밀에 속합니다.

엘리사시대에 일어났던 선지자 생도의 부인과 두 아이들이 빈 그릇을 빌려다가 문을 걸어 잠그고 기름을 그릇에 부어 차는 대로 옮긴 이 사건은 믿음의 비밀을 교훈해주고 있습니다(왕하 4:1~6). '문을 닫고'(and shut the door behind you), 예수님 당시에도 문제를 가지고 왔던 사람들이 해결 받게 되었고 기적의 현장(마 14:17~18, 15:34~36: 요11:39, 41)에는 언제나 믿음이 중요시 되었습니다. 그런데 이 믿음은 믿는 자 밖에는 알 사람이 없게 하셨습니다(계 2:17). 본문에서 예수님은 믿음에 대해서 강조해 주셨는데 기도자라도 믿고 기도해야 하는바 본문에서 은혜를 나누게 됩니다.

1. 믿음이란 의심 없이 믿고 맡기는 신뢰입니다.

따라서 의심이 없어야 합니다. 믿음의 기도 속에 역사가 나타납니다 (약 1:6, 5:15).

1) 의심 없이 믿어야 합니다. 믿음이 매우 중요하기 때문입니다.

① 믿음이란 무엇입니까? 히브리서 11장1절에서 그 정의를 내려 주셨습니다만 몇 가지 뜻이 있습니다.

하나님의 절대적 권위에 동의한다는 뜻입니다. 왕이나 대통령이라도 절대자가 될 수가 없지만 하나님은 절대자이십니다. 따라서 하나님을 신뢰하고 신용해야 합니다. 국제 사회나 개인에게도 신뢰하고 믿는 것은 중요하지만 하나님께 대해 신뢰하고 믿는 것은 무엇보다도 중요합니다. 신뢰하기 때문에 믿게 됩니다(시 37:4~5, 55:22, 잠16:3, 벧전 5:7). 은행은 파산도 있지만 하나님께 맡긴 것은 파산이 없습니다.

② 우리는 무조건 하나님을 신뢰하고 믿어야 합니다.

생사화복이 하나님께 있습니다. 오늘 본문에서 "그러므로 내가 너희에게 말하노니 무엇이든지 기도하고 구하는 것은 받은 줄로 믿으라 그리하면 너희에게 그대로 되리라"하였습니다. 찬송가 394장을 지은(Arthur A. Luther)아더 루터는 '이세상의 친구들이 나를 버려도 나를 사랑하는 이 예수뿐일세'했습니다. 이사야 선지자는 외쳤습니다(사 43:1~2).

2) 의심하는 것은 신앙이 아닙니다.

(23절) '그 말하는 것이 이룰 줄 믿고 마음에 의심치 아니하면 그대로 되리라'했습니다.

① 믿음과는 거리가 멀고 적과 같은 것이 의심입니다.

의심은 신앙뿐만 아니라 세상일에도 한 번 의심하게 되면 의심의 꼬리가 꼬리를 물고 나오게 됩니다. 부부, 가족, 친구, 직장, 사업 등 모두에게서 의심은 결국은 불행하게 됩니다. 도마는 부활하신 예수님을 만나고서야 비로써 의심이 사라졌습니다(요 20:25). 교회 안에서도 신뢰가 깨어지면 문제가 생깁니다.

② 예수님은 우리에게 믿으라고 하셨습니다.

'그 말하는 것이 이룰 줄 믿고 마음에 의심치 아니하면 그대로 되리라' 했습니다. 미국의 저명한 칼럼니스트인 아트 부크월드는 '인생에서 가장 좋은 것은 눈으로 보거나 손으로 만질 수 있는 것이 아니다'하였고 철학자인 파스칼은 '우주 안에는 보이는 진리와 보이지 않는 진리가 있으며 증명되는 진리와 증명되지 않는 진리가 있다고 하였고 기독교 진리는 증명하고 믿는 것이 아니라 믿고 나아갈 때 증명이 된다'고 하였습니다. 은평교회 성도들이 모두가 믿음 위에 서야겠습니다.

2. 기도하고 간구한 일은 믿음으로 해야 합니다.
본문에서 계속적으로 강조해 주시는 말씀이 믿음입니다.

1) 문제가 많은 세상에서 구하는 것 기도하는 일은 축복입니다.
문제가 있다는 것은 하나님께 구하고 기도하는 통로입니다.
① 기도하는 것은 하나님과 통하는 통로이기에 중요합니다.
그래서 때로는 금식하며 기도하고 밤을 세워가며 기도합니다. 떼쓰듯이 기도하는 기도에 하나님이 역사해 주십니다. 기도는 언제나 어디서나 할 수 있는 일입니다.
② '무엇이든지'(whatever)라고 하셨습니다(24절).
인간이 살아가면서 숨을 쉬는 한 기도제목은 언제나 있습니다. 자신을 위한 기도, 가족위한 기도, 국가위한 기도, 교회를 위한 기도 등 수없이 기도해야 할 일들이 쌓여 있는데 무엇이든지 기도제목입니다. 환난 날 일수록 기도해야 합니다(시 50:15).

2) 기도와 간구는 말에 있지 않습니다.
특히 대중 앞에 기도할 때에 사람을 의식하게 되면 문제가 됩니다. 기도의 대상은 하나님이십니다.

① 기도를 들으시는 분도 하나님이시고 결정권자도 하나님이심을 잊지 말아야 합니다.
그래서 예수님은 기도에 대한 교훈에서 외식적인 기도를 하지 말라고 하셨습니다(마 6:5; 눅 18:9~14). 바리새인의 기도는 응답되지 아니했습니다(눅 18:14).
② 짧은 기도도 들으시고 유창한 용어나 문장이 아니더라도 하나님이 들으십니다(시 94:9).
마음의 생각과 기도의 동기까지 모두 아십니다. 어린아이가 말을 배우면서 하는 말을 엄마는 알아듣듯이 하나님은 세밀하게 듣고 보시고 계심을 믿어야 합니다.

3. 내가 하나님께 기도할 때에는 타인의 허물을 용서하는 전제가 되어야 합니다.

(25절)'서서 기도할 때에 아무에게나 혐의가 있거든 용서하라 그리하여야 하늘에 계신 너희 아버지도 너희 허물을 사하여 주시리라'하였습니다.

1) 기도 속에는 회개(Repent)가 포함되어 있고 전제되어 있기 때문입니다. 내 죄를 회개하듯이 남의 허물을 용서해야 합니다.
① 주기도문에서 보겠습니다.
'우리가 우리에게 죄 지은 자를 사하여 준 것 같이 우리 죄를 사하여 주시옵고'했습니다. '용서'(ἀπολύω) 아포뤼오는 '놓아주다', '풀어주다', '내보내다'는 뜻이 됩니다. 자유케 하시는 예수님이시기 때문입니다(요 8:31).
② 우리는 수많은 죄를 지었어도 예수 그리스도로 인하여 지옥에서 해방되었습니다.

맥아더장군은 일본을 항복받는 함상에서 주기도문을 읽음으로써 명연설을 하게 되었는데 용서에 대한 구절입니다.

2) 기도응답에 대해서 무엇이 가로막고 있는지를 알아야 합니다.
　기도하는데 응답이 없습니까?.
① 내 기도에 대해서 생각해 보아야 합니다.
믿음이 없이 기도하면 응답은 없게 됩니다. 용서가 없이 기도하면 문제가 됩니다. 하나님은 지금도 우리에게 응답해 주시려고 기다리고 계십니다.
② 기도할 때에 응답해 주시려고 준비해 놓으셨습니다.
새 것과 묵은 것으로 사랑하는 자에게 주시려고 준비해 두셨습니다(아 7:13). 하나님께서 준비해두신 응답의 보따리들이 풀려지게 되시기를 주의 이름으로 축원합니다.

▶ **결론** : 기도합시다! 응답받습니다.

> 기도

기도의 응답은 축복입니다.
(대상 4:9~10)

　우리 인간은 순간순간 숨을 쉬고 살아갑니다. 숨이 멈추게 되면 사람이 아니고 시체요, 또는 송장이라고 말하게 됩니다. 죽은 자를 보고 사람이라 하지 않습니다. 죽은 자는 죽은 사람이라고 표현합니다. 그리고 죽은 자는 아무것도 할 수 없습니다. 숨이 멈추고 불속이든지 땅속이든지 묻히는 때에도 아무런 일을 할 수 없습니다. 그래서 전도서에서는 '너는 청년의 때 곧 곤고한 날이 이르기 전, 나는 아무 낙이 없다고 할 해가 가깝기 전에 너의 창조자를 기억하라'(전 12:1)하였습니다.

　칼빈(Calvin)은 말하기를 '인생행로야 말로 예측하기 어렵고 사건 투성임을 말하면서 나는 우리가 우리 앞길을 얼마 내다보지 못한다는 것을 경험에 의해서 배우게 되었다 내가 안일하고 고요한 생활을 할 수 없다고 느끼는 그 순간 여전히 기대하지 않았던 사건이 나를 기다리고 있었다'라고 했습니다. 120세를 살았던 모세는(시 90:9~10) 사람의 연수가 칠십이요 강건하면 팔십이라도 그 연수의 자랑은 수고와 슬픔뿐이라고 하였습니다. '수고와 슬픔'(Span is but trouble and sorrow)이라고 하는 것입니다.

　본문에서 야베스는 자기의 이름 뜻대로 살지 않으려고 하나님께 기도하게 되었습니다. 슬픔과 괴로움의 야베스의 이름이 말해줍니다. 후대에 야베스의 아들 살롬이 왕이 되지만(왕하15:10), 그 전까지는 어려웠음을 말해주는데 야베스의 기도에 대해서 교훈하여 주었습니다.

1. 야베스는 이름대로 살지 아니하고 축복 받기 위해서 기도하였습니

다.

　누구나가 이름이 있는데 이름은 잘 지어야 합니다. 이름 속에 뜻이 있기 때문입니다. 이름도 기도 가운데에서 지어야 할 필요성이 있습니다.

1) 야베스는 자기 형편의 내용을 가지고 기도하였습니다.
　기도할 때에 맹목적인 기도가 아니라 구체적인 기도가 중요합니다.
① '복의 복을 더 하사'라고 기도하였습니다.
복의 근원되시는 하나님께 기도한 것입니다. 인생이 누구든지 하나님께서 복을 주실 때에 복을 받게 됩니다. 야베스는 그 사실을 깨닫게 되었습니다. 내 마음대로 살 수가 없는 것이 인생입니다(잠 16:9). 욥은 고백하였습니다. (욥 1:20)'주신 이도 여호와시요 거두신 이도 여호와시오니'(The LORD gave and the LORD has taken away)하였습니다. 어거스틴(Augustine)의 주장대로 하나님의 절대주권입니다.
② 야베스라는 이름만으로 살면 인생의 성공과 행복은 물 건너가기 때문이었습니다.
기도해서 환란과 시련의 인생이 축복으로 전환되기 위해서 기도하였습니다.
(창31:24~29, 32:23~30)야곱이 얍복강나루에서 밤새도록 천사와 씨름하던 모습을 연상케 하는 대목입니다. 얍복강가에서 환도 **뼈**가 부러지고 장애자가 되었어도 그는 응답 받아 야곱의 이름이 아니라 이스라엘로 이름이 바뀌었습니다.

2) 하나님의 복을 받아야 합니다.
　내가 사는 길은 하나님의 복을 받는 길밖에 없습니다.
① 야베스는 지금 문제가 무엇이었을까요?

'야베스'라는 이름이 문제였습니다. 야베스라는 이름으로 살면 암울하고 고생스러운 인생으로 살 수 밖에 없었기 때문입니다. 빛이 들어오지 않는 깊은 굴속에서 갇혀 있는 한 현실이었습니다. 터키의 갑바도기아(벧전 1:1)에 있는 지하 동굴 교회인 '데린 구유 굴'은 지하 8층까지 빛이 들어가서 사람들이 살았습니다. 그러나 아무리 깊은 토굴이라도 햇빛이 들어가면 문제가 달라지게 됩니다.
② 하나님이 복을 주시면 모든 것이 해결됩니다.
그래서 우리는 하나님의 은혜와 축복을 사모하며 간구하게 됩니다. (시 42:1~2)목마른 사슴이 시냇물 찾듯이 간구하게 될 때에 역사는 달라지게 됩니다. 사모하는 영혼을 만족케 하십니다(시 107:9). 아베스라는 이름이 우리 가운데도 존재합니다. 따라서 우리는 하나님께 기도할 수 밖에 없습니다. 더 이상 야베스의 틀 속에 갇혀 있는 생활이 아니라 축복으로 대 전환 되도록 해야 합니다.

2. 현실적 문제 앞에서 구체적으로 기도했습니다.
　야베스라는 이름으로 살게 되면 인생 끝까지 고생만 합니다.

1) 지경을 넓혀주옵소서 기도하였는데 지경이 좁은 야베스였기 때문입니다.
① 주의 손으로 도우사 지경이 넓혀지게 해 달라고 기도했습니다.
"주의 손으로 나를 도우사"(Let your hand be with me)지경이 넓혀지는 것은 그냥 되는 것이 아니고 주님의 손으로 도와 주셔야 합니다. 야곱의 족속이스라엘에게도 약속하신 하나님의 약속이기도 합니다. (사 41:10)'참으로 나의 의로운 오른손으로 너를 붙들리라'고 하였습니다.
② 지경이 넓혀져야 합니다.
지경이 넓혀지는 것은 여러가지 면에서 볼 수가 있습니다. 삶의 생활들

이 넓혀지는 일부터 시작해서 사업의 지경(창26:12), 자손의 지경(시 144:12~15)등 여러 가지가 있는데 야베스의 경우에는 아들이 왕위에 오르는 축복을 받게 되었습니다(왕하15:10). 그가 살롬입니다. 기도의 위력은 참으로 대단한 능력이 있습니다. 따라서 기도의 무기를 사용해야 합니다.

2) 주의 손으로 도우사 환난을 벗어나 근심이 없게 하옵소서 라고 기도했습니다.

사람이 사는 동안에는 어려움이나 시련들이 많은 세상이기 때문입니다. 야베스라는 이름이 특히 그랬습니다.

① 기도하게 될 때에 환란이 오다가도 물러가게 됩니다.

환난이 오다가도 기도의 위력 앞에 물러가게 됩니다. (마 8:23~27)배를 삼킬 듯이 밀려오던 바람과 파도가 예수님 명령 앞에 바람이 잠잠하고 파도가 잔잔케 되었습니다. 우리가 예수님의 이름으로 기도하고 부르짖어야 하는 이유입니다.

② 근심이 없게 하옵소서라고 기도하였습니다.

이 세상을 살아가면서 근심이 없는 사람은 하나도 없습니다. 그러나 기도하면 근심도 여러 가지 나름이겠지만 큰 근심거리들이 물러가게 됩니다. 예수님은 평안을 약속하셨는데(요 14:27), 세상이 주는 평안과는 차원이 다른 평안입니다. 옥중에서도 기뻐할 수 있는 평안이 약속되었습니다(빌 4:4). 성도에게 이 축복이 있어야 합니다.

3. 기도하였더니 응답의 축복을 받았습니다.

(10절) '하나님이 그가 구하는 것을 허락하셨더라'(And God granted his request)하였습니다. 중요한 것은 하나님께서 기도를 들으시고 응답해 주신다는 것입니다.

1) 하나님은 응답을 준비해 놓으시고 기도하게 하십니다.
 따라서 기도할 때에 구체적인 기도가 필요합니다.
① 응답받은 기도의 사람들의 현장들을 보시기 바랍니다.
(창 21:14~)하갈과 이스마엘의 방성대곡의 현장입니다.
(왕상 18:36~)엘리야의 기도에 불이 내렸습니다.
(왕상 18:42)3년6개월 만에 큰 비가 내렸습니다.
② 믿고 기도해야 합니다.
(골 4:2)항상 기도하되 감사함으로 기도해야 합니다.
(막 11:24)'기도한 것은 받은 줄로 믿어라 그리하면 그대로 되리라'하였습니다. 의심은 기도응답의 금물입니다.

2) 기도의 응답은 축복입니다.
 야베스는 기도 응답과 함께 축복을 받았습니다. 하나님께서는 그 구하는 것을 허락하셨다고 하였습니다.
① 자식이 왕이 되었는데 살롬왕입니다.
자식농사가 힘들다고 하는데 야베스는 자식이 왕까지 되었으니 축복 중에 축복이요 잘 된 것입니다. 은평교회 성도들의 기도가 응답받게 되기를 바랍니다.
② 응답은 축복입니다.
(시 112:1~2) '여호와를 경외하며 그의 계명을 크게 즐거워하는 자는 복이 있도다 그의 후손이 땅에서 강성함이여 정직한 자들의 후손에게 복이 있으리로다'하였습니다. 은평교회 성도들에게 기도의 문이 열리고 응답의 축복이 있기를 주님의 이름으로 축원합니다.

▶ **결론** : 우리의 신앙은 기도가 살아 있어야 합니다.

기도생활에 힘써야 합니다
(골 4:1~6)

　직장인은 회사 발전에, 사업가는 사업에, 학생은 공부에, 의사는 치료에, 연구가는 연구 분야에 힘쓰고 각 분야에서 성공을 위해 애를 쓰게 됩니다. 성도는 신앙생활에 힘쓸 때에 성공적인 길로 달려가게 됩니다. 예수님은 시험에 들지 않게 깨어 기도하라(마 26:41)하셨고, 고아의 아버지 죠지물러는 일만 번 이상을 응답받아서 고아들을 이끌어 주었다고 했습니다.

　미국이 9·11테러를 당한 이후에 더욱 정신 차리고 기도생활의 중요성을 깨닫게 되었고, 미국을 위해 기도하는 한국교회에 감사하다는 것입니다. 미국에 존 에프 케네디 전 대통령 이후에 학교에서 예배시간과 성경공부 시간이 없어졌고, 진화론이 강조된 학교와 교회는 약화되었던 것은 사실이었으나 다시 기도하며 성경으로 돌아간다는 소식이 있습니다.

　응답받는 기도가 있는가 하면, 응답이 없는 기도도 있습니다. 기도는 자신만 위해서 기도하는 것이 아니라 타인을 위한 중보기도 역시 중요합니다. 기도는 조용히 묵상하는 기도가 있고, 부르짖어 간구하는 기도들도 있습니다(창 30:6, 시5:2, 27:7, 렘 33:3, 눅 17:13). 기도는 극히 개인적인 기도도 있지만 대중위해 대표기도도 있습니다. 짧은 기도도 있지만 시간을 정하고 하는 기도도 있습니다(행 3:1, 단 6:10). 본문에서 바울은 골로새교회에게 기도를 강조하였는데 은혜를 나누게 됩니다.

1. 기도는 이렇게 해야 한다고 교훈 하였습니다.

　(2절) '기도를 항상 힘쓰고 기도에 감사함으로 깨어 있으라'(Devote

yourselves to prayer, being watchful and thankful)

1) 먼저 기도는 힘써야 합니다. '기도를 항상 힘쓰고'라고 하였습니다.
① 예수님도 기도에 대하여 말씀하실 때에 '항상 기도에 힘쓰라'고 하셨습니다(눅 18:1).
그래서 고난 중에 있을 때에는 기도하게 되고 즐거워 할 때에는 찬송으로 연결해야 하는 것이 성도들입니다(약 5:13~). 다윗 같은 성군도 환난 때에 기도하였습니다(시 20:1, 50:15). 하나님께서 귀를 창조하셨고 눈을 창조하셨으며 모두 듣고 계시고 보고 계십니다(시 94:9).
② 따라서 기도는 믿음입니다.
신앙의 모든 행위가 믿음으로 해야 하지만 더욱 기도는 믿음의 기도 이어야 합니다. 성경은 우리에게 모든 것을 믿음으로 해야 할 것을 강조해 주셨습니다. 믿음으로 기도하게 될 때에(약 5:15)병든 자가 일어나게 되며, (계 8:3~)천사가 금향로에 기도를 담아서 하나님 보좌에 드릴 때에 놀라운 일이 벌어지게 됩니다. 믿음이 일을 때만이 하나님을 기쁘시게 해드리는 요건입니다(히 11:6). 아벨의 예배가 상달한 이유입니다(히 11:4).

2) 감사함으로 기도해야 합니다.
믿음이 중요한 만큼 감사하는 자세 또한 중요한 영적 모습입니다.
① '감사함으로'(and thankful)라고 하였습니다.
감사기도는 능력이 있고 평화가 있습니다. '밀레의 만종'이라는 그림 속에서 몇 가지 특성적의미를 주고 있는데 노동의 신성, 부부의 사랑, 무엇보다도 기도하는 모습이 신앙의 신성이 강조되었기 때문에 저녁 석양에 행해지는 감사기도는 의미가 깊다는 것입니다. 감사기도 하는 가운데서 역사하는 능력이 나타나게 됩니다.

② 기도하며 감사하다 보면 좋은 일들이 조건적으로 나타나게 됩니다. 원망과 짜증대신에 감사기도 해야 할 이유가 여기에 있습니다. (행 16: 25)귀신을 추방하고 귀신들린 자를 고쳐주었더니 오히려 옥에 갇히게 되었는데 이때에 바울과 실라는 하나님께 찬송하게 되었더니 기적이 나타나게 되었고 옥사장이 구원받아 빌립보 교회가 세워지는 역사적 사건이 되었습니다. 어떤 목사님은 중병에 걸려서 입원 중에 원망대신에 감사의 조건을 찾았더니 30가지의 이상이 되었고 그것들을 감사 했더니 치료되었다고 간증하였습니다. 감사 기도하는 신앙이 중요합니다.

2. 기도제목이 분명해야 합니다. 중언부언기도가 아닙니다.

1) 기도제목이 분명해졌습니다.

 (3~4절)바울이 복음을 담대히 전하도록 위해서 기도해 달라고 하고 전도의 문이 열리게 되도록 기도해 달라는 말씀입니다. 이를 위해 옥에 갇혀 있는 바울이었습니다.
① 감옥에 있기 때문에 본래 사명인 전도와 선교가 약해지기 쉽습니다. 그래서 기도해 달라고 부탁하게 되었습니다. 중보기도는 큰 위력이 있습니다. 주일 낮 예배 전에 중보기도 팀들의 기도가 능력이 있음을 지금도 은평교회 예배시간에 느끼게 합니다. 권사님들이 만든 팀입니다.
② 전도의 문이 열리기 위해서 기도해야 합니다.
기도의 문이 열리게 되면, 전도의 문이 또한 열리게 되고, 전도의 문이 열리게 되면, 믿음의 문도(and how he had opened the door of faith to the Gentiles)열리게 됩니다(행 14:26~28). 따라서 교회에는 공식적으로 전도의 문이 열리기 위해서는 기도해야 합니다. 여기에는 개인의 믿음 또한 성숙해지게 됩니다.

2) 대신 기도해 주는 것을 중보기도라 합니다.

이 중보기도에는 또한 큰 역사들이 나타나게 됩니다.
① 성경에서 중보기도에 위력의 현장을 보시기 바랍니다.
(마 15:22)가나안 여인이 자기 딸을 위해 예수님께 청원하는 일이며, (막 2:1~)4명의 친구들이 중풍병자인 친구를 들것에 메고 와서 예수님께 보이는 모습이며, (행 12:12)베드로가 옥에 갇혀있을 때에 몇 명의 여인들이 밤새워 기도하는 모습이며, (창 19:29)롯을 위한 아브라함의 간곡한 기도들 등, 수많은 중보기도들이 있는바 여기에는 반드시 능력이 나타나게 되었습니다.
② 보증된 기도이기 때문에 중보기도의 능력이 나타나게 됩니다.
(요 17:1~)예수님의 제자들이 행하신 기도에서도 보여줍니다. 지금도 하늘 보좌에 앉아 계시면서 우리 위해서 중보기도 하고 계십니다(롬 8:34, 26). 한국과 미국에서 믿음의 의사들이 전혀 모르는 환자들을 대상으로 중보기도의 임상실험을 하였는데, 기도 받은 사람들이 기도 받지 못한 환자들보다 회복의 속도가 훨씬 빠르다는 것을 입증한바가 있습니다. 중보기도의 능력은 과학적으로도 입증되었습니다.

3. 지금은 주의 교회가 기도에 매진하는 일에 전력할 때입니다.

(막 9:29)기도 밖에 다른 길이 없기 때문입니다.

1) 그래서 바울도 간곡하게 기도 요청 하게 되었습니다.

에배소교회에도 중보기도를 요청을 하게 되었습니다.
① 기도요청은 그 어떤 것보다 능력입니다.
(엡 6:19~20) '나를 위하여 구할 것은 내게 말씀을 주사 나로 입을 벌려 복음의 비밀을 담대히 알게 하옵소서 할 것이니 이 일을 위하여 내가 쇠사슬에 매인 사신이 된 것은 나로 이 일에 당연히 할 말을 담대

히 하게 하려 하심이니라'하였습니다. (살전 5:25) '형제들아 우리를 위하여 기도하라'(Brothers, pray for us)했습니다.
② 모든 이를 위해서 기도해야 합니다.
교회에서 각 구역이나 기관은 물론이고, 국가와 민족, 대통령과 위정자들을 위해서, 산하 국가 기관과 군·경, 국회 입법부 사법부, 그리고 북한과 세계선교와 한국교회위해서 기도가 마르지 않게 해야 합니다. 기도의 강물이 언제나 풍성하게 해야 합니다.

2) 기도의 위력을 알았던 사람들은 언제나 기도했습니다. 기도의 위력을 알기 때문입니다.
① 기도로 6·25전쟁에서 대한민국이 살 수가 있었습니다.
부산까지 피난 갔던 정부와 이승만 대통령은 해운대 백사장에서 성도들과 함께 기도하게 되었고, UN은 창설이후 처음으로 만장일치로 대한민국을 위해 군을 파병한다고 가결하였고 인천 상륙작전과 함께 어려운 역건 속에서 대한민국 정부가 든든히 서가게 되었습니다. 오늘날 통일 문제도 역시 기도밖에 없습니다.
② 미국대통령들은 기도하는 대통령이었다고 전해 들었습니다.
낸시 깁스(Nancy Gibbs), 마이클 더피(Michael Duffy). 공저 '백악관과 빌리 그래함'(Billy Graham in the White House)책에서 백악관에서 기도하는 대통령들의 기도의 위력을 소개했습니다. 조지 워싱턴, 토머스 제퍼슨, 아브라함 링컨, 앤드루존슨, 지미카터, 조지 부시 등, 수많은 기도하는 대통령을 말하고 있습니다. 영국 빌리 선데이지는 "어떤 마귀도 기도하는 어머니를 둔 자녀는 빼앗을 수 없다"하였습니다. 우리 모두 기도로 승리케 되시기를 축원합니다.

▶ **결론** : 지금은 기도할 때입니다.

기도의 능력밖에 없습니다.

(막 9:25~29)

　세상 모든 일 중에는 성공적인 사례들이 있는데 잘되고 형통한 일들이 하루아침에 갑자기 이루어진 것이 아니라 많은 시행착오와 실패의 연단 끝에 성공이라는 말을 하게 되는 일들이 많습니다. 한 개인의 일부터 시작해서 한 기업이나 국가적 차원의 일들에 이르기까지 실패의 쓴잔 끝에 낙이 오게 됨을 역사에 의해서도 밝히 알 수 있습니다. 일반적인 일도 그러하지만 신앙적 면에서도 실패와 시험의 주기를 지나면서 더욱 굳건하게 되고 건설적인 신앙으로 성숙하게 됩니다.
　오늘 말씀은 예수님께서 기도의 교훈을 강조해 주신 것입니다. 변화산에 올라가 베드로, 요한, 야고보를 제외한 9명의 제자들이 귀신에 시달리는 아이 하나를 놓고서 귀신을 추방케 하려고 애를 써보았지만 실패하였고 드디어 예수님께서 오셨을 때 해결 받게 되었는데 예수님께서 제자들에게 강조하신 말씀이 믿음과 기도였습니다. 본문에서 우리의 영적인 신앙과 자녀교육 문제를 생각하게 합니다.

1. 인생사에는 언제나 문제가 많음을 교훈하여 주십니다.

　타락된 세상 자체가 문제가 많은 세상입니다. (창 1:2) '땅이 공허하며 흑암이 깊음 위에 있고'라고 하실 때가 천사 타락의 시점이라고 주석학자들은 지적하고 있습니다.

1) 말씀 속에 나타난 문제들을 보겠습니다.

　본문에서 문제를 보여 주는데 그것은 이세대의 문제이기도한 중요한 일입니다.

① 귀신들린 아이에 관한 문제입니다.

(21절) '언제부터 이렇게 되었느냐'(Jesus asked the boy's father, "How long has he been like this?" "From childhood," he answered)하실 때에 '어릴 때 부터니이다'고 말합니다. 천지난만하고 순수하게 축복 속에 자라나야 할 아이가 귀신에 속박되어 귀신놀이개로 전락된 모습이 너무나 가슴 아플 뿐인바 파괴된 그의 인격이 엿보이기도 합니다. 작금에 와서 우리 주변의 아이들을 생각 하게 하는 이유입니다. 그래서 예수님은 십자가를 지고 가시는 언덕에서도 '너희와 너희 자녀를 위하여 울라'고 하셨습니다(눅 23:28,29). 청소년 아이들이 음란 싸이트에 접속하고, 초등학교 아이들까지 흡연하는 시대에 주시는 깨달음입니다.

② 이런 때에 우리 아이들이 예배와 성경을 배우도록 예수님께 데려와야 합니다.

성경을 배우고 기도하며 예배에 익숙하기보다는 학교공부와 학원에서의 시간을 보내는 기계인간을 키워내는 듯한 처참한 현실을 즉시 변화시켜야 할 책임이 우리에게 있습니다. 유대인들은 말을 배우기 시작할 때부터 성경을 배웁니다. 고난 중에 살아온 민족이라도 노벨상을 30%나 차지한 민족이지만 우리나라에서는 정식으로 노벨상을 받은 일이 전무합니다. 하나님의 자녀로 키워야 할 사명이 교회에 있습니다.

2) 본문에서 나머지 9명의 제자들의 문제를 보겠습니다.

그동안 3년이나 예수님을 따라 다니면서 보고 배웠는데 귀신들린 아이 때문에 고심되었던 현장입니다.

① 3년간 예수님 하시는 것을 보고 배웠습니다.

기도하시는 모습들(마 4:4~: 막 1:35: 눅 22:39), 마귀를 물리치실 때에는 '사탄아 물러가라'고 외치기도 하셨습니다. 그런데 실제 문제 앞에서는 하나도 사용하지 못했습니다(막 9:17~19). 믿음이 없는 현실만 나타내 보여 주었습니다.
② 예수님께서 데려오라고 하십니다.
(19절) '그를 내게로 데려오라'(Bring the boy to me) 육체적 각종 질병은 수술하고 치료하면 됩니다. 그런데 귀신들린 것은 수술 칼이나 약으로 되는 것이 아닙니다. 영적 싸움이기 때문입니다. 술, 담배, 못된 도둑습관, 컴퓨터 중독 속에 범죄라든지 수 없이 많은데 이것은 물과 성령으로 거듭나고 예수님을 만나고 성령을 받게 되면 달라지게 됩니다. 우리 아이들은 예수님 안에서 키워야 할 이유가 여기에 있습니다.

2. 막막했던 이 아이에게도 길이 있었습니다.

이 아이의 아버지가 얼마나 막막하고 답답했겠습니까? 이이들 때문에 고심하는 가정들이 꽤 많이 있음을 보게 됩니다.

1) 바르게 키우는 길은 오직 예수님뿐이십니다.

많은 의사에게도 보였을 것이고 꾸짖고 야단도 쳐 보았겠지만 소용이 없었습니다. 속수무책입니다.
① 정통적으로 예수님 만나는 길밖에 없습니다.
(19절) '그를 내게로 데려오라' (20절) '이에 데리고 오니 귀신이 예수를 보고 곧 그 아이로 심히 경련을 일으키게 하는지라 저가 땅에 엎드러져 굴르며 거품을 흘리더라' 했습니다. 예수님은 아무 말씀도 하지 아니하셨는데 귀신이 예수님을 알아보고 발작을 하고 나가게 된 것입니다. 이 때에 예수님이 말씀하셨습니다. '벙어리 되고 귀먹은 귀신아 내가 네게 명하노니 그 아이에게서 나오고 다시 들어가지 말라' 하실 때에 아이가 치료되었고 다시 귀신이 그 아이에게 접근치 아니한 줄 믿습니다. 재발

되지 않는 것이 치료의 중요성입니다.
② 때때로 소리 내어서 마귀에게 명령을 해야 합니다.
'마귀야 예수이름으로 명하노니 물러가라'하고 담대하게 외쳐야 합니다. 예수그리스도의 이름에 능력이 있기 때문에 문제가 해결됩니다.

2) 마귀의 세력에서 세상을 구원할 길은 오직 예수이름 뿐입니다.

심심치 않게 메스컴 통해 들어오는 청소년 범죄에 관한 부정적인 일들이 많은데 이들을 구원할 길은 예수 이름 밖에 없습니다.
① 아이들의 생명을 사탄의 세력에서 구원할 것은 오직 예수이름 밖에 없습니다. 세상에서 좋다는 방법을 모두 사용해도 근본적이고 본질적인 치유가 될 수가 없습니다. 영적인 일과 육적인 일은 분간할 수 있어야 하기 때문입니다(고전 2:13~14).
② 하나님께서 주신 귀한 자녀들을 하나님 만남으로 키우십시오. 그리스도인 자녀들은 그리스도인답게 키워야 하는데 세속적인 방법으로 키우려는데 문제가 생깁니다. 목회서신서인 디모데후서 3장15~17절에서 그 해답을 분명히 밝혀주고 있습니다.

3. 예수님이 가르치시는 교훈을 배워야 합니다.

성경에서 가르치시는 것은 교훈이 아닌 것이 하나도 없습니다.

1) 불신가운데 있지 말고 믿어야 합니다.

무엇을 하든지 영적인 일은 반신반의 가운데 있다면 어떤 일이든지 이룰 수가 없습니다.
① 확실하게 믿어야 합니다.
(22절)제자들에게 맡겼지만 고치지 못했다고 하면서 예수님께 부탁하시면서 '무엇을 하실 수 있거든 우리를 불쌍히 여기사 도와 주옵소서'(23

절) '할 수 있거든이 무슨 말이냐 믿는 자에게는 능치 못할 일이 없느니라'("If you can'?" said Jesus. "Everything is possible for him who believes.")하였습니다. 구원도, 능력도, 기적도, 모든 확신이 믿음에서 역사가 이루어집니다.
② 예수 믿는 믿음이 유일한 길입니다.
교회 다니는 것으로 끝이 나면 소용이 없습니다. 교회 나왔으면 예수님을 확실하게 믿어야 합니다. 이 믿음이 또한 세상을 이기는 능력입니다(요일 5:4-).

2) 이 아버지의 고백을 보시기 바랍니다.
　결국 이 아버지는 믿음을 고백하고 회복되었습니다.
① 믿음 고백입니다.
'내가 믿나이다 나의 믿음 없는 것을 도와 주소서'했습니다. 어떻게 우리 아이들을 수렁에서 건질 수 있을까 하는 유일한 방도가 여기에서 제시 되었습니다. 아이 문제는 누구도 책임질 수가 없는 일입니다. 그만큼 어려운 일입니다. 그래서 예수님께 데려와서 믿게 해야 합니다. 여기에 길이 있습니다.
② 내 아이들 속에 예수님이 계신지 확인해야 합니다.
학교성적은 예민하게 확인하면서 내 아이가 어떤 가운데 있는지 예배생활을 잘 하고 있는지 영적생활 확인은 인색한 시대입니다. 예수님이 그 아이의 손을 잡아 일으키셨습니다(27절). 피곤하지만 기도하십시오. 일반적인 기도도 중요하지만 아이들의 미래를 위해서 기도해야 합니다. 해결책은 예수님 믿고 기도밖에 없음을 아시고 기도 속에 승리 하시기를 주의 이름으로 축원합니다.

▶ **결론** : 기도는 능력이 있습니다.

축복

축복의 현장에 서라

(요 2:1~11)

　이 세상에는 하나님이 창조하신 모든 것들은 질서대로 돌아가도록 창조해 놓으셨습니다. 그래서 모든 일들은 하나님의 창조의 질서대로 작용되고 가동되어집니다. 세상에는 기적이라는 이름으로 나타나는 특별한 일들이 일어날 때가 있습니다. 이런 기적들은 성경에는 우리에게 계시되었는데 성경에는 기적의 사건들이 많이 기록되었습니다. 예컨대 태양이 잠시 멈추어진 사건("O sun, stand still over Gibeon, O moon, over the Valley of Aijalon."-수 10:12~13)과 반대로 태양이 뒤로 후퇴하는 사건(왕하 20:9~11)들입니다.
　신구약 성경에서 기적들이 많이 등장하게 되는데 인간들이 할 수 없는 일을 하나님이 하시는 일을 기적이라고 말하게 됩니다. 바로 왕에게 10가지 재앙을 내리는 사건이나, 홍해가 갈라지는 사건을 비롯해서 예수님이 세상에 계실 때에 수많은 기적들을 나타나게 되었습니다. 그 기적 중에 제일 중요한 기적은 죄인 된 내가 예수를 믿고 회개하여 하나님의 자녀로 변화 받은 사건입니다. 이 사건을 사도바울은 "내가 나 된 것은 하나님의 은혜로 된 것이니"라고 고백했음을 보게 됩니다(고전 15:10). 오늘 본문에서 읽은 가나혼인잔치에서 맹물이 변하여 제일 좋은 포도주로 바뀐 사건인데 여기에서 은혜의 시간이 되시기를 바랍니다.

1. 인생은 잔치 집 이야기와 비교가 됩니다.

　잔치 집에서는 수많은 사람들을 만나는 곳이기 때문에 포도주가 있어야 하는 곳이 잔치집입니다. 잔치 집은 언제나 사람이 많아서 왈짜거리고 떠드는 곳이며 포도주가 떨어지면 곤란한 곳입니다.

1) 가나혼인잔치에는 포도주가 모자라게 되었습니다.

한참 흥이 나는 시기에 그만 포도주가 없어서 잔치가 끝날 수밖에 없는 위기에 있었습니다.

① 인생사에 한참 진행과정에서 파장으로 가는 꼴이 된 것입니다.

세월이 가면서 경륜이 더욱 깊어지고 좋아질지언정 파장으로 끝내는 일은 곤란한 일입니다. 포도주는 사람에게 기분을 좋게 만드는 것입니다(시 104:15) 하나님은 축복을 받고 살도록 인도해 주십니다. 그래서 축복은 받아야 합니다(잠 3:9~10, 전 9:7, 10:19, 아 7:9). 그런데 이 집에는 포도주가 모자랐습니다(When the wine was gone). 도시지역이 아닌 시골지역이었는데 나사렛에서 무슨 선한 것이 나타날 수 있느냐(요 1:46) 할 정도로 시골지역이니 더 큰 문제가 되는 것입니다.

② 문제를 가지고 예수님께 나왔습니다.

천만다행인 것은 그 곳에 예수님이 계셨다는 것입니다. 인생사에 제일 중요한 초특급으로 중요한 사실은 예수님이 곁에 계셔야 한다는 사실입니다. 예수님은 말씀해 주십니다. "수고하고 무거운 짐 진 자들아 다 내게로 오라 내가 너희를 쉬게 하리라"(마 11:28)하였습니다. 사람들은 누구의 문제를 책임지지 못합니다(마 23:4). 그러나 하나님을 의지하고 믿게 되면 해결되게 됩니다(시37:4~5). 그러므로 모든 인생문제를 주께 맡기고 가지고 오는 것이 중요한 일입니다.

2) 예수님의 말씀이 하달되었습니다.

마리아가 종들에게 한 이야기는 저분이 "무슨 말씀을 하시든지 너희는 그대로 하라"였습니다. 그래서 하인들은 기다리고 있었습니다.

① 우리는 주의 말씀에 귀를 기울여야 합니다.

주의 말씀에 뭐라고 하시든지 그것이 중요하기 때문입니다. (삼상 3:9) 사무엘도 하나님께 이렇게 대답했습니다. "여호와여 말씀하옵소서 주의 종이 듣겠나이다"(Then Samuel said Speak, for your servant is listening). 이때에 하나님께서 사무엘에게 장차 이스라엘에 관해서 말씀하시였고 처방을 주셨습니다.

② 문제가 있을 때에 그 문제를 가지고 주님께 오면 주님께서 해결해 주시게 됩니다.

모든 인생문제의 해법은 하나님께 있습니다. 그래서 주의 말씀을 듣는 것이 중요합니다. "귀 있는 자는 성령이 교회들에게 하시는 말씀을 들을지어다"(마 13:9: 계 2:7)하였습니다. 이 집의 하인들과 같이 우리의 귀가 언제나 하나님께 향하기를 바랍니다.

2. 너희에게 무슨 말씀을 하시든지 그대로 하라였습니다.

예수님이 무슨 말씀하시든지 내 성격, 감정, 어떤 상황이나 정서를 초월해서 행하는 말씀이 중요합니다.

1) 비어있는 항아리에 물을 채우는 일이였습니다.

두 세통 드는 돌 항아리가 여섯이 있는데 모두 비어있었습니다. 이 항아리는 우리 자신들의 모습입니다.

① 성경에서 우리 자신들을 그릇으로 비유했습니다.

내 인생이 다름 아닌 하나님 앞에서 그릇들입니다. (행 9:15)사울이 바울 되어서 그릇이 되었음을 봅니다. (딤후 2:20)큰 접시에는 금 은 그릇 등 많은 그릇도 있는데 우리 성도들이 하나님 교회에서 그릇들입니다. (롬 9:24)이 그릇이 우리라고 하였습니다.

② 문제는 그릇된 우리의 마음이 비어 있다는 것입니다.

우리 마음에는 진리의 말씀 즉 물로 채워 놓아야 한다는 사실입니다(마

12:43~). 더러운 귀신은 물이 없는 곳에 찾아 다니게 되는데 이 물은 곧 말씀입니다(엡5:26). 이 그릇 속에 보배로 가져 있어야 합니다(고후 4:7). 말씀에 보배가 비어 있다면 목마른 인생이 되어서 파장으로 끝나게 되게 때문에 문제가 됩니다.

2) 이 말씀에 능력이 있습니다.
　그래서 무슨 말씀을 하시든지 그대로 해야 합니다.
① 말씀의 능력을 보시기 바랍니다.
(창 1:1)천지를 창조하신 말씀입니다.
(겔 37:1~4)죽은 백골들이 군대가 되었습니다.
(요 5:25)듣는 자는 살아납니다.
(렘 23:29)불과 같은 말씀이요 방망이 같은 말씀입니다.
(시 119:105)주의 말씀은 내 발에 등이요 내 길에 빛이니이다 했습니다.
(마 4:4)주의 말씀으로 사는 것이 하나님의 자녀입니다.
② 따라서 말씀대로 하였더니 역사가 나타나게 되었습니다.
새롭게 되는 능력의 말씀입니다. 말씀이 내 속에 충만하게 될 때에 그 말씀이 내 일생 여정 속에서 역사가 나타나게 됩니다. 은평교회 성도들에게 이 말씀의 역사가 언제나 크게 역사로 나타나게 되시기를 바랍니다.

3. 맹물이 변하여 즉석으로 제일 좋은 포도주로 바뀌게 되었습니다.
　포도주를 만들기 위해서는 포도나무를 땅에 심어 그 열매로 포도주를 만드는 것인데 예수님은 왜 오늘 이 과정을 생략하시고 직접적으로 물로 포도주가 되게 하시는 기적을 보여주셨습니까.

1) 말씀으로 창조하신 주님을 나타내 보여주셨습니다.

① 예수님은 창조주 하나님의 본체가 되십니다.
예수님이 없이는 창조된 것이 없습니다. 예수님은 하나님이심을 성경은 분명히 해주셨습니다(요 1:1~2: 빌 2:5~11). 예수님이 곧 말씀으로 육신을 입으셨습니다(요 1:14). 이런 기적이 나타내게 된 이유입니다.
② 따라서 맹물이 변하여 포도주가 된 것은 주님이 하시는 일이였습니다.
맹물과 같은 내가 바뀌어 가는 인생은 제일 값지고 아름답게 변하게 하시는 분도 주님이십니다. 파장 속에 끝날 것 같은 인생들도 예수님을 만나게 되면 인생이 변화되고 달라지게 되는 이유입니다. 이 아름다운 역사들이 은평교회에서 많이 나타나야 하겠습니다.

2) 제일 좋은 포도주의 출처는 체험자밖에 모릅니다.

이 좋은 포도주의 출처에 대해서 아무도 아는 이가 없었지만 물 떠온 하인들만이 그 비빌을 알았습니다.
① 예수님이 기적의 중심에 계셨습니다.
주님이 기적의 주인이시기에 주님 말씀에 하라는 대로만 하게 되면 됩니다. 여기에는 무조건 순종밖에 없습니다. (9절) "물 떠온 하인들은 알더라"(who had drawn the water knew)하였습니다. 말세 때에도 받는 자 밖에는 알 수가 없다고 하였습니다(계 2:17).
② 기적의 체험자들이 되시기 바랍니다.
우리는 매일 매일 순간순간마다 하나님의 기적이 필요한 사람들입니다. 그리고 그곳에 하나님의 영광이 나타나게 되었듯이 하나님의 영광이 가득한 우리의 삶이되시기를 주의 이름으로 축원합니다.

▶ 결론 : 기적의 현장에 살기 바랍니다.

아멘 하는 축복 신앙
(고후 1:15~20)

이 세상을 살아가는 사람들에게는 각각 그 성향이 다르게 살아가는 것이 현실입니다. 크게 두 가지로 분류해 보면 하나는 긍정적인 사람이요 또 하나는 부정적인 사고의 성향의 사람이라고 할 수 있겠습니다. 말이 씨(Seed)가 되기 때문에 긍정적인 사고자가 중요합니다.

'긍정적 사고'의 저술가로 알려진 미국의 유명한 신학자 빈센트(Norman Vincent Peale 1898~1993)박사는 만인의 성직자로 알려져 있으며 세계적인 연설가로 목회자로써 60년간을 목회하면서 많은 저술을 남겼습니다. 그의 저술 가운데 '믿는 만큼 이루어진다'(Yon Can if Yon Think Yon Can)라는 책은 유명합니다. 그는 이 책에서 '할 수 있다고 생각하면 할 수 있다'고 하였습니다. 예수님은 마태복음 17장에서 어린아이 속에 있는 귀신을 내 쫓으신 이후에 제자들이 질문하게 될 때에 "너희 믿음이 적은 연고니라 하시면서 믿는 자에게는 너희가 못할 것이 없으리라"(Nothing will be impossible for you)하셨습니다.

신앙생활 가운데 중요한 용어들이 많이 있습니다. 그 중에 중요한 용어가 '아멘'(Amen)이라는 용어입니다. 속에 있는 신앙이 '아멘'이라는 말 한마디에 모두가 함축 되어 나오는 신앙입니다. 입으로 시인하여 구원에 이르게 되는데(롬 1:10), '아멘'이라는 말은 진실, 확인, 신뢰, 긍정, 희망 등의 의미를 나타내주는 용어인바 여기에 은혜를 나누게 됩니다.

1. 아멘은 마음에 감동이 올 때에 나타나는 신앙고백입니다.

아멘은 일종의 신앙고백에 속하게 되는데 마음에서 부정하면 나올 수가 없는 용어입니다.

1) 아멘이라는 것은 마음에서 나와야 합니다.
　왜 마음에서 나오는지 살펴보겠습니다.
① 아멘은 신앙고백이기 때문입니다.
하나의 장식품이나 악세사리가 아니고 누가 시켜서 아멘 하는 수동적인 것이 아닙니다. 무슨 말씀을 읽거나 듣게 될 때에 성령께서 내 마음에 감동하시므로 동의어(同意語)로써 같은 뜻으로써 아멘 하게 됩니다. 성경을 기록한 때에도 아멘이 중요했기에 기록한 끝에 아멘이 기록되었습니다(롬 6:27, 갈 6:18, 유 1:25, 계 22:20~21). "주 예수의 은혜가 모든 자들에게 있을지어다 아멘".(The grace of the Lord Jesus be with God's people. Amen. 계 22:21)하였습니다.
② 확신에 차서 고백하는 아멘이어야 합니다.
입에서는 아멘 하는데 속으로는 의심한다든지 반신반의(半信半疑)식으로 하게 되면 곤란합니다. 사도바울은 오늘 읽은 본문 말씀에서 고린도 교회에게 언제나 말씀하신 그대로 실천하라고 분명히 추구하였는데 이 세대에 우리의 신앙이 되어야 하며 확인해야 합니다(고후 13:5). 그리고 의심치 말아야 합니다. (마 14:31) "믿음이 작은 자여 왜 의심하였느냐"(You of little faith," he said, "why did you doubt?")하셨습니다.

2) 아멘은 성령의 감동하심 따라서 하는 순종입니다.
　성령께서 역사하실 때에 아멘이 나오게 됩니다.
① 아멘은 순종이 따라야 합니다.
이것이 신앙이기 때문입니다. 순종이 중요합니다. 오늘 읽은(고후 1:18~19) 말씀은 우리의 신앙에 있어 매우 중요합니다. "하나님은 미쁘시니라 우리가 너희에게 한 말은 예 하고 아니라 함이 없노라 우리 곧

나와 실루아노와 디모데로 말미암아 너희 가운데 전파된 하나님의 아들 예수 그리스도는 예 하고 아니라 함이 되지 아니하셨으니 그에게는 예만 되었느니라 하나님의 약속은 얼마든지 그리스도 안에서 예가 되니 그런즉 그로 말미암아 우리가 아멘 하여 하나님께 영광을 돌리게 되느니라"하였습니다. 예수님은 두 아들의 포도원 일에 대하여 비유로써 순종적 신앙을 말씀해 주셨습니다(마 21:28~31).

② 아멘 하는 신앙은 주님의 뜻과 내 생각이 같다는 동질적(同質的)마음을 표현하는 것입니다.

사람과 사람의 사이에도 대화중에 서로 통하게 되면 그 이야기의 대화가 옳다고 하듯이 아멘 하는 신앙은 하나님의 뜻에 동의하며 입으로 시인하는 것입니다. 은평교회 성도들은 모두가 아멘 신앙으로 승리하시기 바랍니다.

2. 아멘은 약속(Promise)한다는 뜻이 분명합니다.

아멘 할 때에 거기에는 약속의 의미가 강하게 내포되어 있습니다.

1) 약속은 지키려 하는 것이 중요합니다.

공수표로 날아가면 곤란합니다.

① 신앙생활에는 신용(Credit)이 중요한 관건입니다.

지금은 사회적으로 신용사회라고 합니다. 신용이 없으면 세상에서도 일을 할 수가 없듯이 신앙적으로도 신용이 중요한 때입니다. 아멘은 하는데 영적으로 신용불량자가 되면 곤란합니다.

② 약속을 지킬 때에 축복도 약속되었습니다.

신용을 지키기 때문에 축복도 오게 됩니다. 성경에는 서약을 지킬 것에 대한 말씀들이 많이 있습니다(시 50:14, 22:25: 전 5:4~5). 하나님의 사자(말 2:7)인 제사장 앞에서 서약 한 것도 지켜야 할 약속입니다.

2) 아멘은 약속이요 서약입니다.

내가 그렇게 또는 이렇게 하겠습니다. 동질적인 의사표시입니다. 이것을 지키게 될 때에 복이 임합니다.

① 하나님과의 약속도 잘 지켜야 합니다.

훌륭한 자녀일수록 부모와 약속을 지킵니다. 이것이 축복되고 복을 받는 훌륭한 자녀의 길이기 때문입니다. 부모가 말하기를 네가 말한 것은 콩으로 메주를 쑨다고 해도 믿을 수가 없다고 가 아니라, 네가 말한 것은 팥으로 메주를 쑨다고 해도 믿겠다는 신용이 중요합니다. 이것이 아멘 신앙입니다.

② 성도는 성도와의 사이에도 또 사람들 사이에도 신용이 있어야 합니다.

더욱이 예수 믿는 사람이라는 이름을 가지고 말에 대한 신용이 불실하다면 곤란한 일입니다. 진리의 말씀을 믿는데 대한 아멘도 중요하지만 생활상의 현장에서도 아멘 하는 신앙이 되어야 합니다.

3. 실천하는 아멘에는 큰 축복이 약속되어 있습니다.

실천하는 아멘신앙입니다.

1) 성경에서 아멘이 실천하는 축복의 현장을 보겠습니다.

① 한나에게서 봅니다.

(삼상 1:10)한나는 아이가 없을 때에 기도하였고 기도응답의 조건으로 아이를 하나님께 나실 인으로 바치는 일이었는데 아이를 어릴 때부터 하나님께 드린 모습을 보게 됩니다. 한나의 아멘 신앙입니다(삼상 2:26). 그리고 한나에게는 세 아들과 두 딸을 더 주셨습니다.

② 사무엘은 성장에서 하나님의 큰 선지자로 사용되었습니다.

선지자로써 온 백성을 이끌게 되었고 사울 왕과 다윗 왕을 배출하는 선지자로서 큰 업적을 남기게 되었습니다. 아멘 하는 신앙은 축복이 약속되었기 때문에 순종하며 지켜 나가게 될 때에 축복이 따라오게 됩니다. 또한 아멘 하는 신앙은 평강의 축복이 약속되었습니다. (롬 15:33) "평강의 하나님께서 너희 모든 사람과 함께 계실지어다 아멘"(The God of peace be with you all. Amen.)하였습니다.

2) 말세 때에 우리의 신앙이 성장하고 성숙해야 합니다.
　성숙한 신앙은 오래 교회에 나온 연조가 아니라 아멘 하여 순종하고 실천하는 신앙이 성숙한 신앙입니다.
① 은평교회는 아멘이 실천하는 교회가 되어야 합니다.
오랜 연조도 중요하지만 실천하는 신앙이 관건입니다. 35주년이 되는 은평교회가 성숙된 교회이기 바랍니다. 자녀들이 나이가 먹었는데 철이 없다면 부모들의 근심이 되듯이 성도들 역시 하나님께서 보실 때에 비교가 됩니다.
② 예수그리스도를 통한 분명한 아멘 신앙으로 승리해야 합니다.
그 신앙의 표본(標本)이 예수그리스도이십니다(마 26:39). 이제 우리는 어린 신앙이 아니라 예수님과 같이 하나님 앞에서 올바른 아멘 신앙으로 승리하는 은평교회 성도들 모두가 되시기를 주님의 이름으로 축원합니다.

▶ **결론** : 아멘 합시다. 할렐루아! 아멘

축복받은 이삭의 신앙과 축복
(창 26:24~33)

하나님께서 창조하실 때에 축복 가운데 살도록 지으셨고, 그 축복받은 사람들이 신약, 구약 성경에는 대표적으로 기록 되었는데 많은 사람들을 통하여 그 배경을 보게 됩니다. 은평교회 모든 성도들이 이 축복의 중심에 있기를 원합니다. 이 축복은 본인은 물론이고 후손에 까지 물려주기를 바랍니다. 그러기 위해서는 생활이 중요합니다. 미국의 부호들 중에 록펠러, 워너 메이거, 카네기 등 축복받은 사람들을 이야기해 왔습니다. 성경에서 축복의 사람을 말한다면 단연코 아브라함의 아들인 이삭에 관해서 이야기 하게 됩니다. 블레셋지역에서 생활하게 될 때에 있었던 사건이 본문에서 보여 주었는데 분명히 축복의 사람이라는 사실을 보여주었습니다. 그리고 그 축복의 이야기들이 이방 땅에서도 분명하게 증명되었습니다(17~25). 믿음과 순종과 예배 헌신의 사람 이삭을 통해서 축복과 은혜의 시간에 신앙적 인격을 분명하게 배우게 됩니다.

1. 아브라함의 아들 축복의 사람 이삭은 온유의 사람이었습니다.

사람들마다 이력이 세상에서 화려하든 화려하지 않든 지간에 그 사람에 대한 이력서가 있습니다. 때때로 이력서는 그 사람 인생의 전부요, 생활기록부가 됩니다. 그런데 이삭의 이력서는 성경에서 잘 보여주고 있습니다.

1) 양털 같은 사람이 되었습니다.

온유라는 용어의 뜻은 양털이라는 뜻입니다. '온유'는 프라우데스

(πραΰτης)로써 '양털같이 부드럽다'라는 뜻입니다. 이것은 이삭의 이력서에서 첫 번째입니다.

① 이삭이 지나간 뒷모습을 보면 언제나 양털같이 부드러운 모습을 봅니다.

(창 22:9-)모리아 산에서 힘없이 묶이고 재물 되던 때에도 그 모습을 분명하게 보여주는 광경이기도 합니다. 아브라함이 그곳에 단을 쌓고 그 아들을 결박하여 단위에 놓고 '손을 내밀어 칼을 잡고 그 아들을 잡으려 하더니'(Then he reached out his hand and took the knife to slay his son)하였습니다. 17세 힘 있는 소년이 117세노인 된 아버지 아브라함에게 순순히 순종하였습니다. 이는 분명히 양 같은 온유한 '프라우데스'의 모습니다.

② 양털 같은 온유의 모습은 예수님 안에서 분명하게 배우게 됩니다.
이사야 선지자는 예수님을 예언했는데(사 53:7), '도수장으로 끌여가는 어린양과 털 깎는자 앞에 잠잠한 양같이 그 입을 열지 아니하였도다'했습니다. 마태는 이와 같은 예수님을 기록하였고(마27장), 사도바울도 이와 같은 예수님의 마음을 품으라 전하였습니다(빌 2:5-). 하나님이 그를 지극히 높이셨습니다.

2) 지금 세상은 한치의 양보나 배려가 없는 전쟁터와 같은 세상이 되었습니다.

생존 경쟁의 치열한 전쟁만 있는 곳이 되었습니다.

① 이삭과 같은 온유(πραΰτης)를 본받아야 합니다.
이삭이 생각이 없거나 지능이 부족해서가 아니라 하나님께 대한 확실한 믿음이 있었기 때문입니다. 하나님을 믿었고, 하나님께 대한 분명한 확신이 있었기 때문입니다. 예수님은 산상보훈을 통해 (마 5:5) '온유한 자가 복이 있다'(Blessed are the meek, for they will inherit the

earth)고 하셨습니다. 온유한 사람에게 축복이 약속 되었습니다. 반대로 교회 안에서 후메내오나 알렉산더 같은 사람은 곤란합니다(딤전 1:19~).

② 온유한 사람이 약해 보이지만 오히려 강한 사람입니다.

대개 물과 강철을 비교하면 누구나 강철이 강하다고 하겠습니다. 사자성어 가운데 '외유내강'이라는 말이 여기에서 통하게 됩니다. 우리의 신앙은 이삭에 온유한 모습을 배워야 하겠습니다. 성경적 교훈을 보시기 바랍니다(잠 16:32, 14:29, 25:28). 온유한 마음은 자기를 다스리고 제어할 때 가능한 일입니다.

2. 아브라함의 아들 축복의 사람 이삭은 관용의 사람이 되었습니다.

그리스도인들은 이 세대에서 관용을 베풀 수 있어야 합니다. 지금 세상은 마치 고무풍선에 바람이 가득해서 언제 터질지 모르는 위기 같은 세상입니다.

1) 그리스도인들은 관용해야 합니다.

이삭은 관용의 사람이었습니다. 구약에도 신약에도 깊이 교훈해 주시는 말씀입니다.

① 그리스도인들은 마음이 관용해야 합니다.

작은 일에도 마음이 상하고 성질을 내는 것은 곤란합니다. 성경은 우리에게 관용과 넓은 마음을 강조 하였습니다(고후 10:1, 빌 4:5, 딤전 3:3, 약 3:17). 관용한 것은 그리스도의 마음이기 때문에 중요한 일입니다.

② 이삭은 관용하고 화평한 사람이었습니다.

현대에 와서도 물은 없어서는 안 될 매우 중요한 것인데, 당시의 우물은 생명과 같은 것이었습니다. 우물은 대대로 살아가는 터전과 같은 곳입니다. 이삭은 양보하며 물러나게 되었습니다. 또 에섹, 싯나, 르호봇 등을 모두 양보하였지만, 하나님께서는 이삭에게 축복해 주셨습니다(창 26:24).

2) 하나님께서 성공하게 하실 때에 성공한 이삭이 되었습니다.
  그렇게 반대하고 우물을 빼앗았던 사람들이 오히려 찾아왔습니다.
① 끝내는 그들이 다가와서 화해를 청하게 되었습니다.
이때에 웬만한 사람 같았으면 쳐다보지도 않았을 텐데 이삭은 그들을 모두 끌어안고 화해를 받았습니다. 오히려 그들을 위하여 잔치까지 베풀었습니다. (창 26:30) '이삭이 그들을 위하여 잔치를 베풀매 그들이 먹고 마시고'하였습니다. 관용이 모든 것을 풀어지게 하였습니다.
② 그들에게 축복을 빌어 주었습니다.
(31절) '아침에 일찌기 일어나 서로 맹세한 후에 이삭이 그들을 보내매 그들이 평안히 갔더라'하였습니다. 미움이 사랑으로, 원수가 친근한 이웃과 같이 바뀌게 되었습니다. 이것이 축복의 사람 이삭의 신앙인격이었습니다. 우리 모두가 이와 같은 신앙인격을 배워야 하겠습니다.

3. 아브라함의 아들 축복의 사람 이삭처럼 복을 받는 성도가 되어야 합니다.
  이삭의 온유, 겸손, 관대함을 배우며 복의 사람이 되어야 하겠습니다.

1) 성경에서 온유하고 관대한 사람들을 배우게 됩니다.
  하나님의 큰 일꾼들이 이런 인격을 소유했습니다.
① 성경에는 모세를 온유한 사람이라고 하였습니다.
(민 12:3) '이 사람 모세는 온유함이 지면의 모든 사람보다 승하더

라'(Now Moses was a very humble man, more humble than anyone else on the face of the earth).하였습니다. 예수님은 말씀하셨습니다. (마 11:29) '나는 마음이 온유하고 겸손하니 나의 멍에를 메고 내게 배우라'하였습니다.
② 사도바울 역시 온유하고 겸손한 면이 여러 곳에서 보였습니다.
로마서부터 빌레몬서까지 13서신에서 아들과 같은 위치에 있는 디모데, 실로아노, 디도, 등 자기와 동등하게 소개한 곳이 많이 보입니다. 같은 동력자로 소개하며 기록되었는데 여컨대 고린도후서 1장1절에서 잘 나타내 보였습니다. 이삭과 같은 온유하고 관용한 모습을 배워야 합니다.

2) 은평교회 모든 성도들이 이 세대에서 이삭과 같이 부드럽고 온유한 마음이 있게 되기를 바랍니다.
① 그래서 이삭은 축복받은 인물입니다.
'톨루스'라는 사람은 말했습니다. '온유는 세계정복의 힘이다 부드럽고 순함은 몸을 보존하는 장비요 억세고 날카로운 것은 화를 부르는 원인이 되는 것이다'하였습니다. 우리 모두다 이삭의 축복을 받아야 하겠습니다.
② 은평교회 모든 성도들이 이렇게 이삭과 같은 축복이 임하기를 바라고 기도합니다.
히브리서에서 이삭에 대해서 다시 언급하였고(히 11:9, 20), 축복을 강조하였습니다. 믿음의 사람 이삭의 축복이 은평교회 모든 성도들에게 실재적으로 임하게 되시기를 주의이름으로 축원합니다.

▶ **결론** : 아브라함의 축복을 이삭이 대를 잇게 되었습니다.

가장 깊은 늪에서 가장 높은 축복의 자리로
(욥 42:10~17)

　배를 타본 사람들은 아시겠지만 파도가 없을 때에는 미끄러지듯 잘 가다가도 풍랑을 만나게 되면 배가 춤추듯이 위로 아래로 움직이는데 이때에 배안에 타고 있는 승객들은 죽을 고생을 합니다. 이때에 선장 뿐 아니고 모든 승객들은 배가 빨리 목적지의 항구로 가는 것이 가장 큰 소원이 됩니다(시 107:23~30). 인생은 마치 비유컨대 항해하는 배와 같습니다.
　본문에서 욥이 겪어 온 욥기서 전체에서의 풍랑의 현장과 욥이 제일 힘들었던 장면을 보여 주었습니다. 하나님을 잘 믿었고, 동방의 큰 자요, 재산가 이며 자녀가 10명이 되고 많은 종들도 거느리고 다복한 가정으로 가는 생활 중에 뜻하지 않는 풍랑을 만나게 되었습니다. 하루아침에 자식들은 죽었고 모두 재산은 빼앗겼으며 몸마저 병이 들었는데 현대의학으로 '상피병'(elephantiasis)이라고 하는데 한센병의 일종이라고 합니다. 온 몸에 꽈리처럼 부풀어 올랐다가 터지고 나면 가려워서 심지어 기와 조각으로 긁기까지 해서 피가 나지만 시원치 않은 무서운 병입니다(2:8). 그 아내마저 '그래도 순전을 지키느뇨 하나님을 욕하고 죽으라'(2:9) 까지 합니다. 2013년 9월12일자 조선일보에서 말기환자 아버지를 고통에서 해방시키려고 온가족이 의논 끝에 살해한 사건이 보도 되었습니다. 부모도, 친구도, 형제도, 서로가 의지하고 살아가는 것이 사람입니다. 욥의 아내는 그렇지 못했습니다. 그러나 분명한 것은 하나님께서 욥에게 다시 모든 것을 회복 시켜 주었다는 사실입니다.

1. 욥의 신앙은 상황에 따라서 변하는 신앙이 아니었습니다.

마태복음 13장 20~21절에서 돌밭에 뿌리운 씨앗은 나기는 나지만 뿌리가 얕아서 금방 타죽게 되었는데 이런 신앙은 곤란합니다. '말씀을 인하여 환난이나 시험이 오는 때에는 곧 넘어지는 자요'했습니다.

1) 욥은 상황 따라서 원망하는 신앙이 아니었습니다.
좌절하지도 아니했습니다.
① 우리의 신앙은 언제나 견고해야 합니다.
1장 22절에서 '이 모든 일에 욥이 범죄 하지 아니하고 하나님을 향하여 어리석게 원망하지 아니하니라'하였고 2장 10절에서도 말씀해 주셨습니다. 옛날 이스라엘 백성들은 광야에서 원망하다가 멸망했습니다(고전 10:1, 민 14:1). '저희 중에 어떤 이들은 원망 중에'(as some of them did)했습니다. 그 사람의 신앙은 고통 중에서 평가되어야 합니다.
② 원망보다는 고통의 원인을 분석하고 알아야 합니다.
욥은 본질적으로 하나님을 믿었기 때문에 고백했습니다. '주신 자도 여호와시요 취하신 자도 여호와시오니'(1:21)했습니다. 원천적인 이유와 원인을 알고 있기 때문에 원망하지 않습니다. 성군 다윗은 깨닫게 되었고 회개하게 되는데 그의 회개의 내용은 시편 51편에서 자세히 보게 됩니다. 문제의 이유와 원인을 깨닫게 되고 대처하게 되면 원망하지 않게 됩니다.

2) 하나님의 뜻을 깨닫게 되었습니다. 욥이 받은 축복입니다.
① 하나님의 역사하심과 섭리를 깨닫게 됩니다.
세상 모든 일에는 우연이라는 것이 없고 하나님의 뜻과 섭리가운데 역사되어 집니다. 본문 42장 5절에서 욥은 고백하였습니다. 막연한 가시적 차원의 신앙이 아니라 하나님의 역사하심을 깨닫습니다.
② 체험적인 신앙이 중요합니다.

기독교 신앙은 체험적 신앙입니다. 도시아이들이 자연 속에 들어가서 갯벌체험, 곤충체험, 각종 체험을 하지만 성도에게는 언제나 영적으로 하나님의 역사하심을 체험해야 합니다(롬 8:28: 시 49:20). 언제나 하나님의 역사하심의 손길을 깨닫고 체험하며 믿어야 합니다.

2. 욥의 신앙은 회개가 성립되는 신앙이었습니다.

예수 믿는다는 사람들이 회개가 없고 막혀있다면 불행한 사람입니다. 회개할 때에 모든 일이 해결되기 때문입니다.

1) 욥이 그랬습니다.

욥은 평상시에 얼마나 신앙생활을 잘했습니다. 심지어 자녀들이 범죄하였을까 하여 번제를 드렸습니다(1:4~5).
① 그런데 깨닫고 보니 하나님 앞에 죄인이었습니다.
내가 아무리 의롭고 신앙가운데 섰다고 해도 여전히 죄인이었습니다. (42:6)'그러므로 내가 스스로 한하고 티끌과 재 가운데서 회개하나이다'하였습니다. 이것은 우리가 똑같이 가야하는 신앙생활의 모습이 되게 해야 합니다. 언제나 내가 하나님 앞에 죄인임을 깨달아야 하겠습니다.
② 밝은 빛 되신 하나님 앞에 누가 죄를 가리 울 수 있겠습니까?
나는 의롭게 산다고 자칭했어도 밝은 빛 앞에는 죄인입니다. 아침 창문 사이로 햇살이 비추어질 때 먼지를 보듯이 우리는 언제나 하나님 앞에서 자기를 보아야 합니다.'주여 이 죄인을 용서하여 주옵소서'라고 고백해야 합니다.

2) 날마다 회개하는 생활이 중요합니다.

죄가 쌓이지 않도록 날마다 자기 자신을 회개하고 씻어야 합니다.

① 사람의 판단으로 큰 죄든, 작은 죄든 죄는 죄이기 때문입니다.
현대 과학이 얼마나 발전했습니까? 미국 코넬대학 연구팀은 머리카락 1/1000 굵기 밖에 되지 않는 초미니 나노헬리콥터(내시경의 일종)를 만들었는데 이 나노헬기는 우리 몸에 들어가서 장기며, 혈관 등을 다니면서 염증이나 다른 질병을 찾아냅니다. 하나님의 창조의 섭리가 놀라운 현실을 연구팀에게도 배우는 시대입니다. 하나님 앞에는 숨길 것이 없음을 깨달아야 합니다.
② 하나님의 역사는 세상 어떤 것과 비교할 수가 없습니다.
사람이 만든 나노헬리콥터보다도 하나님의 역사는 비교 할 수 없는 영역에 속했습니다. 따라서 하나님 앞에는 모든 죄, 추악한 모습들, 위선과 거짓을 감출 수가 없이 백일하에 모든 것이 벌거벗은 것 같이 드러나도록 되어 있습니다(행 5:4: 수 7:21: 왕하 5:26: 롬 11:11: 요 1:3) 회개하고 씻는 길이입니다.

3. 욥의 신앙은 자기를 괴롭혔던 친구를 위해서도 기도하는 신앙이었습니다.

욥이 곤경에 있을 때에 찾아와서 위로하거나 격려하지 못하고 괴롭혔던 친구들이었습니다. 그들을 위해서 대신 중보기도를 올리게 될 때에 사해주셨습니다.

1) 하나님께서는 그들의 죄를 사하시며 용서해주시고 응답해 주셨습니다.

(마 5:23)용서하고 화해하는 것이 급선무요 기도와 예배보다 우선순위라고 해주셨습니다.
① 친구들 위해서 대신 기도했습니다.
(욥 42:10~11) '욥이 그 벗들을 위하여 빌매'하였고, (11절)'그 후에 형제 자매로 알던 이들이 욥을 찾아오게 되었다'고 했습니다. 욥이 친구

들을 미워하는 기간에는 기도가 막혀있었습니다.
② 회개와 더불어서 기도하게 될 때에 다시 회복되었습니다.
그래서 어떤 상황 중에 있든지 회개가 중요합니다. 그리고 진심으로 사랑과 관심으로 용서해야 합니다. 막힌 담은 선결로 무너져야 합니다. 하나님께서 지금 우리에게 욥을 보고 깨달으라고 하십니다.

2) 욥은 하나님 앞에 견본(sample)적인 신앙을 보여 주었습니다.
　상품(goods)으로 말하면 하나님께서 마귀에게 자신 있게 내 놓으신 사람입니다.
① 욥은 하나님 앞에서 실망시켜 드리지 아니했습니다.
세상 상품은 제아무리 좋은 신상품이 출시되어도 며칠 있으면 구상품이 됩니다. 이동통신전화기(Hand phone)을 보니까 손에 익숙하면 다른 신상품이 나와서 또 바뀌게 되는 일들이 사람들 중에는 많습니다. 욥은 신약에도(약 5:10~11), 구약에서도(겔 14:14), 자랑스러운 믿음의 사람이 되었습니다.
② 최후적으로 마귀에게도 인정을 받게 되었습니다.
마귀가 욥을 볼 때에는 소유물 때문에(1:9~10), 건강 때문에(2:2~3), 하나님을 섬기는 줄 알았지만 마귀는 패하고 물러가게 되었습니다. 욥은 끝까지 순전을 지키면서 승리했듯이 은평교회 성도들이 이렇게 승리케 되시기를 주의 이름으로 축원합니다.

▶ **결론** : 바른 신앙을 가진 성도는 끝내 승리합니다.

> 영적전쟁

마귀를 물리치고 하나님을 가까이 하라

(약 4:7~10)

  세상을 살다보면 평상시에 가까이 하는 일이 있고, 멀리해야만 하는 일들이 있습니다. 옛 시조 중에 '까마귀 노는 곳에 백로야 가지마라 네 고운 깃털이 혹여 검어질까 하노라'는 글귀가 있습니다. 아브라함과 다윗을 잇는 축복을 많이 받았던 솔로몬왕은 아버지 다윗의 유언의 길(왕상 2:1~4)을 따르지 않고 결국 이방 여인과 그들이 가져온 우상의 길(왕상 11:1~)로 따라가다가 국가가 반 토막 나게 되었고 돌이킬 수 없는 큰 문제의 왕이 되었습니다. 하나님께서 주시는 마음과 마귀가 주는 유혹들은 구분할 수 있어야 하겠습니다.

  '성배'라는 영화를 보면 예수님이 마시던 잔을 찾는 이야기인데 화려한 금잔이나 도자기 잔으로 마신 것이 아니었고 서민들이 사용하는 볼품없는 잔이었습니다. 레오나르도 다빈치(Leonardo Da Vinci)의 모나리자 그림이 유명한 것은 화려한 채색이나 장신구를 착용한 것이 아니라 평범한 의상의 옷을 입고 있으면서 웃는 듯 마는듯한 미소에 있다는 것입니다. 순수한 얼굴입니다. 40일 금식기도하신 예수님에게 마귀는 찾아와서 세 가지 시험을 하는데 하나같이 사람들 보기에 화려한 일들이었습니다(마 4:1~). 그러나 예수님은 마귀를 물리치셨습니다. 본문에서 우리는 배우게 되는데 평상시에 하나님을 가까이 하지만 마귀는 담대히 물리쳐야 합니다. 우리는 오늘 말씀에서 이 세 가지 가운데 바른 이정표를 배우게 됩니다.

1. 더욱 순수하게 큰 은혜를 지키려면 마귀는 과감하게 대적하고 물리쳐야 합니다.

마귀를 대적하는 권한이 성도에게 있습니다.

1) 마귀에게는 예수님 이름으로 명령해야 합니다.

(7절) '너희는 하나님께 순복할지어다 마귀를 대적하라 그리하면 너희를 피하리라'하였습니다.

① 명령하게 될 때에 마귀는 떠나가게 됩니다.

(마 4:11) '이에 마귀는 예수를 떠나고 천사들이 나아와서 수종드니라' 하였는데 마귀는 하나님의 자녀들이 은혜 받고, 축복 받고, 잘되는 일에 반기를 들고 달려듭니다. 문제는 마귀가 납량특집 귀신으로 오는 것이 아니라 천사모양으로 가장에서 오기 때문에 주의해야 합니다.

② 마귀가 오는 길목을 살펴야 합니다. (창 3:1)간교하게 오는데 이론적으로 그럴싸하게 유혹해 온다는 것입니다.

현대인들이 마귀에게 속아 넘어가는 이유가 여기에 있습니다. 마귀에 본질을 바르게 알아야 합니다. J. D. 팬티 코스트는 '사탄아 물러가라'는 책에서 위장하고 오는 마귀도 조심해야 한다(고후 11:13~15)고 하였습니다. 그리스도의 천사인 것처럼 의의 일군인양 찾아오게 됩니다.

2) 마귀는 위장에 능수능란합니다.

하나님 말씀에 눈으로 바르게 보아야 합니다.

① 하나님의 일에 언제나 제동을 걸고 반대합니다.

하나님의 자녀를 괴롭히게 되고 예수님을 반대 성령의 역사를 반대합니다. 그리고 훼방하게 됩니다. 몰래 가라지를 심는 자 입니다(마 13:24~30).

② 훼방꾼이요, 비방자입니다(계 12:10).

유혹하는 자가 사탄 마귀입니다. 속지 말아야 합니다(고전 15:33). 말세 때에도 이단 사설이 판을 치게 합니다(마 24:37~38). 그러나 이단은 마지막 멸망하게 됩니다(벧후 2:1).

2. 하나님과 순간순간 가까이 해야 합니다.

(8절) '하나님을 가까이 하라 그리하면 너희를 가까이 하시리라' (Come near to God and he will come near to you)했습니다.

1) 인간은 하나님과 가까이 살도록 지음을 받았습니다.
그런데 마귀의 유혹에 범죄 했고 하나님과 멀어지게 되었습니다.
① 그리스인들은 늘 하나님과 가까이 해야 합니다.
옛날 이성봉 목사님은 말하기를 '순간순간' 주님과 함께 호흡하고, '일보 일보' 주님과 걸으라고 하였습니다. 에녹과 같이 하나님과 동행해야 합니다(창 5:22). 이것이 참 그리스도인입니다.
② 신약시대 성도들은 복 받은 것입니다.
구약시대에는 하나님을 함부로 부르지 못했을 뿐 아니라 성소에도 들어갈 수 없었고, 1년에 1회씩 대제사장만이 속죄의 피를 가지고 들어가서 지성소에 뿌렸습니다. 그러나 예수님이 십자가에 죽으실 때에 지성소 휘장이 찢어지게 되었고(마 27:51), 이제는 예수 안에서 누구든지 하나님께 나아가는 축복을 받게 되었습니다.

2) 이른바 구원의 문이요 축복의 문이 열리게 되었습니다.
하나님을 가까이 부르는 축복을 받게 되었습니다.
① 천국잔치 비유에서 예수님이 말씀해 주셨습니다.
(눅 14:16~24)잔치를 벌이고 이제는 누구든지 와서 잔치에 참여하는 문이 열려습니다. '내 집을 채우라'라는 것입니다. (마 11:28)수고하고

무거운 짐을 진자들이 누구든지 주님께 가까이 가는 길이 활짝 열렸습니다.
② 그러나 이 문이 언제나 열려있지만 닫히는 날이 반드시 옵니다.
따라서 기회가 있을 때에 하나님을 가까이 해야 합니다. (창 7:16)방주의 문이 닫히게 되었고, (마 25:10)예수님이 재림하시고 문이 닫히고 혼인잔치가 열리게 됩니다. (고후 6:1~2)은혜 받을 때가 있으니 그 때에 하나님 만나야 합니다. 하나님을 만나고 가까이 하는 일도 기회가 있습니다.

3. 하나님을 가까이 하는 사람은 생활이 있습니다.

하나님은 우리의 육신의 눈으로 뵈올 수 없지만 반드시 계시기 때문에 생활이 중요합니다.

1) 하나님을 가까이 하는 일에는 생활에서 나타나야 합니다.

하나님을 가까이 하는 일을 다시 한번 점검해 보아야 합니다.
① 하나님(성부, 성자, 성령) 삼위일체 하나님을 늘 불러야 합니다.
기도를 드리고, 찬송을 드리고, 헌신의 모든 생활을 통해서 우리는 하나님께 영광이 되게 해야 합니다. 성도의 모든 생활은 하나님께 영광이 그 목적입니다(고전 10:31). 칼빈이나 루터는 '오직 하나님께 영광'이라고 하였습니다.
② 예수님을 따라가는 생활입니다.
예수님을 본을 삼아서(Example) 따라가는 생활이 되어야 합니다. 세상 정욕적인 것들은 피하고 멀리해야 합니다(벧전 2:11). 말, 행동, 생각 모든 것들이 예수님을 닮아가는 생활로 일관할 때에 마귀는 힘이 없어지게 됩니다.

2) 하나님께 소망을 두어야 합니다.

마귀는 실망, 낙심, 절망케 하지만 하나님은 소망의 하나님이십니다.
① 하나님께만 소망이 있습니다.
따라서 자살은 하나님의 뜻이 절대 아니며 마귀에게 속는 일입니다. (히 12:2)믿음의 주요 온전케 하시는 예수를 바라보아야 합니다. (히 7:19) '이에 더 좋은 소망이 생기니 이것으로 우리가 하나님께 가까이 가느니라'하였습니다. (롬 15:13)우리 하나님은 소망의 하나님이십니다.
② 우리의 현실 생활에서 생각해 보아야 합니다.
신앙생활이 구름에 떠 있다든지 무지개를 잡는 것이 아니라 생활에서 언제나 주님 안에 따라가는 생활이어야 합니다. 세상 유혹의 달콤한 맛에 빼앗겨서 하나님을 잃어버리지 않고 언제나 하나님과 동행하는 생애가 되시기를 주의 이름으로 축원합니다.

▶ **결론** : 언제나 하나님을 가까이 해야 합니다.

사탄의 고발 내용이 거짓말이 되게 하라
(욥 2:1~6)

하나님께서 이 세상을 창조하실 때에는 최고로 좋았고 아름다웠음을 성경에 분명히 밝혀 주시고 있습니다. 다른 피조물을 창조하실 때에는 하나님이 보시기에 좋았다고 하셨으나 인간을 창조하실 때에는 하나님이 보시기에 "심히 좋았더라"(and it was very good)했습니다. 그리고 복을 주셔서 다스리며 복되게 살게 하셨습니다(창1:28). 그러나 인간은 마귀에게 속아서 유혹되었고 범죄하여 정녕 죽게 되었습니다(it you will surely die). 온갖 과학문명이 발달한 시대라도 역시 인간은 아담 안에서는 죽은 존재일 수밖에 없습니다. 이 일이 계속 연속되고 인생의 길은 슬픔과 수고가 계속 되는 길이 되었습니다(시 90:9~12: 창 8:22).

본문에서 사탄은 욥을 시험하고 또 시험하게 되면서 하나님께 고발하는 내용이지만 하나님은 욥에게 대하여 그렇지 않다고 하시면서 사탄이 참소하는 내용이 거짓임을 욥의 고난을 통해서 입증해 주셨습니다. 욥의 이런 신앙이 우리의 신앙이 되어서 그 마귀의 참소하는 내용이 사실이 아님을 보여야 합니다. 우리는 이제 예수그리스도 안에 있기 때문입니다(요 5:24: 롬 8:1~2, 33~39).

1. 마귀는 거짓말쟁이 입니다.

(요 8:44)예수님이 이미 정의를 내려주셨거니와 마귀는 처음부터 거짓의 아비입니다. 그래서 늘 마귀의 속임수에 주의해야 합니다.

1) 거짓말쟁이를 조심해야 합니다.

거짓말로 속삭이면서 유혹하게 됩니다.
① 첫 사람 아담과 하와에게 접근해서 거짓말로 속삭였습니다.
(창 3:1~)간교한 마귀의 모습을 그대로 드러내었던 모습을 봅니다. 하나님께서 아담에게 주셨던 말씀과 마귀가 속삭였던 이야기는 전혀 다른 거짓말이었음을 비교해 보면 알 수 있습니다(창 2:16~17, 3:2~4, 6). 그리고 결국 속아서 따먹게 되었고 정령 죽게 되었습니다(for when you eat of it you will surely die).
② 따라서 마귀의 본질을 알고 마귀의 속삭임에 주의해야 합니다.
마귀는 본래 영계에 지음 받은 영적심부름꾼 중 하나였습니다. 그러나 이 천사무리중의 하나가 하나님께 범죄 하였고 영적세계에서 쫓겨나 마귀, 뱀, 용, 사탄, 귀신 등으로 활동하여 하나님을 대적하고 하나님을 믿는 자녀들을 그릇되게 만드는 존재가 되었습니다(히 1:14, 벧후 2:4, 계 2:2, 12:12, 벧전 5:8). 그러므로 마귀는 대적해야 할 존재이지 가까이 할 존재가 절대 아닙니다.

2) 마귀는 거짓말로써 하나님께 나아갔습니다.

하나님 보시기에 욥은 신실하게 하나님을 섬기는 자요 동방의 큰 자였는데 마귀는 하나님 외에 다른 조건이 있기 때문에 그 조건을 없게 하면 욥이 하나님을 떠나고 하나님을 섬기지 않게 될 것이라는 것이었습니다. 이것이 이 세대에 그리스도인들이 마귀가 쳐놓은 술책에 넘어가지 말아야 할 이유 중에 하나입니다.
① 처음에는 욥이 재산가이고 하나님께서 재산을 주셨기 때문에 하나님을 섬긴다고 참소하였습니다.
(욥 1:9) "사탄이 여호와께 대답하여 이르되 욥이 어찌 까닭 없이 하나님을 경외하리이까"라고 참소하였던 사탄 마귀는 지금도 종종 하나님 백성들에게 여러 가지 상황적으로 찾아와서 역설적으로 시험합니다. 네

가 예수 믿고 하나님 백성이면 왜 이 모양이냐 하면서 걸고 넘어지게 만듭니다.
② 사탄의 두 번째 시험은 건강이었습니다.
(욥 2:4) "사탄이 여호와께 대답하여 이르되 가죽으로 가죽을 바꾸오니 사람이 그의 모든 소유물로 자기의 생명을 바꾸올지라 이제 주의 손을 펴서 그의 뼈와 살을 치소서 그리하시면 틀림없이 주를 향하여 욕하지 않겠나이까"라고 말하였습니다. 사탄은 지금도 동일하고도 유사한 방법으로 참소하며 유혹합니다. 마귀가 어떤 문제를 가지고 오든 간에 바른 믿음 위에 서야 합니다.

2. 사람이 고난에 연약함을 마귀는 이용했습니다.

고난과 역경은 어느 시대든지 누구에게나 모두가 크고 작게 오게 되는데 고난에는 모두가 약합니다.

1) 마귀는 욥이 약하다고 생각 드는 부분을 건드렸습니다.

욥은 재산가였습니다. 재산가는 재산에 약합니다. 가난한 사람은 더 이상 잃을 게 없기 때문에 두려워할 이유가 없지만 재산가는 재산에 촉각을 세웁니다.
① 재물에 약해지지 말아야 합니다.
세상에 살면서 재물이 귀한 것은 사실이지만 재물보다 더 귀한 것이 얼마나 많이 있다는 것을 알아야 합니다. 재물 때문에 문제가 생긴 사람들도 많습니다(창 19:26, 눅 17:32, 수 7:25, 왕하 5:27, 행 5:18~19, 딤전 6:10). 마귀는 욥이 재물 문제에 속을 줄 알았지만 욥은 속지 않고 이겼습니다(욥 1:21).
② 마귀는 인간이 물질에 약한 존재 인줄 알고 있기 때문에 시험해 옵니다.

유난히 물질에 약한 사람도 있습니다(창 25:34, 히 12:16~17).에서도 교훈 삼을 것을 성경은 우리에게 교훈해 주고 있습니다.

2) 사탄 마귀는 첫 사람 아담을 넘어뜨린 경험이 있습니다.

첫 사람 아담이 여기에서 넘어지게 되었고 범죄 하였습니다.
① 따라서 사탄은 지금도 그 범위에서 유혹하게 됩니다.
인간은 별수 없이 자기가 시험하는 시험대에서 모두 넘어지게 될 것이라고 생각하고 덤벼들게 됩니다. 물질 때문에 문제가 오면 하나님을 배반하게 될 것이라고 착각하고 있습니다. 그러나 욥은 끝까지 그렇지 않다고 하는 것을 모범으로 보여 주었습니다. 사람이 떡으로 사는 것이 아니고(마 4:4), 하나님의 의를 구하는 신앙이 중요함을 깨닫게 됩니다(마 6:33).
② 건강을 빼앗아 가면 하나님을 배반 할 것이라고 착각합니다.
생명의 주인은 하나님이십니다. 이것이 사드락과 메삭과 아벳느고가 보여준 신앙의 모습이기도 하였습니다(단 3:15). 물질문제나 건강문제 앞에서도 오직 하나님 제일 중심의 신앙을 보여 주었던 욥과 같이 우리도 승리자가 되어야 합니다.

3. 욥은 끝까지 승리자가 되었습니다.

자기 재산과 건강이 소중하지 않은 사람이 누가 있겠습니까마는 이것이 신앙을 흔들어보는 시험거리라면 굳게 바른 믿음을 지켜야 합니다. 그것이 있든지 없든지 나는 이에 기본적으로 하나님의 백성이기 때문입니다(합 2:17)

1) 재산적 시험에서 이겼습니다.

욥은 재산보다 하나님께 대한 바른 신앙을 더 중요시했습니다.

① 재산의 출처를 알았기 때문입니다.
모두 잃은 후에 욥은 고백했습니다. 주신 이도 거두신 이도 여호와이시기 때문에 어리석게 원망치 않았습니다(욥 1:21). 사도바울은 전했습니다. (딤전 6:7) "우리가 세상에 아무 것도 가지고 온 것이 없으매 또한 아무 것도 가지고 가지 못하리니"했습니다.
② 한나의 기도에서 배우게 됩니다.
아이가 없던 한나에게 아이를 얻게 되었을 때에 기도와 감사의 내용입니다. (삼상 2:7) "여호와는 가난하게도 하시고 부하게도 하시며 낮추기도 하시고 높이기도 하시는도다"했습니다. 어거스틴이 주장한 하나님의 절대 주권 하에 있는 인간들입니다.

2) 건강을 모두 빼앗긴 참소에서도 이겼습니다.
온몸에 생기는 나환자 병의 일종인 피부병이라는 것인데 전신에 통증과 가려움의 병입니다.
① 그래도 신앙을 지켰습니다.
병이 있든 없든 하나님의 백성의 신분은 변함이 없기 때문입니다. 욥의 부인이 말하기를 순전을 지키겠냐고 하며 막말을 했지만(욥 2:9), 욥은 끝까지 변함이 없었습니다. 그의 친구 3명이 매일 찾아와서 괴롭게 하였지만 그 심리전(心理戰)에서 이겼습니다(욥 8:11).
② 마귀에게 속지 말고 이겨야 합니다.
우리는 재산의 유무나 건강의 유무에 관계없이 하나님의 자녀요 하나님의 사랑받는 백성임은 변함이 없기 때문에 요동할 이유가 없습니다. 사탄은 지금도 참소하지만 욥의 신앙을 이어받아 욥과 같이 끝까지 축복된 백성이 되시기를 주의 이름으로 축원합니다.

▶ **결론** : 사탄은 거짓말 합니다.

신앙적으로 승리한 사람들
(삿 7:2~8)

　이 세상은 태어날 때부터 전쟁이요 싸움에서 태어나게 되는데 이 싸움은 평생 진행됩니다. 평생을 싸워야 하는데 싸움의 대상도 가지각색이요, 싸움의 대상 역시 계층마다 다릅니다. 어린이는 성장하는 과정과 싸우게 되고 공부와 싸우고 성장에서는 산업전선에서 생산성과 싸우며, 병원에서는 병마와 싸우고 군인들은 적군과 대치하고 있습니다. 잠시 쉬고 있는 휴화산에서는 언제 터질지 모르는 '일촉즉발'(一觸卽發)의 '활화산'(活火山)이 모르기 때문에 언제나 긴장하게 됩니다.
　지금 세상은 바람을 잡고 있는 천사들에게 바람을 불지 못하게 하지만 인 맞을 수가 끝이 나면(계 7:1~) 바람을 놓게 되는데 이 때에는 무서운 전쟁의 참상이 세계 각 지역에서 터지게 될 것입니다(계9:14). 이 때에 유브라데에서 죽은 자가 이만만(계9:16)될 것인데 그래도 살아남은 자들이 회개치 않은 비극이(계 9:20) 나타나게 되고 헛된 열방의 우상주의(시 115:4~)에 빠지게 되며 '회개치 않는다'(Nor did they repent)고 하였습니다. 지금 우리는 하나님의 '구원계획'(plan of salvation)속에 있는 시대입니다.
　본문은 사사시대에 이스라엘을 향해 쳐들어오는 연합군을 상대로 300명으로 싸워 이기는 데 승리의 한 장면을 보여 주고 있는 바 마지막 시대에 살고 있는 모든 성도들과 교회들이 어떻게 영적 싸움에서 이길 수 있는지를 보여주시는 말씀입니다. 사탄이 수없이 달려드는 영적싸움의 현장에서 승리의 모습을 배우게 됩니다.

1. 드온에게 정예군 300명이 있었습니다.

전쟁은 숫자나 외형적인 모습으로 이기는 것이 아님을 보여 주었습니다.

1) 길르앗 훈련소에 입소한 사람들은 32,000명이었습니다.

그러나 이 싸움에서 이 사람들이 모두 필요한 것 아니었습니다.
① 영적 싸움인 하나님의 일, 교회 일, 복음 전하는 일은 아무나 투입하는 것이 아니며 모두 필요한 것은 아닙니다.
이 들 모두가 하나님께 합당한 것은 아니었습니다. 어느 시대든지 하나님께 합당한 사람은 구별되어 있습니다(행 13:22). 어느 시대든지 하나님이 찾고 계신 사람들이 있습니다(삼 16:17, 겔 22:30, 시 101:6, 요 4:24).
② 32,000명중에 22,000명을 돌려 보냈습니다.
전투를 무서워한다든지 여러 가지 이유를 내세워서 전투에 지장이 있는 사람들은 모두 대열에서 탈락시켰습니다. 은평교회 성도들은 하나님의 일에 합당한 자가 되어 탈락자들이 되지 않기를 바랍니다. 하나님의 일에 언제든지 합격자가 되어야 합니다.

2) 10,000명이 모두 전투에 투입 된 것도 아니었습니다.

300명만 선발하는 과정을 겪게 되었습니다. 영적으로 오합지졸은 전투에 투입 할 수가 없기 때문입니다.
① 전투에 임할 자세가 되어 있는 사람이었습니다.
훈련을 하고 땀을 흘리고 물을 마시는 과정에서 300명이 선택되었습니다. 골짜기에 적들이 가득한데 목마르다고 해서 고개를 처 받고 물을 마시는 사람들은 9,700명인데 모두 탈락되었고 손으로 떠서 전방을 보면서 물먹는 사람 300명을 뽑았습니다. 십자가 지고 싸우는 군병들은

분명히 세상과 달라야 합니다.
② 300명의 정예 군사만 뽑게 되었고 선발되었습니다.
현실적으로 목마른 것은 사실이지만, 무엇인가 달라야 할 때입니다. 기도온의 300명은 교회로 본다면 은평교회 성도들이 모두가 이 무리에 속해야 합니다. 숫자적으로 많다고 해서 이기는 것이 아니었습니다. (대하 14:8~11) 아사왕 때에 구스왕 백만 명이 몰려 왔지만 패하게 되었습니다. 열왕기하 19장에서 앗수르왕이 185,000명이 왔지만 역시 패하였습니다. 아사왕이나 히스기야 왕은 철저하게 기도하는 왕이었습니다.

2. 승리의 역군인 300명 용사의 모습을 분석해 봅니다.

이들이 하나님께 합격한 것이 무엇 인가를 살펴야 합니다.

1) 300명 용사는 먼저 자기와의 싸움에서 이긴 사람들입니다.

불란서의 작가 빅톨 위고는 '제일 힘든 싸움은 자기 자신과의 싸움이라'고 하였는데 우리도 영적 싸움에서 먼저 자신을 극복 할 수 있어야 합니다.
① 훈련 받고 목이 마른 것은 누구나가 모두의 공통점이지만 현실을 감안하면서 물먹는 자세가 달랐습니다.
이것이 성경이 우리에게 알려주는 말씀입니다. (잠 16:32) "노하기를 더디하는 자는 용사보다 낫고 자기의 마음을 다스리는 자는 성을 빼앗는 자보다 나으니라" 하였습니다. 하나님의 교회 일은 혈기부리며 하는 일은 금물입니다.
② 성령으로 하고 말씀으로 자신을 다스려야 합니다.
내 자신이 혈기로 할 수 있다는 뜻입니다. 성격은 타고 나는 것이지만 그 성격 때문에 승리하기도 하고 실패하기도 합니다. 세계적인 운동선

수나 또 바둑대회를 보면서 느끼는 것은 승리자들은 언제나 자기를 잘 다스린다는 것입니다. 더욱 영적 싸움에서는 자신을 성령 안에서 말씀 안에서 다스려 나가는 것이 중요한 일입니다.

2) 기드온 300명 용사들은 완전한 헌신 자들이었습니다.

고금을 막론하고 전쟁은 모두에게 다 두려운 일이지만 이들은 두려움을 이기고 극복한 헌신 자들이었습니다.

① 두려 워지 않고 사명의식에 투철하였습니다.

마지막까지 조국 이스라엘을 위해서 싸우겠다는 결심으로 전투에 임하였습니다. 이것이 이스라엘이 전투에서 이기는 비결이 되었습니다. 1967년 이스라엘과 아랍과의 6일 전쟁 때에도 이스라엘이 아랍을 상대로 전쟁에서 승리하게 되는데 6일 만에 시나이반도 까지 모두 접수하게 된 데는 그들의 투철한 조국애였다고 평가합니다. 미국에 유학 중이였던 이스라엘 청년들은 조국이 전쟁한다는 소식을 듣고 돌아갔지만, 아랍국가의 청년들은 국가에서 부르기 전 모두 숨었다는 것입니다.

② 하나님의 능력만 의지하고 믿었습니다.

외적인 모습으로 모았을 때에는 이길 수 없는 조건이었지만 하나님이 함께 하셨기 때문에 이긴 싸움이 되었습니다. 다윗은 고백했습니다. (삼상 17:47) "전쟁은 여호와께 속한 것인즉"(for the battle is the LORD'S)하였습니다.

3) 기드온 용사들의 자격은 그 열심이었습니다.

열심히 뛰었고, 훈련받았으며 싸웠습니다.

① 오늘 날에도 열심은 하나님이 기뻐하시는 일입니다.

(롬 12:11) "부지런하여 게으르지 말고 열심을 품고 주를 섬기라"하였습니다. '열정'이란 영어로 Passion '고난'이라는 뜻도 있습니다. 열정때문

에 고난도 오지만 극복해야 합니다.
② 주님의 교회는 뜨거움과 열정의 손이 필요합니다.
구약이나 신약시대나 현 시대에도 열심 있는 헌신 자가 중요합니다. 이 신앙적인 '신앙 정신'(信仰 精神)이 우리가 가져야 할 무장의 정신입니다.

3. 기드온 300명의 용사는 이길 수 있는 요소를 갖추었습니다.

이기는 현장에는 이길 수밖에 없는 요소들이 언제나 있기 때문입니다.

1) 하나님이 함께 하신다는 '영적정신'(靈的精神)입니다.

하나님께서 우리 편임을 믿고 싸움에 나가게 되는 믿음입니다.
① 보리떡 한 덩어리의 이야기가 힘이 되었습니다.
이 때부터 더욱 믿음 가운데 좋게 서는 계기가 되었습니다(삿 7:13). 사무엘이 다윗을 처음 목격한 때에는 다윗의 모습이 달랐습니다(삼상 16:12). 얼굴과 눈빛이 달랐습니다.
② 이 세대의 은평교회 성도들에게 하나님이 함께하심을 믿어야 합니다.
무슨 일을 하든지 이 믿음의 확실성 가운데에서 승리하게 되기 때문입니다. 이것은 예수님의 약속입니다(마 28:20). 은평교회 성도들의 승리는 예약되었고, 약속된 승리입니다. 라고 믿어야 합니다.

2) 외치는 구호대로 되었습니다.

싸움에 나가게 될 때에 외치는 구호가 있었습니다.
① 여호와 군대의 구호였습니다.
(삿 7:18) "여호와를 위하라, 기드온을 위하라"(and shout, For the

LORD and for Gideon)였습니다. 여기에서 이미 적군은 패하게 되었고 기드온의 군대는 승리하는 승리의 함성이었습니다.

② 구호를 외칠 때에 단결하였습니다.

단결된 마음에서 동시에 항아리가 깨지고 나팔이 울려퍼지며, 횃불이 동시에 3개 조에서 동시에 번쩍이게 될 때에 적진에서는 '혼비백산'(魂飛魄散)하여 자기들끼리 서로 죽이는 '아비규환'(阿鼻叫喚)이 되었습니다. 하나님의 교회는 성령과 말씀으로 하나 될 때에 능력이 나타나게 됩니다. 사도행전 교회가 핍박시대지만 세계로 뻗어 나가게 되었던 이유였습니다.

은평교회와 성도들이 이 시대에 영적 싸움에서 이렇게 승리하시기를 예수님으로 축원합니다.

▶ **결론** : 승리한 대열에 함께 해야 합니다.

영적 무장을 해야 합니다.

(엡 6:10~21)

　세상에서 동서고금(東西古今)은 물론이며 우리나라 대한민국이 세워지는 데는 군대를 만들고 그 군대가 힘이 있을 때에 가능한 일입니다. 왜냐하면 이 세상의 모든 구조는 '생육강식'이라는 논리에 있기 때문에 군사력이 약하면 큰 문제가 되기 때문입니다. 현대에 와서는 가공할 만한 무기들이 개발되어서 실전에 배치되지만 무기보다 더 중요한 것은 사람의 정신력이 중요하기 때문에 정신무장은 필수적 조건이 되기도 합니다.
　옛날 베트남 전쟁에서 막강한 무기를 가지고도 베트남이 패전하게 된 것은 정신적인 문제이었고 1967년 중동전쟁에서 이스라엘이 승리한 것은 무기보다 정신력에서 이겼다고 평가들을 하게 됩니다. 세상에서 살아가는 모든 일들을 표현한다면 전쟁터라고 말합니다. 그래서 체력이 중요하고 학력이나 지력, 권력, 경제력 등을 이야기 합니다. 그런데 더욱 중요한 것은 신앙인은 영적싸움이기 때문에 영력이 한층 더 중요한 일입니다. 우리의 영적 싸움은 '마귀'(διάβολος)와의 싸움이기 때문에 더욱 치열한 싸움입니다. '씨름'이라고 하는데 헬라어로 '헤 팔레'(ἡ πάλη)로써 치열한 영적 전투임을 말하여 줍니다. 이 싸움에서 이기기 위해서 몇 가지를 생각하게 됩니다.

1. 마귀의 정체에 속지 말고 바르게 알아야 합니다.

　'지피지기'면 백전백승이라는 말도 있듯이 먼저 영적 대적인 마귀에 대하여 알아야 하는데 성경은 마귀에 대한 정보를 확실하게 보여주었습니다.

1) 마귀의 정체입니다.

첫 사람인 아담과 하와가 마귀에게 속은 이유는 몰랐기 때문입니다.
① 성경이 말하는 마귀는 여러 가지 다양한 이름들이 있습니다.
(마 13:39) 원수가 마귀입니다. (마 12:24) 귀신의 왕입니다. (눅 10:18) 사단입니다. (마 13:19) 악한자입니다. (요 8:44) 거짓의 아비입니다. (요 8:44) 살인자입니다. (마 25:41) 지옥 멸망으로 이끄는 자입니다. (고후 16:15) 벨리알입니다. (엡 2:2) 공중의 권세 잡은 자입니다. (계 12:9) 꾀는 자입니다. (계 19:11) 무저갱의 사자입니다. (계 12:10) 참소하는 자입니다. (벧전 5:8) 대적 마귀입니다. 그러나 결국 원수 마귀는 하나님의 심판을 받게 되고 멸망자의 우두머리입니다.
② 이 마귀는 나름대로 특성이 있음을 알아야 합니다.
(눅 8:29) 대단히 사나운 존재입니다. 쇠사슬을 끊는 귀신들린 자입니다. (고후 11:3; 창3:1) 마귀는 대단히 간교한 자입니다. (엡 2:11)궤계가 능한 자 입니다. (딤전 3:6) 교만한자입니다. (약 4:7) 대단히 비겁한 자입니다. (요일 2:13) 대단히 악한 자라고 하였습니다.
③ 마귀가 하는 일들을 알아야 합니다.
(고후 11:14) 마귀는 유혹하기 위해서 천사로 위장하며 가장합니다. (요일 3:8) 도리어 범죄 하게 합니다. (계 13:6) 하나님을 훼방하는 악한 자입니다. (욥 1:9) 헐뜯고 중상 모략하는 존재입니다.

2) 이와 같은 마귀가 누구에게든지 접근해 오는데 이기는 비결을 바르게 알아야 합니다.

성경에서 그 비결을 배웁니다.
① 차별 없이 누구에게나 접근해 옵니다.
따라서 늘 깨어 있어야 합니다. (창 3:1~)아담과 하와에게도 왔습니다. (마 4:1~) 금식기도 하신 예수님에게까지 찾아 왔습니다.

② 마귀를 이기는 비결을 성경에 말씀하심과 같이 우리에게 약속되었습니다.
(약 4:7) 하나님께 순복하고 마귀는 대적해야 합니다. '그리하면 너희를 피하리라'(Resist the devil, and he will flee from you)하였습니다.
(벧전 5:9) 믿음을 굳게 하여 죄를 대적하라고 하셨습니다. 예수님이 이기셨음으로 믿는 자에게는 이기는 힘이 있습니다(요 16:33, 골 2:15).

2. 사탄 마귀는 무조건 물리쳐야 합니다.

'뱀과는 말하지 말라'(허광재목사 지음)는 책도 있습니다.

1) 사탄 마귀와 대화하게 되면 금방 오염되어 넘어지게 됩니다.

마귀는 속이는 자요 간교해서 거짓말의 아비이기 때문입니다(요 8:44).
① 아담과 하와가 마귀와 대적하다가 넘어지게 되었습니다.
마귀는 대화의 상대가 아니라 물리치고 대적해야 하는 상대입니다.
② 가롯유다는 그 생각 속에 사탄이 예수님을 팔 생각을 넣어주게 되었고 넘어지게 되었습니다(요 13:2).
예수님이 부르실 때에 능력도 받는 사람이었지만(마 10:1) 마귀에게 속아서 비참한 최후가 되었습니다(행 1:18~19). 이는 마귀의 전술 전략이기 때문에 조심해야 합니다.

2) 대적하고 물리치고 몰아내야 합니다.

(11절) '마귀의 간계를 대적하기 위해서'라고 하였습니다.
① 마귀를 대적하기 위해서 '그 힘의 능력으로 강건하여지고'라고 하였습니다.
성도가 영적으로 강건해야 할 이유가 여기에 있습니다. (요 3서1~2)'강

건하기를 원하노라'하였습니다. 영혼이 강건해야 할 이유입니다.
② 성도들의 싸움의 대상은 사탄 마귀입니다.
(약 4:7) '마귀를 대적하라 그리하면 너희를 피하리라'하였습니다. 성도들의 싸움의 대상은 혈과 육이 아니라 마귀입니다. (욥 1:7) 마귀는 땅을 두루 돌아 여기저기 다니며 삼킬 자를 찾는다고 하였습니다. 따라서 마귀에게 지는 자가 아니라 이기는 승리자가 되어야 합니다.

3. 신앙적 무장을 잘해야 합니다.

세상 모든 나라가 나름대로 막대한 국방비를 들여 군대를 육성하는 것은 국가의 존폐가 달려있기 때문입니다. 우리 대한민국 국방비 역시 많은 지출을 차지합니다.

1) 영적무장은 하나님의 전신갑주를 입는데 있습니다.

(11절) '마귀의 간계를 능히 대적하기 위하여 하나님의 전신 갑주를 입으라'하였습니다. 왜 그럴까요? '이는 악한 날에 너희가 능히 대적하고 모든 일을 행한 후에 서기 위함이라'하였습니다. 영적이고 신앙적인 무장의 이유가 여기에 있습니다.
① 성도들이 영적싸움에서 이기기 위하여 반드시 하나님의 전신갑주를 입어야 합니다.
(삼상 17:39) 다윗에게 사울왕의 갑옷이나 창검이 아니라 하나님이 주신 무기가 있습니다. 우리는 영적 무장이 필요합니다.
② 하나님께서 주신 방법이 아니면 100전 100패 일 수밖에 없습니다. 마귀는 영적 존재이기 때문입니다. (삼상 17:33) 골리앗은 어릴 때부터 용사였으나 다윗 앞에서는 패하고 죽임을 당하였듯이 마귀 역시 하나님 백성이 가는 곳에는 패하게 됩니다.

2) 하나님의 전신갑주의 내용을 보시기 바랍니다.

세상의 탱크나 미사일 같은 무기가 아닙니다.
① 하나님 말씀이 전신갑주입니다.
(14절)'그런즉 서서 진리로 너희 허리띠를 띠고(진리의 말씀), (15절)평안의 복음이 준비한 것으로 신을 신고'하였습니다. (17절)'성령의 검 곧 하나님의 말씀을 가지라'하였습니다. 하나님 말씀이 힘입니다(히4:12).
② 믿음의 방패입니다.
(16절) '믿음의 방패를 가지고'(take up the shield of faith)하였습니다. (막9:23)어릴 때부터 귀신의 장난질 합니다. (요 5:4)그러나 믿음이 세상을 이기게 됩니다.
③ 기도밖에 없습니다(막 9:29).
(18절) '모든 기도와 간구로 하되 무시로 성령 안에서 기도하고 이를 위하여 깨어 구하기를 항상 힘쓰라'했습니다. 은평교회 성도들이 이기는 성도들이 되시기를 주의 이름으로 축원합니다.

▶ **결론** : 영적싸움에서 이겨야 합니다.

여리고성을 함락시킨 비밀
(수 6:14~16)

세상의 모든 일에는 그 일을 성취시키고 이루기 위한 작전을 세우고 진행하게 됩니다. 작전 중에는 군사작전도 있고, 학생이 시험에 합격하기 위해서 작전을 세우고, 사업가는 사업을 위한 작전도 있으며 운동선수들이 경기에서 이기기 위한 작전도 있습니다. 그런데 문제는 사람이 살아가면서 작전대로 되지 않는다는데 있습니다. 그 모든 열쇠는 여호와 하나님께 있기 때문입니다(잠 20:24, 9:16, 16:3, 시 37:23). 그래서 모든 계획과 작전 속에는 하나님 중심적이어야 합니다.

본문 말씀은 첫 번째 성인 여리고성을 점령할 때의 사건입니다. 크고 견고 하였던 여리고성은 하나님의 말씀 따라서 전진 할 때에 보편적으로 쉽게 무너지게 되었으나 두 번째 아이성 은 작고 약한 성이었으나 1차 전투에서 보기 좋게 패하게 되고 30명쯤 전사자도 생기게 되었습니다. 그들을 모두 몰아내고서야 가나안땅에 정착 할 수 있기 때문에(수 3:10) 이는 중대한 일이었습니다. 칼빈은 지상교회를 '전투적 교회'라 하였는데 사도바울 역시 싸우기 위해서 하나님의 전신갑주를 입어야함을 강조하며 전하였습니다(엡 6:1~17).

여리고성의 전투는 이 세대의 모든 성도들이 싸워야 할 영적전투의 모델인줄 알고 본문에서 몇 가지 은혜를 나누며 어떻게 승리하게 되는 것을 배우게 됩니다.

1. 이 전쟁에서 이기는 비결은 오직 믿음입니다.

개인이든, 국가이든 간에 전쟁은 이기기 위해서 하게 되는데 영적전쟁에서 이기는 비결은 믿음입니다.

1) 믿음이 영적 무기입니다.

현대 전쟁이나 과거 전쟁에서나 승패는 무기에 큰 영향을 끼치는바 영적전투의 큰 무기는 믿음입니다.

① 이스라엘은 가나안에 거하는 사람들과 싸웠지만 성도들은 마귀의 권세와 싸우게 됩니다.
이때의 강력한 무기는 믿음이라고 하였습니다(요일 5:4). 세상을 이긴 것은 믿음이라고 하였습니다. (엡 6:7)구원의 투구와 성령의 검이 영적 무기가 됩니다. (마 4:11)예수님도 마귀를 이기실 때에 구약을 인용하시면서 마귀를 이기게 되셨습니다(신 8:3, 시 91:11~12, 신 6:13). 따라서 말씀을 통한 믿음이 중요한 영적 무기가 됩니다.

② 원수마귀는 말씀이 없고 믿음이 없는 사람에게 덤벼듭니다.
말씀을 물로 비유하셨는데(마 12:43, 엡 5:26), 하나님의 말씀으로 가득하게 무장해야 합니다. 말씀을 대동하면 영적 무기가 되기 때문에 이기게 됩니다(마 7:19, 신 28:1, 계 1:3, 막 9:1). 말씀이 역사하는 곳에는 또한 축복이 따라오기도 합니다.

2) 승리의 비결은 말씀이 들려질 때에 생기는 믿음입니다(롬 10:17).

하나님 말씀을 들을 때에 믿음이 생기기 때문에 중요합니다. 세상 유명한 사람들의 말씀이 아닙니다. 하나님 말씀 들을 때에 믿음이 생깁니다.

① 말씀을 들을 때에 믿어야 합니다.
오늘 본문에서도(수 6:2~) '여호와께서 여호수아에게 이르시되 보라 내가 여리고와 그 왕과 용사들을 네 손에 넘겨주었으니'하실 때에 그 말씀을 믿고 행동을 하였습니다. 당시에 상황적으로 도무지 할 수 없는

일 이었지만 믿고 말씀대로 나아가게 되었습니다. 이것이 이기는 대 승리의 비결입니다.
② 여리고성의 정복은 믿음으로 되었습니다.
신약에 와서 더욱 밝혀지고 있습니다. (히 11:30) "믿음으로 칠 일 동안 여리고를 도니 성이 무너졌으며"하였는데 행하게 될 때에 이루어졌습니다. 전쟁은 여호와께 속하였음을(삼상 17:47~, 대하 14:9~15)성경은 분명히 증거하고 있습니다. 골리앗도 구스왕의 100만 대군도 문제가 될 수 없었습니다.

2. 이 전쟁에서 이기는 비결은 오직 순종이었습니다.

순종이 이김이요 불순종이 패인이 됩니다.(삼상 15:22~23). 여호수아는 하나님의 말씀대로 순종만 하였습니다.

1) 성경에서 기적은 언제나 순종하게 될 대에 나타나게 되었습니다.
중요한 무기는 순종입니다.
① 순종하게 될 때에 하나님께서는 역사해 주셨습니다.
그래서 순종이 제사보다 낫다고 하였습니다. (수 6:8~10)순종하며 행하게 될 때에 난공불락의 성인 여리고가 무너지게 되었습니다. (요 2:1~11)무슨 말씀을 하시든 그대로 할 때에 물이 가장 최상품의 포도주가 되었습니다. (눅 5:1~4)순종하게 될 때에 두 배가 가득한 어획량을 거둘 수 있었습니다. 그러나 초대 왕 사울은 불순종하여 패인이 되었습니다(삼상 15:25).
② 하나님 말씀을 순종하면 지금도 그 일들은 역사로 나타나게 됩니다.
목회현장에서 40년간 경험한 체험이요, 수많은 성도들의 체험이요, 성경이 우리에게 분명히 가르치는 교훈입니다. 순종하고 역사를 체험하시기 바랍니다. 믿고 순종하며 기도하게 될 때에 역사는 나타납니다.

2) 말씀대로 순종하면 역사가 나타나는데 어려운 점들이 있습니다.
  피상적으로 믿는 것 하고 행동하는 차이가 있습니다.
① 상황적으로 볼 때에 하나님 말씀 보다는 현재 직면한 상황이 순종하기 어렵게 합니다.
영적 능력보다는 현재적 상황이 더 눈앞에 보이기 때문입니다. 버티고 서있는 여리고성이 먼저 눈앞에 보이기 때문에 행동하기가 어려웠습니다. 홍해가 갈라지고 요단강이 갈라지는 상황에서도 마찬가지 원인이 되었습니다.
② 마지막 순간에 일곱 번 돌고 외치게 되었습니다.
매일 일어나서 군사훈련을 한 것도 아니고, 매일 성을 한 번씩 돌게 되었고, 마지막 날에는 일곱 번 돌게 되었습니다. 상황과 환경이 맞지 아니해도 믿음으로 순종하는 것이 승리의 비결이었습니다.

3. 여호와 하나님이 함께 하심이 승리의 비결입니다.
  애굽에서 나온 이후부터 모든 과정 속에 하나님이 함께해 오셨는데 이것이 승리의 비결입니다(신 1:31~).

1) 하나님이 함께하심이 승리의 원동력입니다.
  지금도 하나님이 함께하심이 승리의 비결입니다. 믿고 기도하며 나가게 될 때에 역사는 나타나게 됩니다.
① 여기에는 인내가 요구됩니다.
7일 동안 매일같이 성을 돌게 되었는데 일주일째 되는 날까지 아무런 변화는 없었지만 계속 돌게 되었습니다. 이것이 인내의 요구입니다. (왕상 17:44)엘리야도, (왕하 5:14)나아만장군도, (약 5:10~11)욥에게도 인내였다면 우리에게 요구되는 신앙 요소입니다.
② 여기에는 하나님께서 나와 함께 계신다는 용기와 믿음의 담력입니다

(수 1:5~9).

이것은 여호수아에게 계속 당부 하셨던 영적 요소입니다. 예수님은 지금도 우리와 함께 하심을 믿어야 합니다(마 28:20).

2) 여호와는 거대한 여리고성 앞에서 자기 부족함을 깨닫게 되었습니다.

우리가 할 수 있는 능력은 빈약한 것 밖에 없습니다.

① 언제나 자기 자신의 무능을 깨달아야 합니다.

바울은 삼층천까지 다녀왔지만 자신은 약한 것 밖에 자랑할 것이 없다고 하였습니다(고후 11:30). 그리고 작은 자라고 하였습니다(엡 3:8).

② 결국 여리고 성은 무너지고 함락되었습니다.

견고한 성이지만 결국 무너지고 정복되었습니다. 우리가 사는 세상에 여리고 성과 같은 것이 있어도 두려워하지 말고 싸워 나가야 합니다. 은평교회 모든 성도들이 이 신앙으로 승리케 되시기를 주의 이름으로 축원합니다.

▶ **결론** : 우리는 이기는 비밀을 알아야 합니다.

야곱이 이스라엘로 바뀐 씨름
(창 32:24~32)

이 세상은 전쟁터와 같아서 날마다 무언가를 상대로 해서 싸워야 하는 곳입니다. 이 싸움은 하루도 빠지지 않고 계속하여 싸워야 하는 일입니다. 몸이 아픈 사람은 병마 싸워야 하고, 공부하는 학생들은 학업과 싸워야 하며, 사업가는 사업과 집에서 살림하며 보육하는 주부들은 아이 양육과 씨름 하며, 운동선수들은 이기기 위해서 싸운다고 합니다. 그런데 제일 어려운 싸움은 빅톨 위고의 말과 같이 '자기 자신과의 싸움'이라고 할 것입니다. 자기 성격과 싸우고 배경 환경과 싸우며 이겨야 한다는 욕망과도 자체적으로 싸워야 합니다.

본문에서 야곱은 기나긴 여정에서 이긴 싸움을 보여주고 있습니다. 야곱은 태어날 때부터 싸움 속에 태어나게 되는데 에서와 쌍둥이로 태어나서 살아가는 모든 과정이 싸움 이었습니다(창 25:22, 27:1~, 29장 심지어 결혼 문제 까지도). 20년 만에 거부가 되어 고향으로 돌아가려 하지만 형 에서가 400명의 사병을 거느리고 추격해 온다는 소식을 듣게 되었을 때 모든 소유물들을 얍복시내를 건너보내고 밤이 새도록 천사와 씨름하게 되었는데 이 싸움에서 이기고 이제는 야곱이 아니라 이스라엘이라는 이름이 새롭게 주어지게 되었습니다(창 31:41). 야곱은 환도 뼈(고관절)가 부러져서 위골되어 절룩거리게 되었지만 새롭게 축복받은 이름을 얻게 되었으니 이 사건들을 은총하여 은혜의 시간이 되시기를 바랍니다.

1. 야곱의 싸움은 매우 고독하고 힘든 싸움이었습니다.

인생사가 그리하겠지만 야곱은 지금까지 태어나서부터 계속해서 외롭고 고독한 싸움이었습니다.

1) 걸어온 발자취가 고독하고 힘겨운 길이었습니다.
　그래서 바로왕 앞에서 고백하기를 "험악한 세월을 보내었나이다"(창 47:9)하였습니다. 실존주의 철학자 케에르케고르는 '인생은 고독한 존재인데 고독은 죽음의 병이다'라고 하여 누구에나 있음을 말했습니다.
① 야곱은 언제나 고독한 현장에 있었습니다.
야곱의 걸어온 발자취를 통해서 나타내 보여주었습니다. (창 28:10~)하란광야에서 혼자 잠이 들었고, '혼자'(alone)였습니다. 본문에서도 (24절)"야곱은 홀로 남았더니"(So Jacob was left alone)하였습니다. 인생은 매사에 씨름하게 되는데 언제나 혼자 싸우게 되어 있습니다.
② 태어날 때에도 혼자 태어나게 되지만 갈 때에도 혼자 가는 것이 인생의 종착역입니다.
③ 인생은 외로움에서 성숙하게 됩니다.
외로움에서 자기를 발견하게 되고 자아를 개발해 나아가게 됩니다. 이 때에 사색하게 되고 고민도 하게 되지만 성숙합니다. 소위 고난의 거리를 지나면서 성숙하게 되는 원리와 같습니다. 모세가 죽은 후에 여호수아는 요단강 저편에서 홀로 있었던 것 같았지만 혼자가 아니라 하나님이 함께 하시겠다고 약속받은 지도자로서의 사명의 성숙기였습니다(수 1:1~9). 이미 모세는 어려운 때마다 성숙한 지도자였습니다(출 14:1~, 16:7, 민 16:11).

2) 외로운 싸움이지만 싸워야 하고 이겨야 합니다.
　독일의 시인 괴테는 '누구나 아는 사람도 없는 군중들 속을 해치고 갈 때만큼 뼈아프게 고독을 느끼는 적은 없다'했습니다.
① 현대인들은 때때로 고독하고 외로운 존재입니다.

그래서 마치 군중 속에 고독을 느끼게 되고 홍수 속에 목마른 존재와 같은 것이 현대인들이라고 할 것입니다. 화려한 전기불이 오색찬란하게 비추지만 그 속에서 마음에 고독은 어쩔 수 없는 인생인데 하나님이 그 속에 없기 때문입니다. 성공한 정치인, 기업인, 학자 어느 누구도 하나님이 없다면 그 속에서 고독을 체험합니다.

② 신앙인은 때때로 외로운 싸움에서 있게 됩니다.

바울은 날마다 자기 자신이 죽게 되었고(고전 15:31), 자기 자신을 쳐서 복종케 되었다고 전합니다(고전 9:27). 야곱은 결국 환도 뼈가 부러지게 되었을 때에 해결되었습니다. 육신의 정욕, 세상의 욕망, 세상적인 것들이 부러져야 합니다. 이것은 영적 싸움이기 때문에 중요합니다.

2. 야곱의 씨름은 축복을 위하여 하나님과 싸운 씨름이었습니다.

축복 받고 응답 받을 때까지 싸운 것입니다.

1) 사실 죽을 수도 있는 위험을 각오한 싸움이었습니다.

고독한 싸움인 동시에 죽음까지 각고해야 하는 싸움이었습니다.

① 목적은 하나님의 축복이었습니다.

(26절) "당신이 내게 축복하지 아니하면 가지 아니하겠나이다"("I will not let you go unless you bless me.")하였습니다. 갑절의 능력을 요구했던 엘리사의 절규와 비교되기도 합니다(왕하 2:9~10). 고독 속에서 이런 절규가 요구되는 일입니다.

② 이렇게 절규하는 것은 하나님의 축복만이 살길이기 때문입니다.

우리가 알아야 할 것은 험악한 세상에서 살길은 오직 하나님 밖에 없다는 사실입니다. 다윗도 주님 밖에는 나의 복이 없다고 하였습니다(시 16:1~2). 다른 길이나 제3의 대안이 없는 상황입니다(시 127:1~).

2) 환도 뼈가 부러지게 되었습니다.

사람이 활동하기 위해서는 환도 뼈(고관절)는 필수인데 부러지게 되었습니다.

① 환도 뼈는 내가 내의지로(my will)의 대명사입니다.

끝까지 내 힘으로, 내 의지로, 내 고집으로 살아보겠다는 것이 이제는 위골되었습니다. 이제는 하나님의 축복만 바라보게 되었고 하나님을 의지하게 되었습니다.

② 언제까지나 야곱의 이름으로 살 수가 없습니다.

이제는 새로 태어난 이스라엘로 살아야 합니다. 비록 야곱은 환도 뼈가 위골되었지만 내 의지(my will)가 아닌 하나님의 축복(bless of God)속에 산다는 믿음입니다. 내가 여기까지 축복 받고 산 것이 지금까지는 내가 잘해서 그렇게 되었다고 계산속에 넣었지만 이제는 아닙니다. 전적인 하나님의 은혜로 바뀌게 되었습니다(고전15:10). 이제 우리는 이름이 이렇게 바뀌게 되시기 위해서 기도해야 합니다.

3. 야곱의 이름에서 우리는 언제나 하나님께서 함께하심의 축복을 보게 됩니다.

야곱일 때에도 함께 하셨고, 이스라엘로 바뀐 때에도 함께 하셨습니다.

1) 야곱 때에도 함께하셨습니다.

태어나서부터 살아가는 모든 과정에서 함께 하셨습니다.

① 비록 장자가 아닌 쌍둥이 차자였으나 하나님의 사랑받은 사람이 되었는데 이것이 중요합니다(창 25:33~34, 27:27, 28:1~, 31:7). 언제나 그 현장마다 하나님의 역사하심을 보게 되었습니다.

② 이스라엘로 바뀐 후에도 함께 하셨습니다.

위기 때마다 하나님은 옆에 계셨습니다(창 33:4, 34:1, 50:1). 마지막 147세의 나이로 죽을 때에도 하나님이 야곱에게 함께하셨습니다.
2) 야곱의 일대기는 하나님의 사랑받는 생애였습니다.
보편적 사랑이 아닌 특별사랑을 받았습니다.
① 에서는 한 날 한시에 태어났지만 하나님의 사랑이 없었습니다.
말라기 1장2~3절 말씀에서 분명하게 밝혀주었습니다. 사랑받은 야곱은 싸움에서 이긴 이스라엘이었습니다.
② 우리는 이방인이지만 예수그리스도 안에서 하나님의 사랑받는 자가 되었습니다.
(롬 9:13)바울사도는 그 원인에 대해서 분명히 전하였습니다. 이제 예수님이 십자가에서 이기셨기 때문입니다(골 2:15). 우리는 예수이름으로 이겨야 합니다. 믿음으로 이기고(요일 5:4), 주님 안에서 이겨야 합니다(요 16:33). 은평교회 모든 성도들이 야곱의 신앙으로 승리하게 되시기를 주의 이름으로 축원합니다.

▶ **결론** : 우리는 이기는 사람늘입니다.

최후 마지막까지 지키고 승리한 사람들
(딤후 4:7~8)

성경에 나오는 말씀 가운데도 때때로 악한 자가 잠시 형통하는 내용이 있지만 결과에 가서는 악한 자는 비참하게 무너지게 되는 현장을 분명하게 보게 됩니다(시 1:4~6, 37:1~2, 합 1:13, 시5:5). 소설이나 영화나 드라마가 권선징악의 테마로 구성되어 있음을 보게 되고 선한 자는 끝내 좋게(happy ending)끝이 나는 것을 봅니다. 한때 지구상에서 히틀러 정권 다음으로 사람을 많이 죽인 캄보디아의 폴 포트 정권도 역사의 심판을 받게 되었고, 킬링필드(killing field)라는 영화로도 유명합니다.

지금도 캄보디아에 가면 그때에 죽인 사람들의 해골을 쌓아 놓고 역사의식을 갖게 하는 곳이 있습니다. 영화중에 '나 홀로 집에'라는 미국 헐리우드 영화가 있는데 주인공 '케빈'이라는 아이가 혼자 집에 있는데 빈집털이 도둑이 집에 들어와 아이가 도둑과 싸우는 중 경찰관이 와서 도둑을 잡아가고 부모는 여행에서 돌아와 아이를 찾아 만나는 장면으로 끝이 나게 됩니다.

교회를 핍박하고 성도를 핍박하는 것은 결국 예수님을 핍박하는 것인데 예수님께서 이 땅에 다시 재림하심으로 끝이 나게 될 것입니다. 그때까지는 지상교회나 성도들이 바른 신앙을 지켜 나가며 싸워야 합니다. 그래서 칼빈(Calvin)은 지상교회는 '전투적 교회'라고 하였습니다. 세상에서 건강, 재산 모두 지켜야 하겠지만 마지막 까지 지켜야 할 일은 바른 신앙을 지켜나가야 하는바 지금처럼 어려운 시대에 바울의 신앙을 통해서 바르게 끝까지 지켜 나가게 될 때에 승전가의 환호를 부르게 될 것을 본문에서 배우게 됩니다.

1. 모든 그리스도인들은 자기 자신의 바른 신앙을 지켜야 합니다.

세상에서 자기 자신이 중요합니다. 세상을 다 잃어도 자기를 잃어버리면 소용이 없기 때문입니다.

1) 따라서 신앙생활에서 자기 자신을 바르게 지켜야 합니다.

우리 몸속에는 적혈구와 백혈구가 있어서 외부에서 적이 몸에 침투하면 싸워 퇴치시키기 때문에 건강을 유지하게 됩니다. 우리의 영적 싸움의 원리가 여기에도 있음을 보게 됩니다.

① 내가 바르게 지켜 나아가야 합니다.

마귀 적이고 불신앙적인 요소들이 가득한 세상이기 때문입니다. (딤전 5:22) '네 자신을 지켜 정결케 하라'(Keep yourself pure)했습니다. 유다서1장21절에 '하나님의 사랑 안에서 자기를 지키며'(Keep yourselves in God's love as you wait)라고 하였습니다. 국가의 안보나 회사의 기밀 사항도 지켜질 때, 건실하듯이 개인의 바른 신앙을 지켜 나가는 것이 건강하고 올바른 신앙입니다. 그런데 자기와의 싸움이 제일 힘이 드는 것은 사실입니다. 빅톨 위고는 말하기를 '국가 간의 전쟁이나 자연적인 재해보다 자기와의 싸움이 제일 어렵다'라고 했습니다.

② 자신이 결심한 것이 작심삼일(作心三日)이 되기 쉽습니다.

옛날 공부할 때 하루에 단어 몇 개씩 외우겠다고 다짐했던 시절이 생각납니다. 오래가지 못했습니다. 그러나 성경 읽는 것은 지금까지 지켜왔고, 그 고달프던 군대생활에서도 성경을 읽었던 기억이 생각납니다. 이는 하루에 식사량이 있듯이 영적 약식인 성경을 읽어야 한다는 영적 결심이 있었기 때문입니다. 그런데 내 결심이 아니라 성령께서 도와주셨기 때문입니다. 우리의 싸움에는 성령께서 도와주실 때에 결심한 것이 유효하게 지키게 됩니다.

2) 지킨다는 것은 수호한다는 뜻입니다.

말씀을 지키는 '지킨다'의 뜻은 헬라어로 퓌라스소(ψυλάσσω)라는 말은 '수호하다', '복종하다'는 뜻이 강합니다.

① 무슨 일이 있든지 주의 말씀을 따라가는 영적의지가 중요합니다.

타인에 의한 의지보다 자기 자신에 의한 의지가 중요합니다. 자기 자신에 의해서 기도하고, 전도하고, 주의 일에 힘쓰는 모든 일에서 자신의 영적 의지에 의해서 행동하는 일입니다. 여기에 또한 하나님의 성령께서 도와주시고 인도해 주십니다. 또한 도와주시고 인도해 주실 뿐 아니라 좋은 것으로 주십니다(시 107:9, 시 42:1).

② 은평교회 성도들에게 영적의지력이 풍성하게 되시기를 바랍니다.

타인에 의한 쉘 법칙(shall)이 아니라 자기 자신의 의한 윌 법칙(will)에 의해서 되어야 합니다. 타 동사가 아니라 이는 자동사입니다. 주일성수, 예배, 기도, 찬송, 헌금, 전도 등 전체의 신앙생활들이 자기의지에 의한 것이어야 합니다. 바울은 예수님을 만난 뒤부터 죽을 것을 각오하고 복음 전하는 일을 할 때에 전적인 자신의 의지였고 성령께서 그를 도와주셨습니다. 바울의 고백들이 이를 뒷받침 해주고 있습니다(롬 1:13, 행 20:24).

2. 모든 그리스도인들은 선한 싸움을 싸우기 위해서 믿음위해 굳게 서야 합니다.

선한 싸움의 중요한 기본적인 무기가 '믿음'(faith)입니다. 이 믿음이 또한 세상을 이기게 합니다(요일 5:4).

1) 바울은 믿음을 지키겠다고 간증했습니다.

(딤후4:7) '내가 선한 싸움을 싸우고 나의 달려갈 길을 마치고 믿음을 지켰으니'(I have kept the faith)했습니다.

① 믿음을 지킨 사람들에 속해야 합니다.
천국은 믿음을 지킨 사람들이 가는 곳이요, 믿음을 지킨 이들의 모임입니다. 그래서 히브리서 11장에는 구약시대의 믿음의 산 증인들의 이야기로 가득 채워져 있습니다. 아브라함, 이삭, 야곱, 요셉, 모세, 다윗 모두가 믿음의 증인들입니다. 신약시대나 교회시대에 어떤 이들은 믿음의 순교까지 당함으로 세상이 감당치 못했습니다(히 11:38).
② 믿음은 육안으로는 보이지 않지만 반드시 존재합니다.
철학적 용어를 빌리자면 형이하학적이 아니라 형이상학적이기 때문입니다. 무형, 무취, 무색하지만 분명하게 존재해서 색채가 이루어지는 것이 믿음입니다. 히브리서11장 1절에서 그 정의를 내려주셨습니다. 이 믿음은 아무나 것이 아니며(살전 3:2~), 하나님께서 주신 선물입니다(엡 2:8).

2) 믿음을 귀하에 여기고 행하여야 할 이유가 여기에 있습니다.
  오직 믿음으로만 되는 것이 있기 때문입니다.
① 오식 하늘나라는 믿음으로만 입성하게 됩니다.
구원의 보장은 오직 믿음밖에 없습니다. (요 1:12)'영접하는 자 곧 그 이름을 믿는 자들에게는 하나님의 자녀가 되는 권세를 주셨으니'했습니다(요 3:16, 36).
② 하나님을 기쁘시게 해드리는 방법은 오직 믿음입니다(히 11:6).
바울은 본문에서(딤후 4:7) '내가 선한 싸움을 싸우고 나의 달려갈 길을 마치고 믿음을 지켰으니'(I have kept the faith)했습니다. 세상에 지켜야 할 일이 많지만 제일중요한 인생이야기는 예수 믿는 믿음을 지키는 일입니다. 여기에 의의 면류관이 약속되었습니다(the crown of righteousness). 세상에 썩을 면류관이 아닙니다(고전 9:24~25). 믿음으로 서게

될 때에 '할 수 있다'는 긍정에 서게 됩니다. '나는 할 수 있다'(I can do it)라고 해야지 '나는 할 수 없다'(I can't nat do it)이면 곤란합니다. 그래서 믿음이 중요합니다.

하루야마 시게오 박사의 플리스 발상법이라는 것이 있습니다. 어떤 일에 대해서 '하기 싫다', '하기 좋다' 하는 생각도 뇌에서는 에너지가 소비된다는 것입니다. 부정적인 때에는 우리 몸속엔 엔돌핀이라는 호르몬이 나오지 못하게 억제하고 긍정적인 때에는 엔돌핀이라는 호르몬이 배나 늘어난다는 것입니다.

3. 모든 그리스도인들은 하나님의 존귀하신 말씀을 지켜 나가야 합니다.

사도바울은 본문에서 성공자로 선언하였습니다.

1) 하나님을 사랑하기 때문에 말씀을 지켜 나가게 됩니다.

정말로 인격적인 말씀 속에서 하나님을 사랑하십시오. 그러면 말씀을 귀하게 여기고 지켜 나가게 됩니다.

① 주의 말씀은 아무나 지켜 나가는 것이 아닙니다.

'너희가 나를 사랑하면 나의 계명을 지키리라'(If you love me, you will obey what I command)하였습니다(요 14:15). 교회에 함께 나와 신앙생활 하는 것은 하나님 말씀 따라 가는 일입니다.

② 하나님 말씀을 지킬 때에 축복이 약속되었습니다.

이는 축복의 길이요(신 20:1~14), 이는 생명의 선이기도 합니다(신 30:15). 축복과 생명의 만능열쇠 입니다(master key).

2) 이 세상에서 성공이냐, 실패냐는 말씀에 달려 있습니다.

바울은 하나님 말씀을 따르게 되었고 말씀을 지킨 성공자가 되었습니다.

① 말씀을 따르게 될 때에 순종이 따라옵니다.

불순종은 곧 실패입니다(마 21:28). 예수님께서 말씀하신 두 아들에게서 배우게 됩니다. 말씀 따라 감으로 성공자가 되어야 합니다.
② 이 세대 가운데서 은평교회 모든 성도들여 바울의 성공을 배워야 하겠습니다.
말씀 속에 영생, 상급, 축복, 성공적인 용어들이 모두 약속되었습니다. 은평교회 성도들에게 바울의 고백이 나의 고백이 되어지게 되시기를 주의 이름으로 축원합니다.

▶ **결론** : 우리는 최후 승리자 편에 서야 합니다.

구원/천국

십자가 위에서 흘리신 보혈 피
(엡 2:1)

　국가나 단체에는 나름대로 상징적인 깃발이 있습니다. 학교와 기업도 깃발이 있듯이 교회의 상징은 십자가 깃발입니다. 십자가 깃발은 세계 어디에서든지 오늘도 휘날리고 있습니다. 적십자가 깃발, 녹십자가 깃발은 반기독교 국가 에서도 휘날리고 있습니다. 그런데 이 십자가는 고대 로마인들의 사형 집행기입니다. 극형의 사형도구가 바로 십자가 형틀 이였습니다. 예수님이 골고다 언덕위에서 처참하게 십자가에서 피 흘리셨습니다. 인체의 70%가 물이기 때문에 피를 많이 흘리게 되면 죽게 되는데 예수님이 그리하셨습니다.

　사도요한은 이렇게 기록하였습니다(요19:34). "그 중 한 군병이 창으로 옆구리를 찌르니 곧 피와 물이 나오더라"(bringing a sudden flow of blood and water)하였습니다. 예수님이 육체로 계셨기 때문에 피와 물을 모두 흘리시게 되었습니다. 예수님은 물과 피로 임하셨습니다(요일 5:6). 예수님의 구원에 대한 예언 중에도 짐승이 피 흘려 죽고 그 가죽옷을 입혀주셨습니다(창 3:21). 유월절 피 흘리시는 양이요(출 12장), 그 피 흘리심이 없다면 사함도 없습니다(히 9:22). 그 피 흘리심이 우리의 죄를 씻고 우리를 구원해 주셨습니다(벧전 1:19, 히 13:20, 계7:14). 예수님의 고난주간에 다시 한번 은혜를 확인하시기 바랍니다.

1. 십자가 선상에서 흘리신 예수그리스도의 피는 생명을 살리는 피입니다.

　일컬어서 보혈의 피라고 말합니다. 예수님의 피는 세상 다른 피와 다릅니다.

1) 보배로운 피 입니다.

현대에 와서 의학적 발달로 헌혈운동을 합니다. 인간은 혈액형이 맞게 되면 검사 후에 피를 수혈 받아서 한시적인 인생이지만 생명을 연장 받고 살아갑니다. RH(-)형의 피를 메스컴에서 긴급하게 찾을 때도 있습니다.

① 예수님이 흘리신 피는 인간이 찾는 피와 다릅니다.

수혈하는 피는 육체적 생명을 조금 더 연장하는 역할을 해줄 뿐입니다. 그러나 예수그리스도의 보혈은 우리의 죄와 사망의 멸망에서 구원해 주셨습니다. 본질상으로 볼 때에 진노의 자식 이었습니다(we were by nature objects of wrath - 엡 2:3). 모두가 죄인이며 그 피 값은 사망입니다(롬 3:10, 3:23, 요일 1:8~9, 롬 6:23). 영원히 망할 죄에서 구속하신 예수그리스도의 보혈의 피 입니다.

② 무조건적이며, 도매금으로 전체의 구원이 아니요, 믿는 자만 구원받습니다.

좋은 복음이라도 믿는 자만 구원입니다. (살전 2:13)믿는 자 속에서 역사하는 말씀이지만 모두가 믿는 것이 아닙니다(살후 3:2). 예수님의 고난주간에 다시 한 번 생각해 보아야겠습니다. 광야에서 구원의 표로 구리 뱀이 들려졌지만 쳐다본 사람만 구원을 얻었듯이(민 21장) 십자가 위에서 피 흘리신 예수그리스도를 믿는 자만이 구원을 얻게 됩니다(요 3:14~16). 그러나 불신자는 하나님의 진노를 기다리게 됩니다(요 3:36). 그러므로 이 시간에 다시 한번 내 마음속에 예수그리스도의 보혈 피를 확인해야 합니다.

2) 예수그리스도의 피는 곧 복음입니다.

복음(εὐαγγέλιον)은 곧 기쁨소식이요, 복된 소식입니다. 예수그리스도의 피만이 죄에 빠진 멸망할 인생을 구원하시게 됩니다.

① 내 생명을 영원히 다시 살리셨으니 비교할 수 없는 기쁨이요 좋은 소식입니다.

예수그리스도 피 밖에는 내 생명이 구원받을 수 없습니다. 찬송가 252장(통합184장) '나의 죄를 씻기는 예수의 피 밖에 없네 예수의 흘린 피 날 회개하오니 귀하고 귀하다 예수의 피 밖에 없네'하였습니다.

② 인간의 죄는 어느 누구도 천만금을 준다고 해도 해결할 수 없습니다.

오직 예수그리스도의 피 밖에는 없습니다. (벧전 1:18~19)"너희가 알거니와 너희 조상의 유전한 망령된 행실에서 구속된 것은 은이나 금같이 없어질 것으로 한 것이 아니요 오직 흠 없고 점 없는 어린 양 같은 그리스도의 보배로운 피로 한 것이니라"했습니다. 오직 예수그리스도의 피 입니다(요일 1:7). 수다한 비누와 잿물로도 씻지 못합니다(렘 2:22). 고난주간에 예수님의 피를 다시 한번 확인해야 하겠습니다.

2. 십자가에서 흘리신 예수그리스도의 피는 측량할 수 없는 하나님의 사랑입니다.

예수님이 십자가위에서 왜 죽으셨나요? 깨달아야 합니다.

1) 하나님의 사랑이십니다(God is love - 요일 4:8,16).

① 죄 값으로 멸망하는 인간을 하나님의 사랑이 그냥 지나치지 아니하셨습니다.

하나님께서 독생자를 이 땅에 보내셔서 십자가에 죽게 하셨습니다. 사도바울은 로마서에서 이렇게 전하였습니다. (롬 5:8)"우리가 아직 죄인 되었을 때에 그리스도께서 우리를 위하여 죽으심으로 하나님께서 우리에게 대한 자기의 사랑을 확증하셨느니라"(Christ died for us)하였습니다. 우리를 구원하신 사랑입니다.
② 이 사랑은 세속적 개념이 아닙니다.
헬라인들은 '사랑'이라는 말을 여러가지로 표현했습니다. 남녀 간의 사랑은 에로스(Eros), 형제간의 사랑을 필레오(φιλεω), 부모간의 사랑을 스톨게(Storge)이지만 하나님의 특별한 사랑으로 예수님도 주신 아가페(αγαπη)사랑입니다. 하나님께서 먼저 우리를 사랑하셨습니다(요일 4:19, 요 4:10).

2) 하나님의 사랑을 영접하고 믿어야 합니다.

여기에 죄 사함이 있고, 구원의 확증이 있고, 천국이 있기 때문입니다.
① 믿고 영접한 자에게 주시는 축복입니다.
믿고 영접하는 자에게는 하나님의 자녀가 되는 권세를 주십니다(요 1:12). 그 큰 사랑을 인하여 허물로 죽은 우리를 그리스도와 함께 살리셨고 너희가 그 은혜로 구원을 얻는 것이라 하였고(엡 2:5), 믿을 때에 하나님을 기쁘시게 해 드리게 되며(히 11:6), 믿을 때에 기적이 나타나는 현장을 보게 됩니다(막 10:52). 천국에 입성 할 때까지는 이 믿음 위에 서있어야 합니다.
② 이런 사랑을 등한이 여기면 오히려 진로가 임하게 되며 심판이 있습니다.
(히 2:1~3) "그러므로 모든 들은 것을 우리가 더욱 간절히 삼갈지니 혹 흘러 떠내려갈까 염려하노라 천사들로 하신 말씀이 견고하게 되어 모든 범죄 함과 순종치 아니함이 공변된 보응을 받았거든 우리가 이같이 큰 구원을 등한히 여기면 어찌 피하리요"했습니다. 소돔과 고모라성이 그 성보다 견디기 쉬우리라(마 10:14~15)하였습니다. 예수님의 고난주관에

확실히 확인해야 할 부분입니다.

3. 십자가 위에서 흘리신 예수님의 피는 하나님과 나와의 관계를 화평케 하셨습니다.

구약시대에는 하나님과의 관계를 위하여 짐승을 잡았습니다(레 6:6, 히 9:12).

1) 죄로 말미암아 하나님과 나의 사이가 원수관계가 되었습니다. 죄 때문입니다.

① 이제 예수그리스도의 피가 우리와 하나님과의 사이를 화평케 하셨습니다.

예수그리스도의 피가 우리 사이에 가로막은 담을 허물러 버리셨고 화평케 하셨습니다. (엡 2:13) "이제는 전에 멀리 있던 너희가 그리스도 예수 안에서 그리스도의 피로 가까워졌느니라 그는 우리의 화평이신지라 둘로 하나를 만드사 중간에 막힌 담을 허시고"하였습니다.

② 그리스도의 피로 모든 것은 하나님과 화목케 하셨습니다.

(골 1:20) "그의 십자가의 피로 화평을 이루사 만물 곧 땅에 있는 것들이나 하늘에 있는 것들을 그로 말미암아 자기와 화목케 되기를 기뻐하심이라"하였습니다. 원수된 것이 십자가로 소멸되었기 때문입니다(엡 2:16).

2) 이 십자가사건은 하나님이 우리에게 주신 전적인 은혜입니다.

① 우리는 이 은혜 아래 있는 존재들입니다.

바울은 이 은혜로 되었다고 분명히 확신하였습니다(고전 15:10). 왜 바울뿐이겠습니다. 우리 모두는 이 은혜아래 있기 때문에 축복입니다.

② 십자가 피 값으로 우리는 천국 시민권자가 되었습니다.

(요 1:12)하나님의 자녀입니다.
(롬 8:15)하나님을 아버지라 부릅니다.
(빌 3:20)우리의 시민권은 하늘에 있습니다.
(빌 4:3) 천국의 생명책에 우리의 이름이 있습니다.
(롬 8:1~2)예수그리스도 안에서 정죄함이 없습니다.
고난주간에 이 은혜를 확인하시기를 주의 이름으로 축원합니다.

▶ 결론 : 예수님의 보혈을 확인하세요.

예수님이 다 이루셨습니다
(요 19:30)

존재한다는 것은 모두 하나님께서 창조하신 창조의 사건에 속하게 됩니다. 신학자 쉐드(Shedd)는 말하기를 '무로부터 '기원'(起源)이라는 엄밀한 의미에서의 창조는 하나님의 '외향적'(外向的)으로 하시는 정말 최초의 사역이다. 삼위 안에 '귀착'(歸着)하는 신적전체에서의 영원한 활동 외에 아무것도 이것보다 선행하지 못한다. 이러므로 창조는 '조화'(造化)의 시작이라고 칭하고(잠 8:22), 태초에 하나님이 천지를 창조하시니라(창 1:1). 그래서 창조는 과학이나 이성에 의해서 충분히 증명되기 불가능하다'라고 했습니다.

예수님은 창조주로써 타락된 인간을 구원하시기 위해서 육신을 입고 오셨으며(incarnation)십자가에서 못 박혀 대속적 죽으심을 당하셨습니다. '예수'라는 이름 속에 그 뜻이 있습니다(마 1:21). 이는 성경예언의 성취이며(사 53:4~10), 성경의 예언이 가득한 것이 구약예언입니다(창 38:21, 출 12:11, 레 1:3, 수 2:18). 예언대로 예수님이 오셨으며 타락된 인간 구원을 완성하셨는데 여기에서 은혜의 시간이 되시기를 바랍니다.

1. 예수님은 십자가에서 우리 모든 죄 문제를 해결해 주셨습니다.

창조 때에는 하나님 보시기에 심히 좋았다고 하셨는데(God saw all that he had made, and it was very good), 타락되어 잃어버린 존재가 되었습니다.

1) 죄가 들어와서 모든 것이 깨어지게 되었습니다.

정령 죽게 되었습니다(창 2:17).
① 사탄 마귀의 꾐에 넘어가게 되었습니다.
뱀은 곧 마귀의 상징입니다(창 3:1, 요 8:44, 계 12:9, 20:1). 그리고 모든 죄 가운데 빠지게 되었습니다(롬 3:10→시14:1, 롬 6:23). 죄 값은 사망이 되었습니다(For the wages of sin is death).
② 죄가 죄를 낳게 되었고 죄의 결과를 또 낳게 되었습니다.
이를 아담 후손 가인에게서 보게 됩니다. 제사가 상달할 수 없게 되자 동생을 죽이고도 얼굴이 뻔뻔한 모습을 보게 됩니다(창 4:9). 이 모든 죄들까지 해결해주시는 주님의 십자가 사건입니다.

2) 이제 예수그리스도 안에서는 믿는 자에게 정죄가 없게 되었습니다.
　믿는 자는 정죄에서 해방되었고 용서되었습니다.
① 예수님이 십자가에서 모두 그 죄 값을 갚아주셨습니다.
"다 이루었다"(It is finished)는 이 외마디 속에는 끝냈다는 '직역'이지만 다 갚아주었다는 의미가 있습니다.
② 이제는 예수님 안에서 영생이요 축복입니다.
어디까지나 믿는 자에게 해당 됩니다. 불신자는 여전히 죄 안에서 살다가 멸망 받게 됩니다. 사도 바울은 에베소교회에 전한 말씀에서 자세히 전해주고 있습니다(엡 2:1~). 믿으면 구원받지만 불신자에게는 본질상 진노가 임하게 됩니다(요 3:36).

2. 예수님은 십자가에서 우리의 영생의 문제를 해결해 주셨습니다.
　에덴동산에서 불순종하게 되었고 이제는 예수님 안에서 순종자가 되어 구원받게 됩니다.

1) 예수님이 십자가에서 죽으심은 우리의 영생의 문제를 해결하기 위한

목적이었습니다.
① 아담 안에서는 죽음이지만 예수님 안에서는 영생이 약속되었습니다. 그러므로 믿되 성경을 바르게 알고 믿는 자가 되어야 합니다. 이것이 성경에 말하는 내용입니다(롬 5:12~, 고전 15:22). 아담 안에서는 멸망이지만 예수님 안에서는 영생입니다.
② 예수님은 구원을 완성하셨습니다.
십자가에서 대속해 주셨기 때문입니다. 이제는 믿는 자에게 영생입니다. 놋 뱀 사건을 통해서 확신하게 교훈해 주셨음을 읽게 됩니다(민 21:→요 3:14~16),

2) 그러나 믿지 않는 불신자는 멸망입니다.
　예수님이 그렇게 십자가를 지셨는데도 불신하게 되면 더 큰 심판이 기다립니다.
① 지옥은 반드시 있는데 불신지옥입니다.
이것이 성경 중심에서 우리에게 전해줍니다. 믿는 자는 영생이지만 불신자는 여전히 죄 앞에서 멸망이요 심판이 기다리고 있다고 하였습니다(마 10:12~14, 요 3:18, 36).
② 불신자가 받는 심판은 무서운 심판입니다.
믿는 자에게는 예수님이 십자가에서 죄 값을 대신 주셨지만 불신자의 죄는 값아 주시지 않습니다. 한번 죽음도 심판도 예언되었고 그대로 이루어지게 되는 것이 결론입니다(히 9:27). 전도서에서 분명히 전도하였습니다. "하나님은 모든 행위와 모든 은밀한 일을 선악 간에 심판하시리라"(전 12:14)하였습니다. 따라서 인생사에서 최고의 복은 예수 믿고 구원받는 일입니다.

3. 예수님이 십자가에서 믿는 자에게 축복을 완성하셨습니다.

이 세상에서의 사는 것이 끝이 절대로 아닙니다. 천국과 지옥이 분명히 있습니다. 예수님은 십자가에서 천국을 약속해 주신 것입니다.

1) 천국의 축복입니다.
　그 천국은 영원한 나라요, 믿는 자만이 가게 됩니다.
① 예수님이 준비하신 천국입니다.
십자가에서 죄 문제를 해결해 주셨고 영원한 천국을 약속해 주셨습니다. 이것을 사도 요한은(요한복음 14장1~6절)에서 분명히 전했습니다. 그 나라는 예수님이 준비하신 나라입니다.
② 이 나라는 영원한 나라입니다.
세상 나라 같이 '흥망성쇠'(興亡盛衰)의 나라가 아니라 영원한 '불변'의 나라입니다. 느부갓네살 왕의 꿈에 대한 해석에서도 예언하였던 나라입니다(단 2:44). 세상 나라는 흥하기도 하지만 망하게도 되는데 이것이 세상의 역사였습니다. 그러나 천국은 영원히 망함이 존재하지 않습니다.

2) 예수님의 십자가는 실패가 아니라 대승리입니다.
　어떤 사람은 말하기를 예수님이 십자가에서 실패하였다고 주장하였지만, 예수님은 실패자가 아니라 승리자가 되셨습니다.
① 십자가로 승리하신 것입니다.
사도바울은 골로새교회에게 전한말씀에서 분명해 했습니다. (골 2:15) 십자가로 승리하셨습니다(triumphing over them by the cross). 따라서 십자가의 도를 받는 성도에게는 예수님 안에서 영원한 승리가 보장됩니다.
② 십자가로 승리하신 예수님을 따라가는 성도들이 되시기 바랍니다.
"다 이루었다"라고 전하는 메세지는 십자가로 승리하였다고 하는 소식

이 됩니다. 이 십자가의 도를 통해서 구원 받는 모든 은평교회 성도들이 언제나 십자가를 지고 예수님처럼 승리하는 성도들이 모두 되시기를 예수님의 이름으로 축원합니다.

▶ **결론** : 예수님은 승리 하셨고 구세주가 되십니다.

내가 가는 길은 생명의 길인가? 멸망의 길인가?
(마 7:13~14)

　사람들은 세상에서 살아가는 인생의 길들이 많은데 제각기 취향에 따라서 삶의 방식이 다르게 됩니다. 제각기 바른 생각 속에서 결혼관, 직업관, 생활관이 다른 인생여정을 살아가게 됩니다. 한때 구라파를 석권 하려던 나폴레옹은 세인트헬레나 섬에 유배되어서 죽어가게 되는데 그가 남긴 말은 유명합니다. '나는 칼로 세계를 정복하려고 하였으나 실패자가 되었지만 나사렛예수는 사랑과 희생으로 세계를 정복하였다'고 하였습니다. 고대 헬라의 공원에 노인이 벤치에 앉아 있는데 저녁때에 시간이 되어서 공원을 닫으려고 공원지기가 다가와서 물었습니다. '당신은 어디서 온 누구며, 어디로 갑니까? 이때에 노인 대답이 내가 그것을 알면 왜 여기에서 고민하며 앉아있겠소? 그것을 모르니 안타까운 일이요'라고 하였다고 합니다. 공원지기가 우연히 던진 말이었지만 이 노인에게는 대단한 문제의 질문이었는데 그가 바로 당대의 유명한 철학자였던 디오게네스였습니다.

　지금 현대인들은 자기가 어디로 가는 줄도 모르며 살아갑니다. 삶에 종착역에는 하나님의 심판이 있음을 모르며 살아갑니다(전 12:13~14, 11:9, 욥 19:29, 마 12:36, 행 17:31, 롬 2:16, 고전 4:5, 신 30:15). 본문에서 예수님의 산상수훈 중에 가르치시는 말씀 중에 "생명의 길, 좁은 문으로 들어가라"고 명하시는데 여기에서 큰 은혜의 시간이 되시기를 바랍니다.

1. 생명으로 인도하는 문과 멸망으로 인도하는 문은 각각 특색이 있습니다.

　이 문의 특색만 잘 알아도 멸망으로 가지 않게 될 것입니다.

1) 멸망으로 인도하는 문과 길은 넓다는 특색이 있습니다.

현대인들의 심리는 넓은 곳을 좋아하는 것이 취향입니다. 넓은 아파트를 비롯해서 여러 넓은 공간을 좋아하지 좁은 곳은 원하지 않습니다.
① 넓고 편하기 때문에 찾는 사람도, 찾아 가는 사람도 많다는 것입니다.
굳이 고생길로 가려고 선뜻 나서지 않는 세상입니다. (마 7:13) "그리로 들어가는 자가 많고"(and many enter through it)하였습니다. 도덕적으로 바르게 살려고 하거나 신앙생활에 매여 생활하려고 하지 않는 추세입니다. 죄를 짓고도 죄의식도 없는 세상입니다. 신앙 직분의 개념도 없어서 결국은 장자의 명분을 판 에서와 같이 됩니다(창 25:32).
② 현대사회는 넓은 길로 유혹하는 길이 많습니다.
일반 사회에서도 도덕적으로 옛날에는 집안의 어른들이 계셨고, 사회에서도 어른들이 있어서 자녀들도 잘 훈육하였지만 지금은 그런 개념이 모두 없어지고 있습니다. 교회에서도 회개의 말씀을 외치고, 물과 성령으로 거듭나라는 말씀에 '아멘'하였고, 진리가운데서 생활하려고 하였지만 점점가면 갈수록 신앙적 측면에서도 어려운 시대입니다.

2) 생명으로 인도하는 문은 그 특색이 있습니다.

이제 말씀으로 돌아가야 할 때입니다. 멸망으로 가는 길은 간섭을 싫어하지만 생명의 길은 하나님 말씀의 간섭 속에서 살아가게 됩니다.
① 성경말씀으로 성령님께서 내 속에 간섭해 주십니다.
성령께서 내 안에 성전 삼으시고 늘 간섭해 주십니다(고전 3:16). 그래서 세상과 맞지 아니할 때에는 감화 감동으로 역사하시는데 성령의 감동으로 기록된 성경말씀이기 때문입니다(딤후 3:16~).
② 순종하고 겸손과 사랑하며 살아가야 합니다.
이것이 신앙생활입니다. 여기에는 헌신도 있습니다. 봉사나 희생이 따

라야 합니다. 때로는 그릇된 것에 대하여는 '아니요'(NO)라고 할 수 있어야 합니다. 이로 인하여 고난이 올수도 있습니다(창 39:9). 은평교회 성도들이 모두가 이 신앙으로 서가게 되시기를 바랍니다.

2. 한 길은 영원히 흥하는 길이지만 한 길은 영원히 망하는 길입니다.
　누구나가 흥하는 길인지 또는 망하는 길인지 모르고 둘 중에 한 길로 가는 것이 인생의 행보입니다.

1) 망하는 길은 언제나 특징이 있는데 사람이 많다는 것입니다.
　가기가 편하고 누구도 간섭하지 않는 길입니다.
① 넓은 길에는 언제나 사람들이 참 많습니다.
남녀노소 할 것 없이 가는 이들이 많기 때문입니다. 지위고하, 학력유무, 빈부귀천 없이 가는 이들이 많은 인기의 길입니다. 세속적 표현을 쓰자면 대세의 길입니다. 그러나 그 길은 망하는 길입니다. 그 속에는 하나님이 계시지 않게 때문입니다.
② 사람들은 큰 홍수에 떠내려가는 상태입니다.
매일 모여서 술 마시고 춤추고 죄 짓고 있어도 간섭하지 않습니다. 지금은 편하니깐? 이것이 넓은 길입니다. 불쌍한 사람들입니다. 그러나 주님의 양은 주님의 음성을 듣고 간섭 받고 돌아오게 됩니다(요 10:27).

2) 생명의 길은 가는 이가 적고 인기가 없습니다.
　야구장이나 축구장에 가는 청중과 같은 즐거운 곳이 아니기 때문입니다. 가끔씩 메스컴에서 운동경기장에 관중들이 가득한 모습을 보고 그곳에서 부흥회 한번 했으면 좋겠다고 생각해 보지만 부흥회 한다면 저렇게 많은 사람들이 모일까?
① 가기가 어렵기 때문에 좁게 보입니다.

그래서 좁은 길, 인기가 없는 길은 가려고 하지 않습니다. 교회에 나와서 바르게 신앙생활 하려면 우선 술, 담배부터 끊어야 하기 때문에 교회에 나오지 않고 구애받지 않는 타종교에 가서 자유롭게 문을 두드리는 경우도 있습니다. 그러나 분명한 것은 예수님이 좁은 길로 가셨다는 사실입니다.

② 소수의 무리가 가는 길이지만 이 길이 영생의 길입니다.

우리 대한민국에서도 국민의 4/1정도 교회에 출석하는데 그 중에도 물과 성령으로 거듭나지 아니했으면 천국에 들어갈 수 없습니다. 이 좁은 문으로 들어가서 천국의 주인공들이 모두 되시기를 바랍니다.

3. 예수그리스도 안에서 천국 가는 길을 찾았으면 다시 잃어버리지 말아야 합니다.

목회자의 한사람으로 진심으로 전하는 말은 함께 좁은 길로 가자는 말씀입니다.

1) 좁은 길은 예수님이 가신 길입니다.

예수님이 좁은 길로 가셨고 따라오라고 하셨습니다.

① 예수님이 가신 길은 평탄대로의 고속도로가 아니었습니다.

이른바 tlq자가의 길입니다. 시몬 베드로가 고백한 신앙고백위에 교회를 세우겠다고 하셨는데 그 길은 다름 아닌 십자가를 벗고 가는 길이 아니요, 지고 가는 길이라고 분명히 말씀하셨습니다(마16:18~24).

② 십자가는 지기 쉬운 것이 아니요, 어려운 길입니다.

자기를 부인go야 하고 자기가 죽어야 하기 때문입니다. 나는 예수 안에서 이미 죽었기 때문입니다(롬 6:3). 그래서 사도바울은 "날마다 죽노라"(I die every day)하였습니다(고전 15:31). 옛날 예수님을 믿기 전에 있었던 생활들과 성격들이 일어나지 않도록 날마다 나는 죽어야 사는 것입니다.

2) 예수님은 십자가로 승리하셨습니다(골 2:15).

우리는 예수님을 따라가며 십자가로 승리해야 하겠습니다.

① 예수님 안에서 좁은 길은 어려운 길이지만 영생의 길입니다.

때로는 핍박을 이겨야 하고, 조롱도 이겨야 합니다. 유혹의 길도 이겨야 합니다. 믿음의 선진들이 걸어갔던 길입니다. 베드로, 바울, 요한, 폴리갑 등 수많은 순교자들과 신사참배를 거부했던 주기철 목사님이 걸어가신 길입니다.

② 내 힘으로는 어렵지만 성령께서 도와주십니다.

그래서 성령받기 전의 베드로와 성령 받은 후 베드로가 달랐습니다(마 26:33, 행 4:19). 이 시대의 우리들의 신앙이 성령의 사람들이 되어서 끝까지 좁은 문으로 들어가 승리하게 되는 역사들이 있게 되시기를 주의 이름으로 축원합니다.

▶ **결론** : 좁은 문으로 들어가야 합니다.

구원의 축복을 받은 집
(눅 19:1~10)

　세상에서 살아가는 동안 축복이란 단어를 싫어하는 사람은 없을 것입니다. 누구나 축복이라는 말을 좋아하는데 문제는 그 축복의 내용이 어떤 것이냐가 관건입니다. 행복을 느끼는 행복지수 역시 복 받는 내용에 따라서 달라지게 되는 것인데 성경이 말씀하시는 가장 중요한 복은 죽을 죄인이 예수님을 믿고 죄 사함 받아 영생을 얻는 것입니다. 예수 믿고 구원받아 영원한 천국을 소유한 천국 시민권자(빌 3:20)가 된 것만큼 중요하게 다루는 복은 없습니다.

　본문에서 나오는 삭개오는 히브리어로도 '삭개'(느 7:14)인데 그 뜻은 '순결' 또는 '정의'로써 후에 삭개오는 베드로의 통역관으로 일했다는 설이나(Clement), 가이사랴에서 고넬료의 후계자가 되었다고 하기도 하며(Apostolic const), 가룟유다를 대신한 맛디아(행 1:23)라고 하기도 합니다.(Clement of Alexandria)그는 부자였고 여리고 지역의 세무장 이었지만, 사람들에게 욕을 먹는 사람이였으며 더욱이 키가 작아서 예수님을 보려고 했지만 볼 수 없어 뽕나무에까지 올라가게 되었는데 예수님께서 부르셨고 그 집에 들어가시므로 회개하는 그에게 구원을 선포하시는 축복을 받게 되었는바 여기에서 그 은혜를 받게 됩니다.

1. 삭개오는 예수님이 누구신지 사모하게 되었습니다.

　그분이 누구신지 궁금하게 되었고 드디어 그 분에 대해서 사모하게 되었던 차였습니다. 사모하는 영혼을 만족케 하시는 하나님이심을 깨닫게 됩니다(시 107:9).

1) 보고 싶어 하였고 사모하는 증표를 보였습니다.

(4절) '앞으로 달려가 보기 위하여 뽕나무에 올라가서'하였습니다. 사모하게 되고 뵙고 싶어서 체면을 모두 버리고 나무에 까지 올라가는 열정이 돋보이게 되는 부분입니다.
① 삭개오가 예수님을 뵙고 싶어 하고 사모하는 만큼 우리는 사모해야 합니다.
이런 마음만 있다면 주일날 예배시간에 늦거나 결석하는 사람은 없게 될 것입니다. 예수님을 보고 싶어 키가 작은 것을 극복하기 위해서 뽕나무까지 오르게 되였습니다. 누구든지 자신이 열망하는 일에 몰두하게 됩니다. 철학도의 열정이 인생을 연구하게 되고, 과학도의 실험실에서 편리한 과학제품이 나오게 되듯이 예수님을 향한 열망이 뜨거운 신앙을 가지게 됩니다. 파스칼(Pascal)은 '기독교 진리는 믿고 들어갈 때에 증명 된다'고 하였습니다.
② 어떤 입장에서 대하느냐가 좌우합니다.
생애뿐 아니라 영원한 세계까지 달라집니다. 피카소는 어릴 때부터 미술선생님이셨던 아버지 덕분에 미술에 관심이 많았습니다. 어느날 아파트 골목에서 폐자전거를 보면서 가져다가 핸들부분을 떼어서 거꾸로 용접해서 이름을 '황소머리'라는 이름을 붙이게 되었는데 그것이 값을 따질 수 없는 명작이 되었습니다. 버려진 것이지만 피카소에 의해서 사용됐듯이 버려진 인생이지만 예수님께 붙들리면 명품인생으로 영원히 살게 되는 축복을 받게 됩니다.
옛날 러시아 국방부장관에게는 알라스카(Alaska)가 아무 쓸모없는 어름산이었지만 미국 국방부장관에게는 대단히 좋은 최고의 땅 이였기에 750만불에 살 수 있었고 오늘날 한반도의 11배나 되는 큰 땅덩어리에서 온갖 보화가 넘치는 곳이 되었습니다.

2) 사람들은 예수님을 그렇게 귀하게 여기지 않았습니다.

건축자의 버려진 돌(시 118:22, 눅 20:17, 행 4:11, 벧전 2:7)로 밖에 여기지 아니했으나 인류구원의 기초요 머리돌이 되셨습니다.
① 예수님은 사람들이 버린 자 같이 되셨습니다.
그리고 십자가에서 처참하게 불법재판장에 의해서 죽으셨습니다. 누구도 귀하게 여기지 아니하셨습니다(사 53:1~3).
② 그러나 예수님은 구세구가 되십니다.
어떤 분으로 믿느냐에 따라 달라지게 됩니다. 십자가의 도가 멸망 하는 자에게는 미련하게 보이지만 구원받는 우리에게는 하나님의 능력입니다(고전 1:18). 따라서 어떤 일이 있든지 예수님 믿는 일은 복 받는 최고의 일입니다.

2. 세리 삭개오는 예수님을 즐거워하며 영접하였습니다.

(6절) '급히 내려와 즐거워하며 영접하거늘'(So he came down at once and welcomed him gladly)했습니다.

1) 자기의 위치나 사람들의 시선을 관계치 않고 영접하였습니다.

사람들은 삭개오에 대해서 온갖 욕을 다하고 있었지만 시선 따위는 전혀 관계치 않았습니다.
① 이와 같은 삭개오에게 예수님이 찾아오셨습니다.
손 내밀어 주셨습니다. 언제나 주님이 먼저 우리에게 다가오시고 영접해 주시며 사랑해 주셨습니다(요 15:16: 요일 4:9). 그리고 마음을 두드려 주십니다(계 3:20). 이때에 영접해야 합니다.
② 기다리거나 망설이거나 계산해 볼 필요가 없이 예수님을 영접했습니다.
빨리 영접했는데 '급히'라는 말은 빨리라는 말씀입니다. 지체하거나 망설이지 아니하고 자기 집으로 모셨습니다. "내려와 즐거워하며 영접하

거늘"라고 하였는데 이것이 우리에 신앙이 되어야 합니다.

2) 영적이고 신령한 일은 언제나 빨리 결단해야 합니다.

삭개오는 이일에 축복받은 사람입니다.

① 미루게 되면 손해가 됩니다.

예수 믿는 일을 다음으로 미루면 아주 곤란합니다. 즉시 결단해야 합니다. 좋은 사업일수록 신속하게 결단해야 성공할 수 있습니다. 예수 믿는 일, 영적이고 신령한 일 역시 빨라야 합니다.

② 신앙생활에서 단점은 빨리 고치고 장점은 계속 증폭시켜 나가야 합니다.

결단이 빠를수록 좋기 때문입니다. 예컨대 술 문제, 담배문제, 도박 등 신앙생활에 걸림돌이 되는 것은 무조건 버려야 합니다. 여기에 복이 옵니다. 성령께서 도와주실 것입니다.

3. 예수님을 영접하는데 어떤 방해도 연연치 않았습니다.

예수님을 영접하는데 여러가지 문제도 있었지만 개의치 않았습니다.

1) 삭개오는 사람들의 시선이나 수군거림도 개의치 않았습니다.

(7절) '뭇 사람이 보고 수군거려 가로되 저가 죄인의 집에 유하러 들어갔도다'하였습니다.

① 사람들의 수군거리는 소리에 동요치 않았습니다.

수군거리는 것은 헬라어로 '디아공귀존'(διεγόγγυζον)이라 하는데 이는 벌떼가 윙윙 소리 내는 것을 의미하기도 합니다. 시끄럽고 귀찮게 하는 소리였지만 개의치 않았습니다.

② 사람들은 수군거리는 것을 좋아하는데 본받지 말아야 합니다.

남의 말을 할 때에 더욱 그렇습니다. (잠 26:22) '남 말하기를 좋아하는 자의 말은 별식과 같아서 뱃속 깊은 데로 내려가느니라'했습니다. 언제나 말을 조심해야 합니다(마 7:1, 약 3:1~, 요 6:43, 롬 1:29).

2) 그러나 삭개오는 예수님을 영접하고 회개하여 구원받게 되었습니다.
　중요한 것은 삭개오가 예수님 영접하고 구원받는 일입니다.
① 회개하였습니다.
(8절) '내 소유의 절반을 가난한 자들에게 주겠사오며 만일 뉘 것을 토색한 일이 있으면 사배나 갚겠나이다'하였습니다. 사람들은 재산을 생명처럼 여기지만, 회개할 때에는 물질문제가 아무런 변수가 될 수 없었습니다. 이제는 욕심을 버리고 베풀며 사는 사람이 되었습니다.
② 이 사람은 구원받았습니다.
(9절) '예수께서 이르시되 오늘 구원이 이 집에 이르렀으니 이 사람도 아브라함의 자손임이로다' 하셨고, 인자의 온 것은 잃어버린 자를 찾아 구원하려고 오셨다고 하셨습니다. 우리는 예수님 안에서 삭개오를 보고 큰 교훈을 얻으며 온 집안이 구원에 이르는 축복이 있게 되시기를 주님의 이름으로 축원합니다.

▶ **결론** : 예수님이 우리의 구원주이십니다.

영혼구원의 절대조건
(행 2:37~41)

　세상일에는 어떤 일에든지 그 일이 이루어지고 완성되기 위해서는 '절대적인 조건'이 제시되고 요구될 때가 있습니다. 수학공식 하나 중에 '절대 값'이라는 것이 있어서 그 절대 값이 충족될 때에 그 문제의 자물쇠가 열리고 풀려지게 됩니다.
　사람이 살아가기 위해서는 물과, 산소가 필수적이어서 이것이 없다면 살 수 없는 절대 값입니다. 육체의 생명도 생명이지만 영혼은 더 귀한 존재입니다. 육체는 죽으면 육신은 흙으로 돌아가지만 영은 천국이냐?, 지옥이냐? 갈림길에 분명하게 서게 됩니다. (요 6:63) '살리는 것은 영이니 육은 무익하니라 내가 너희에게 이른 말이 영이요 생명이라'하였습니다. (히 9:27) '한 번 죽는 것은 사람에게 정하신 것이요 그 후에는 심판이' 있습니다. 원죄와 자범죄 속에서 살아가는 인간의 결과는 영원한 심판이요 지옥입니다(롬 6:23). 유명한 병원이 있다고 해도 육신에 병이 들고 죽음이 온다면 떠날 수밖에 없습니다. 문제는 죽음 이후에 어디로 가느냐가 문제입니다. 여기에 인간의 구원의 필요성이 대두 되는데 그 구원의 문제를 해결하기 위해서는 절대 값이 요구 되는바 본문에서 은혜를 나누게 됩니다.

1. 죄에 대하여 바르게 알아야 합니다.
　죄가 무엇인가라는 인식은 성경에서 분명하게 기록되는데 히브리어도 '하타'는 '빗나가다'는 뜻이고, '페샤'는 '이탈하다'는 뜻으로 헬라어의 '하말티아'(άμαρτία)와 같습니다.

1) 하나님이 세우신 법에서 이탈하고 빗나가는 것이 죄라는 뜻입니다.

국가에는 국가법이 있고 단체에는 합당한 규칙이 있듯이 하나님의 백성에게는 하나님의 법이 분명하게 있습니다.

① 구약에는 십계명으로 주셨습니다.

613가지이상의 법과 율례가 있지만 요약 한 것이 십계명이요, 법입니다. 1~4계명 까지는 하나님의 관한 법이요, 5~10계명은 지상 사람들이 행하고 지켜야 할 도리들입니다. 여기에서 복을 명령하셨고 축복을 주셨습니다. 문제는 인간 스스로 힘을 가지고는 완벽하게 완성할 수가 없다는 것입니다. 모두가 부족하기 때문입니다. 여기에 하나님의 은혜와 긍휼이 요구됩니다.

② 말씀과 계명으로 보았을 때에 모두가 죄인들입니다.

그러므로 하나님의 은혜가 아니면 살수가 없습니다. 바울도 고백하기를 '내가 죄인 중에 괴수니라'(--of whom I am the worst -딤전 1:15)하였는데, '괴수'(πρῶτος)는 우두머리입니다. 문제는 사람들은 자기의 죄는 보지 않고 남의 것만 보고 정죄한 다는 것입니다. (요 8:7~)예수님은 '죄 없는 자가 돌로 치라'("If any one of you is without sin, let him be the first to throw a stone at her.")하셨습니다. 의인은 하나도 없다고 하셨습니다(롬 3:10, 23). 다만 성령의 역사로 마음이 찔리게 될 때에 회개만이 살길입니다(행 2:37~41).

2) 죄 사함의 역사는 반드시 회개가 있어야 합니다.

하나님께서는 지금도 부르시고 계신데 회개가 없어서 망하게 됩니다.

① 죄짓고 숨어있는 아담과 하와의 모습입니다.

(창 3:7~9) '여호와 하나님이 아담을 부르시며 그에게 이르시되 네가 어디 있느냐'(But the LORD God called to the man, "Where are you?")하였습니다. 하나님의 부르심을 회개를 촉구하는 부르심이었지만

아담은 죄를 전가하고 핑계 대는 데만 급급하였습니다.
(삼상 13:12~)이스라엘 초대 왕이 왕좌에서 내려 오게 된 것 역시 회개가 없었고 핑계되는 데에 급급하였습니다.
② 따라서 우리는 날마다 생활 속에서 회개가 성립되어야 합니다.
회개는 구체적으로 해야 하고 회개하였으면 실행해야 하는 것이 중요합니다. 또 실수하였어도 계속적으로 회개해 나가면서 자기 신앙 성숙에 힘써야 하겠습니다. 은평교회 나오는 모든 분들은 날마다 회개가 올바르게 성립되는 신앙이 되시기를 바랍니다.

2. 예수님의 보혈의 피가 우리의 죄를 씻어 주십니다.

몸의 때는 목욕탕에서 벗겨내고 옷은 세탁기에서 세제들이 씻겨내지만 인간의 죄 문제는 비누나 세제, 다른 어떤 것들로도 씻을 수가 없습니다(렘 2:22).

1) 예수님의 희생의 피만이 정결 하는 능력이 있습니다.

그래서 예수님은 육신으로 오셔서 죄 없으신 몸으로(히 4:15~16)오셨고, 피 흘리셨습니다. 그래서 초대교회에 있었던 이단자 영지주의는 예수님의 육체적 오심을 부인하였기에 이단입니다.
① 예수님은 성육신(incarnation)하셨고, 죄 없으신 몸으로 십자가에서 피 흘려 대속적 죽음을 당하셨습니다.
구약에서는 짐승의 피로써 백성들을 위해서 속죄 제사를 드렸으나 그것은 온전한 곳이 아니라 오실 예수님의 관한 예표요 그림자였습니다(히 9:12~).
② 이런 행위는 불완전하게 되었고 계속적으로 실행해야 하기 때문에 예수님은 단 한 번에 십자가에서 완성하셨습니다(요 19:31).
따라서 이제는 짐승이 죽을 필요가 없게 된 것은 예수님이 완성하시었

기 때문입니다. 예수님 안에는 완벽한 속죄가 이루어지게 되었기 때문에 누구도 정죄할 수가 없는 속죄가 이루어지게 되었습니다(요 5:24; 롬 8:1~2).

2) 예수님의 보혈의 피만이 완벽하게 죄를 씻습니다.
　예수님은 우리 믿는 사람들의 구원의 완성이십니다.
① 예수님이 피 흘리심은 본체가 되십니다.
구약의 뜻과 같이 다시 반복적이지 않습니다. (히 9:22) '피 흘림이 없은즉 사함이 없느니라'(and without the shedding of blood there is no forgiveness)하셨습니다. 이사야 선지자의 예언과 같이 예수님은 우리의 모든 죄를 짊어지셨기 때문입니다(사 53:4~5). 다른 길이 필요가 없습니다.
② 예수님의 피는 흠이 없으시며 완벽한 속죄를 이루어 주십니다(히 9:12~27).
(히 7:27절) '저가 저 대제사장들이 먼저 자기 죄를 위하고 다음에 백성의 죄를 위하여 날마다 제사 드리는 것과 같이 할 필요가 없으니 이는 저가 단번에 자기를 드려 이루셨음이니라' 하였습니다. 하나님의 성령께서 지금도 증거 하시는 내용의 중심은 예수님의 보혈로 죄 씻음 받는 복음입니다.

3. 성령이 임하시고 죄 씻음 받은 백성은 축복이 약속 되었습니다.
　예수님 믿고 구원 받은 자체가 무엇과 비교할 수 없는 영원한 생명의 복이며 실제적으로 생활 속에서도 축복은 약속되었습니다. 예수님이 가난하게 된 이유입니다(고후 8:9).

1) 축복의 내용을 분명하게 알아야 합니다.

공중에 뜬 구름 잡듯이 막연한 것이 아니고 구체적이고 확실한 축복이 약속되었습니다.
① 이는 구원 받은 확신가운데 오는 축복입니다.
구원받는 성도에게는 평안이 약속되었습니다.
불신자가 불안과 공포에 떤다고 해도 주의 백성은 평안이 약속되었습니다. 예수님이 확실하게 약속한 평안입니다(요 14:27, 눅 7:50). 바울은 서신 초반부터 언제나 강조하였는데 은혜와 평강입니다.
② 모든 죄에서 자유케 되었고 정죄함이 없습니다.
(롬 6:22) '그러나 이제는 너희가 죄에게서 해방되고 하나님께 종이 되어 거룩함에 이르는 열매를 얻었으니 이 마지막은 영생이라' 하였습니다. 술과 담배, 행락의 노예에서 살던 자들이 해방된 일들은 수없이 보게 됩니다.

2) 하나님의 자녀로 사는 축복입니다.
한번 구원은 영원한 구원입니다.
① 하나님의 자녀의 축복입니다(요 1:12: 빌 3:20).
예수님은 우리의 영원한 분이요 구원주가 되십니다. 6·25전쟁 때 대한민국 나라를 위해 피 흘려준 나라들의 혈맹관계 보다 더 비교 할 수 없는 구원주가 되십니다. 지금도 함께 계시며 영원히 함께 계시는 주님이 되십니다(마 28:20).
② 영원이 함께 계심을 믿는 믿음이 중요합니다.
(요 10:28) '내가 저희에게 영생을 주노니 영원히 멸망치 아니할 터이요 또 저희를 내 손에서 빼앗을 자가 없느니라' 하였습니다. 이 사건을 믿고 끝까지 승리 하는 성도들이 되시기를 주의 이름으로 축원합니다.

▶ **결론** : 하나님의 자녀가 되었습니다.

천국에 입국하는 비자
(히 3:15~19)

지금은 대한민국의 위상이 높아진 관계로 비자를 따로 받지 않고도 비행기만 타면 가는 나라들이 점점 더 많아지고 있습니다만 옛날에는 미국 비자 한번 받으려면 대사관 돌담길을 수 백 미터나 줄을 서게 되는데 한번에 통과되면 다행이지만 몇 번씩 떨어지는 경우도 흔한 일이었습니다. 김호연 목사님은 '시골 가는 비자'라는 책을 써서 정신적인 고향을 되새기게 했습니다. 지금은 문화가 발달되어서 안방에서도 TV를 통해서 영화들이 많이 볼 수 있지만 1960년대만 해도 시골에서는 가설극장이 들어오면 대형 천막을 짓고 영화나 연극 마술 등을 상영하는데 그것을 보기 위해서는 극장표가 꼭 필요했습니다.

대형천막에는 속칭 '개구멍'이라는 곳이 있는데 그곳을 찾아 들어가다가 들키는 날에는 혼찌검을 나는 일들도 가난한 시절의 문화이었습니다. 그런데 천국은 비자도 아니고 개구멍으로 들어 갈 수 있는 방법도 전혀 없습니다. 오직 예수님의 피 값으로만 들어가게 됩니다(히 9:12, 22). 이 믿음 역시 하나님이 주시는 선물이요 은혜입니다(엡 2:8).

본문에서 애굽을 벗어난 이스라엘 백성들이 약속된 가나안 땅에 들어가지 못한 이유를 분명히 말씀해 주셨습니다(히 3:11, 19). 그것은 불신앙 때문입니다. 그러나 믿는 자는 들어갑니다(히 4:3). 우리는 그 나라에 들어가기를 힘써야 합니다(히 45:11). 이 천국의 비자는 예수님의 이름밖에 다른 길이 전혀 없는바 믿음을 굳게 해야 할 것입니다.

1. 마음을 강퍅하게 하지 말라고 하였습니다.

마음이 강퍅한 사람은 불신앙으로 가나안에 입국 할 수가 없듯이 천국에 들어갈 수가 없습니다.

1) 이스라엘 백성들의 사건이 우리에게 좋은 예가 됩니다. 강퍅하지 말아야 합니다.

① 이스라엘 백성들은 마음이 강퍅해서 망했습니다. (8절) '광야에서 시험하던 때와 같이 너희 마음을 강퍅케 하지 말라'(do not harden your hearts)고 하였습니다. (13절) '강퍅하다'는 뜻은 딱딱하고 굳은 마음을 말합니다.

　그래서 '강퍅하게 하지 말라' 메 스크렐룬네테(Μη· σκληρύνητε) 마치 바로 왕 같이(출 8:32) 하면 곤란합니다. 하나님의 영으로 부드러운 마음을 가져야 합니다(겔 36:24~28) '굳은 마음'(heart of stone)아니고 부드러운 마음입니다.

② 강퍅하다가 망한 사람들을 교훈 삼았습니다.
강퍅하게 되면 망하기 때문입니다. 바로 왕과 그의 군대들(출 8:22, 14:4~8) 느부갓네살왕과 그들의 행태(단 5:20~22)나 유다의 마지막 왕 시드기야(대하 36:10)같이 말라고 하십니다. 욥은 이렇게 고백했습니다. (욥 9:4~5) '하나님은 마음이 지혜로우시고 힘이 강하시니 스스로 강퍅히 하여 그를 거역하고 형통한 자가 누구이랴 그가 진노하심으로 산을 무너뜨리시며 옮기실지라' 하였습니다.

2) 강퍅케 되는 원인을 알아야 합니다.

　강퍅하거나 굳은 마음은 하나님이 기뻐하지 않으십니다.
① 강퍅케 되는 것은 죄 때문입니다.
죄의 유혹이 오면 마음이 교만해서 하나님의 말씀을 따르지 않고 불순종하게 되고 문제가 되는 주범이 됩니다. 역사적으로 이스라엘백성이

그렇고 그 마음으로 스데반집사님을 죽게 했습니다(행 7:51). 목이 곧고 마음과 귀에 할례 받지 못한 사람들의 작태입니다.
② 성도의 마음은 부드러워야 합니다.
하나님의 말씀에 순종하고 따르는 유연성입니다. 돌같이 딱딱하고 굳은 마음이 아니고 성령께서 내 마음에 주신 부드러운 마음인바 하나님께서 약속하셨습니다(겔 36:24).

2. 악심을 품고 살아 계신 하나님에게서 떨어질까 염려하라고 경고하였습니다.

히브리서 3장 12, 14, 19절을 읽어보시기 바랍니다.

1) 하나님을 떠나면 천국에 들어갈 수 없습니다.

앞에 소개한 (히 3:12, 14, 19)구절들이 우리에게 강력하게 교훈해 주는 말씀입니다.
① 하나님을 떠나면 천국에, 가나안에 들어갈 수가 절대적으로 없다는 교훈입니다.
생명의 주권자요, 생수의 근원이신 하나님이십니다. 이스라엘 백성들은 두 가지 악행을 하다가 망해서 바벨론에 70년간 노예가 되었습니다(렘 2:13).
② 믿지 않는 불신앙 역시 천국에 들어갈 수 없습니다.
강퍅하기 때문에 믿지 못하는 우를 범하게 되고 영원한 천국의 한을 남기게 됩니다. 의인은 오직 믿음으로 살게 되기 때문입니다(롬 1:17). 따라서 세상의 것을 다 상실해도 예수 믿는 믿음만큼은 최후까지 간직해야 할 일입니다.

2) 이스라엘 백성의 최후 희망은 가나안 땅이었습니다.

조상적 부터 약속하였고 기대하고 바라만 보았던 최후의 목적이었습니다.
① 그런데 전체가 가나안에 들어가는 것이 아니었습니다.
광야 40년간 불순종과 우상숭배와 하나님을 떠난 행태들이 그들을 망하게 했기 때문입니다 10가지 재앙을 통한 출애굽부터 광야 40년은 기적과 하나님의 역사하심 전체였는데도 불신앙으로 치닫게 되었습니다.
② 견고하게 잡아야 합니다(14절).
'견고히 잡으면 그리스도와 함께 참예한 자가 되리라'하였습니다. 따라서 그들은 견고하게 붙잡지 못했고 망하게 되었습니다. 교만하게 되고 불순종하게 되고 간음하게 되고 우상숭배로 얼룩진 그들의 자화상을 우리에게 교훈해 주시고 있습니다.

3. 성경은 우리에게 이런 일들이 거울이라고 교훈해하였습니다.

본문 히브리서와 함께 바울사도 역시 경고하였습니다(고전 10:1~12).

1) 말씀의 거울을 잘 보아야 합니다. 거울은 우리에게 자신을 보게 하는 기능입니다.
① 성경의 거울을 자세히 들여다보시기 바랍니다(고전 10:5~6).
(고전 10:12) '그런즉 선 줄로 생각하는 자는 넘어질까 조심하라'(So, if you think you are standing firm, be careful that you don't fall) 하였습니다.
② 천국 가는 길은 다른 유사한 길이 없습니다.
예수 그리스도 한분뿐입니다. 소위 종교다원주의는 성경이 아닙니다. 가설극장의 천막 밑으로 몰래 들어가는 길도 없거니와 허용될 수 없습니다. 예수 그리스도를 믿는 믿음의 확신만이 있을 뿐입니다.

2) 천국은 영원하며 신앙 길에서 1회성밖에 없습니다.

요즈음 어떤 젊은이들은 살아보고 결혼한다는 일들도 있는데 불장난뿐일 입니다. 한번 살면 다시 오지 않는 것이 인생입니다.

① 한번 밖에 없는 인생이기 때문에 한번 온 믿음의 기회를 놓치게 되면 않됩니다.

따라서 믿음을 견고하게 붙들고 믿음의 고귀한 품위도 지키면서 신앙생활 하는 것이 신앙인의 본업입니다.

② 끝까지 견고하게 잡아야 하겠습니다.

'끝까지 견고히 잡으면 그리스도와 함께 참예한 자가 되리라' 하였습니다. 천국 가는 비자는 언제나 귀하게 여기고 천국의 시민권자(빌 3:20)로써 승리케 되시기를 주의 이름으로 축원합니다.

▶ **결론** : 예수 그리스도 믿는 것이 천국비자입니다.

천국에 결실할 신앙
(마 13:18~23)

세상의 모든 일들은 하는 일에 대한 목적이 있고 취지가 분명합니다. 짐승들이 존재하며 식물들이 존재하는데 거기에 대한 목적이 있게 됩니다. 학생들이 열심히 공부하는 것도 거기에 따르는 인생의 보응이 있기 때문입니다. 예수님께서는 세상에 계실 때에 말씀을 전파함에 있어서 직설법으로 전하실 때도 있었지만 때로는 은유적이고 상징적인 뜻으로 비유로 하실 때가 많았습니다.

천국에 관한 복음을 전하실 때에 비유법적 진리의 말씀들입니다. 예를 들면 누가복음 13장 6~9절에 포도원에 무화과나무에 관한 비유들입니다. 이 시간에 읽은 말씀은 천국 비유장이라고 말합니다. 천국에 대하여 비유로 네 가지 밭과 같고, 좋은 씨를 뿌렸는데 가라지도 함께 나오게 되고, 겨자씨 비유, 누룩 비유, 진주장사 비유, 고기 잡은 비유, 밭에 감추어진 보화에 대한 비유 등 천국을 비유로 말씀해 주셨습니다. 그 중에 첫째 비유로 네 가지 밭에 관한 비유로써 결실하는 밭은 오직 옥토(good soil)라야 한다는 말씀을 주시면서 그 해석까지 말씀해 주셨는데 옥토는 30배 60배 100배를 얻게 된다고 하였는바 본문에서 은혜를 받게 됩니다. 우리 자신들이 밭이라고(고전 3:9)하였습니다. 너희는 하나님의 밭이요(you are God's field), 하였는데 여기에서 은혜를 받게 됩니다.

1. 네 가지 밭이 있다고 하셨습니다.

네 가지 밭이 모두 결실하는 것은 아닙니다.

1) 결실 할 수 없는 밭이 있다고 하셨습니다.

이와 같은 밭은 씨를 뿌려도 결실치 못하기 때문에 수고가 헛되게 됩니다. 농부의 마음이나 목회자의 마음이나 같습니다.

① 길가에 떨어진 씨와 같은 현상입니다.

(4절) '씨를 뿌리는 자가 뿌리러 나가서 뿌릴 새 더러는 길가에 떨어지매 새들이 와서 먹어 버렸고'했습니다. 새들은 결실 할 수 없도록 먹어 버리는 존재입니다(창 40:19, 마 24:28, 계 18:2). 하나님의 말씀이 우리 마음에 잘 뿌려져야 하는데 길가와 같은 밭이라면 결실 할 수 없게 됩니다.

② 흙이 얇은 돌밭에 떨어진 씨와 같은 현상입니다.

나무 한 구루 심어도 흙을 깊이 파고 든든히 심어야 하는데 이 씨는 돌이 있는 곳에 뿌려졌으니 싹이 나기는 하지만 뿌리가 약해서 결실까지는 갈 수가 없습니다. 따라서 우리 마음 밭을 두텁게 해야 합니다. 신앙생활은 누구를 위해서 해주는 것이 아니라 자기 자신을 위해서 하는 것입니다.

③ 더러는 가시 떨기 위에 뿌려진 씨와 같은 현상입니다.

(7절) '더러는 가시떨기 위에 떨어지매 가시가 자라서 기운을 막았고'했습니다. 싹이 나오기는 하지만 웃자란 가시 가운데 막혀 자라지 못해 결실하지 못합니다. 신앙생활은 멀리 생각해야 할 일들이 있습니다. 하나님이냐?, 바알이냐?(왕상 18:21) 신약에 와서 그리스도냐? 벨리알이냐?(고후 6:15) 혈과 육은 하나님 나라를 유업으로 받을 수가 없다고 하였습니다(고전 15:50). 세상 것은 웃자라기 전에 뽑아야 합니다.

④ 잘 가꾸어진 옥토와 같은 밭에 뿌리는 현상입니다.

(8절) '100배 60배 30배의 결실'을 얻게 됩니다. 우리의 영적 세계가 이러해야 하겠습니다. 구원도 자신이 받게 되고, 축복이나 상급도 자신이 누리게 됨을 있지 말고 신앙생활을 해야 합니다.

2) 귀 있는 자는 들으라 하셨습니다.

(9절) '귀 있는 자는 들으라 하시니라'(He who has ears, let him hear)하셨습니다.
① 육신적이고 세속적인 귀가 아닙니다.
사람들은 세속적이고 육신적인 귀가 밝을 때가 있습니다. 그래서 드라마나 영화나 세상적인 흥행거리에는 밝은 귀가 있습니다. 그런데 영적이고 신령한 귀는 닫혀 있다면 곤란합니다.
② 영적이고 신령한 귀가 있습니다.
하나님 말씀을 듣는 귀가 밝아야 합니다. 말씀의 귀가 열리게 될 때에 믿음이 생기게 되고 믿음이 성장하게 됩니다(롬 10:17). 데살로니가교회 성도들이 이 축복을 받아서 믿음이 좋았습니다(살전 2:13). 영적이고 신령한 귀가 밝아지기를 축복합니다.

2. 결실할 수 없는 밭에 관한 예수님의 해석을 보시기 바랍니다.

예수님이 직접 해석까지 해 주셨으니 다른 해석이 필요 없게 됩니다.

1) 네 가지 밭에 관해서 해석해 주셨습니다.

(18절) '그런즉 씨 뿌리는 비유를 들으라' 하셨습니다.
① 길가에 뿌려진 씨입니다.
(19절) '아무나 천국 말씀을 듣고 깨닫지 못할 때는 악한 자가 와서 그 마음에 뿌리운 것을 빼앗나니 이는 곧 길가에 뿌리운 자요' 했습니다. 그래서 마귀는 말씀을 듣지 못하게 방해합니다.
② 돌밭에 뿌려진 씨입니다.
(20~21절) '돌밭에 뿌리웠다는 것은 말씀을 듣고 즉시 기쁨으로 받되 그 속에 뿌리가 없어 잠시 견디다가 말씀을 인하여 환난이나 핍박이 일어나는 때에는 곧 넘어지는 자요' 했습니다. 복음은 기쁨으로 받으나 시

험거리에서는 넘어지게 되는 나약한 사람 입니다. 그래서 욥이나 요셉과 같은 신앙의 견본(model)을 주시게 되었습니다.
③ 가시 떨기에 뿌려진 씨입니다.
(23절) '가시떨기에 뿌리웠다는 것은 말씀을 들으나 세상의 염려와 재리의 유혹에 말씀이 막혀 결실치 못하는 자요'했습니다. 염려와 근심은 모두 하나님께 맡겨 버리라고 하셨습니다(시 37:4~5, 벧전 5:7).

2) 결실치 못하는 마음 밭이 되면 곤란한 일입니다.
그래서 신앙생활은 마음 밭이 중요합니다.
① 결실치 못한 밭의 상태를 바꾸어야 합니다.
말씀의 쟁기로 갈아엎고 묵은 땅에 기경하지 말아야 합니다(렘 4:3). 아담 안에서 타락된 모든 죄의 마음을 회개하며 갈아엎고 물과 성령으로 거듭나야 합니다(요3:1).
② 마음 밭이 달라지지 않고는 절대로 결실 할 수가 없습니다.
인간적으로 마음이 약하고 여린 것과는 다릅니다. 거듭난 심령이 되어야 합니다. 약한 마음이 거듭나게 되면 좋은 밭이 될 수 있겠지요 마는 결실할 수 있는 마음 밭이 되어야 합니다.

3. 풍족하게 결실하는 옥토 밭(沃土 - Good soil) 이 있습니다. 옥토 밭이 되어야 합니다.

1) 결실할 수 있으려면 먼저 그 상태가 중요합니다. 옥토 밭은 그 조건이 됩니다.
① '좋은 땅에 뿌리웠다는 것은 말씀을 듣고 깨닫는 자니'(good soil is the man who hears the word and understands it) 하였습니다. '말씀을 깨닫는 자 즉 말씀에 대한 이해(understands)가 중요합니다. 똑같

은 시간에 말씀을 듣고도 어떤 사람은 은혜가 되는 동시에 그 말씀에 오해가 생겨, 걸려 시험 드는 사람도 있습니다.
② 길가에 뿌려진 씨에 관한 말씀에서 "깨닫지 못한 자"(and does not understand it)이라고 하였습니다. 깨닫고 이해하는 자와 깨닫지 못한 채 오해, 곡해 하며 시험에 걸리는 자는 큰 차이가 있습니다. 말씀 앞에 회개해고 엎드려져야 합니다.

2) 옥토 밭과 같은 마음들이 되시기를 바랍니다. 결실하는 밭입니다.
① 결실한다고 하였습니다.
농부가 씨를 뿌리고 가꾸는 이유는 곡식을 풍성하게 거두기 위해서입니다. 농부의 마음이 결실이듯 하나님의 뜻도 성도가 열매로 충만 해지는 것입니다. (호14:8~9) '누가 지혜가 있어 이런 일을 깨달으며 누가 총명이 있어 이런 일을 알겠느냐 여호와의 도는 정직하니 의인이라야 그 도에 행하리라 그러나 죄인은 그 도에 거쳐 넘어지리라' 하였습니다. (요15:1)열매 맺는 그리스도인, (빌1:11)그리스도인 안에 의의열매가 가득하게, (골1:6)은혜를 깨닫는 날부터 온 천하에 열매가 가득하게 (understood God's grace)해야 합니다.
② 열매를 맺는데 많고 풍성하게 맺게 됩니다.
30배 60배 100배입니다. 은평교회 모든 성도들이 이렇게 신앙생활을 하게 되시기를 주의 이름으로 축원합니다.

▶ **결론** : 열매 맺는 밭은 옥토입니다.

고난/감사

문제를 향하여 명령하라
(막 4:35~41)

이 세상을 살아갈 때에 문제가 없는 사람은 하나도 없습니다. 모든 인생들은 제각기 문제 속에서 살아가게 됩니다(창 3:17~18). 그렇게 살다가 결국은 흙에서 왔기 때문에 모든 육체가 흙으로 돌아가게 됩니다. (창 3:19) "너는 흙이니 흙으로 돌아갈 것이니라 하시니라"(and to dust you will return)하였습니다. 세상에 각양각색의 직업이 있고, 각계 각 계층의 사람들이 살아가게 되는데 어느 한구석이라도 쉬운 일은 하나도 없다는 얘기입니다. 그래서 인생을 신기루 잡듯이 무지개를 따라가듯이 하지만 신기루는 헛것이고 무지개를 잡을 수 있는 것이 아니라는 것을 인생을 모두 산후에야 깨닫게 됩니다.

본문에서 보면 예수님께서 타고 가시던 배에도 풍랑을 만나게 되었고 제자들이 두려워서 떨게 될 때에 예수님은 바람과 파도에게 잠잠하라고 명령하였을 때 바람과 파도는 멈추었고, 믿음이 약한 제자들에게 교훈해 주셨습니다. (막 4:39) "바다더러 이르시되 잠잠하라 고요하라 하시니 바람이 그치고 아주 잔잔하여지더라"(He got up, rebuked the wind and said to the waves, "Quiet! Be still!" Then the wind died down and it was completely calm.)하였습니다.

바다에서 풍랑만난 배는 소원이 빨리 항구에 도착하는 것입니다(시 107:25~30). 개인이나 사업, 국가까지라도 위급할 때가 있음을 역사에서 보게 되는데 위기가 올 때에는 우리는 다급하게 겁낼 것이 아니라 명령해야 합니다. 2014년도 은평교회 성도들이 예수의 이름으로 문제를 향하여 명령하므로 잠잠하게 되는 역사들이 있게 되기를 바라고 본문에서 은혜를 받습니다.

1. 제자들이 두려워하고 무서워 할 만큼 큰 바람과 파도였습니다.

일컬어 광풍인데 북쪽에 헬몬산의 찬바람과 지중해성 따뜻한 바람이 만날 때에 이따금씩 이런 형상이 일어나곤 합니다. 제자들은 어릴 때부터 바다에서 자란 사람들인데 그들이 떨며 무서워 할 정도면 큰 바람이요, 큰 풍랑이었을 것으로 보여 집니다.

1) 인간 삶에도 언제나 문제가 도사리고 있음을 깨달아야 하겠습니다.

언제나 따뜻한 바람만 있는 것이 아니고 차가운 바람이 불어 생깁니다.
① 생각지 않을 때에 문제가 발생합니다.
바람과 파도가 예고 없이 몰려오듯이 세상에서 사는 동안에 언제나 반복적입니다. 그러나 분명한 것은 언제 문제가 있을지 아무도 한치 앞을 모른다는 것입니다. 같은 기사인(마 8:26)에서는 "예수께서 이르시되 어찌하여 무서워하느냐 믿음이 적은 자들아 하시고 곧 일어나사 바람과 바다를 꾸짖으신대,,,"하였습니다. 당황치 말고 명령하는 깨어 있는 신앙이 중요합니다.
② 지금 시대에는 요란하지 않은 곳이 하나도 없습니다.
어디든지 바람이 불기 때문입니다. 정치경제, 사회, 종교계, 세상 어디든지 바람이 요동치는 시대입니다. 그래서 세상이 시끄럽고 혼란한 시대입니다. 경제는 높아 가는데 행복지수는 오히려 저조한 시대입니다.

2) 우리는 국가적으로도 언제나 북한의 위협 속에 살아갑니다.

국가적 차원에서도 우리는 더욱 기도할 때입니다. 태풍이 지나가게 되면 농산물이 모두 잘못되듯이 북한의 위협은 큰 위협이 되기 때문에 기도해야 합니다.

① 나라와 민족위해 기도해야 할 때입니다.

1948년 제헌국회 시에 기도로 시작한 나라입니다. 이것이 국회 속기록에 남아있습니다. 갑작스럽게 1950년 6월 25일 북한 공산군이 남침함으로써 일어난 전쟁에서 우리대한민국은 오늘 날 여기까지 축복을 받았습니다. 우리나라가 기도 속에 왔듯이 기도하는 백성들이 많아야 합니다.

② 현재에도 기도하지만 미래에도 기도가 없으면 이 나라는 보장할 수 없기 때문입니다.

오히려 북한 땅에 자유가 오게 되고 교회가 세워져 가고 마음대로 예배하는 날이 오게 하기 위해서 기도해야 하겠습니다. 하나님께서 세우실 때에 가능한 일입니다(시 127:1). 첨단 무기도 중요하지만 하나님께서 지켜주심이 중요합니다.

2. 제아무리 광풍이라도 하나님께서 함께 하시니 잠잠하게 되고 해결되었습니다.

하나님이 해결하십니다.

1) 두려워하거나 겁을 내지 말라는 것입니다.

① 두려워하거나 겁내지 말라고 말씀해 주셨습니다.

하나님의 자녀들이요, 하나님의 백성들에게는 전능하신 하나님이 함께 계시기 때문입니다. 성도의 특권은 하나님이 언제나 내 곁에 계신다는 사실입니다. 도단성에 엘리사만 보호한 것이 아닙니다(왕하 6:16~). 지금도 함께 계시겠다고 약속하십니다(마 28:20, 시 121:6, 마 18:10).

② 성경은 우리에게 문제 앞에서 강하고 담대하라고 하셨습니다(수 1:1~9).

여호수아에게 주신 하나님의 명령입니다. 강하고 담대히 하라 모세와 함께 있었던 것 같이 여호수아에게도 함께 계시겠다고 하신 하나님은 이 세대의 모든 그리스도인들에게도 말씀하십니다. 세상에서 이보다 더 큰 후원은 없습니다.

2) 제자들은 예수님이 옆에 계심도 잠시 잊음같이 믿음이 약해졌습니다.
(38절) "선생님이여 우리의 죽게 된 것을 돌아보지 아니하시나이까?"("Teacher, don't you care if we drown?")
① 예수님만이 우리를 건지실 분이십니다.
예수님을 깨우면서 두려워하였던 제자들입니다. 파도 앞에는 어느 인생도 떨 수밖에 없듯이 문제 앞에는 믿음도 약해지는 것이 인생이기 때문입니다. 예수님만 바라보아야 합니다.
② 큰 풍랑에서 해결책은 예수님 밖에 없습니다.
육신을 입으시고 피곤하셔서 주무시는 예수님을 깨우게 되었던 것입니다. 문제 앞에서 해결책은 예수님 이름밖에 없습니다. 그래서 수고하고 무거운 짐 진 자들을 오라고 하셨습니다(마11:28). 날마다 우리의 짐을 지시는 주님이십니다(시 68:19, 사 46:4, 시 71:9, 18). 풍랑 앞에서 예수이름으로 승리해야 할 이유가 여기에 있습니다.

3. 큰 풍랑이라도 창조주 주께서 명령하시면 잠잠하게 됩니다.
(39절) "예수께서 깨어 바람을 꾸짖으시며 바다더러 이르시되 잠잠하라 고요하라 하시니 바람이 그치고 아주 잔잔하여지더라"하였습니다.

1) 창조주 주님이 명령하시니 잠잠케 됩니다.
문제가 있을 때에 예수님의 이름을 불러야 할 이유가 여기에 있습니다.

① 강한 바람도 잔잔케 됩니다.
주님이 역사하실 때에 기적은 언제나 일어나게 되었습니다. (출 14:21) 홍해도 갈라지게 되었습니다. (수 3:14-)요단강이 갈라지게 되었습니다. (수 6:14-)여리고성이 무너지게 되었습니다. (수 10:12)태양이 멈추기도 했습니다. (삼상 17:51)골리앗도 무너졌습니다.
② 따라서 성도는 문제를 바라보지 말고 역사 하시는 하나님의 손길을 바라보아야 합니다.
(히 12:1~2)이것이 믿음입니다. 구약의 성도들이 그랬습니다. 이것이 히브리서 11장에서 믿음 장으로 우리에게 교훈해 주셨습니다.

2) 성도는 문제를 향하여 예수이름으로 명령해야 합니다.

바람아 잔잔 하라. 파도야 잠잠 하라. 명령해야 합니다.
① 예수이름으로 명령할 때에 권능이 있습니다.
거대한 자동차라도 여성교통경찰이 정지하라면 정지하게 되는데 이것은 국가가 준 권세 때문입니다. 나는 약해도 예수이름이 권능이 있기 때문에 명령해야 합니다. 우리는 오직 예수님뿐입니다.
② 예수님이 명령하실 때에 초자연적인 명령 이었고 능력이었습니다.
이 명령이 필요(Need)합니다. '귀신아 물러가라'명령해야 물러갑니다. 문제가 해결됩니다. 어디까지나 예수 이름으로 해야 합니다. 어떤 유명인의 이름이 아니라 예수이름입니다.
2014년의 한해가 예수이름으로 명령하여 앞으로 더욱 전진하는 한해가 되시기를 예수그리스도 이름으로 축원합니다.

▶ **결론** : 문제가 문제될 수가 없습니다. 예수이름이 중요합니다.

고난 중에도 소망을 가진 사람들
(욥 23:8~10)

　사람은 태어날 때부터 고난 중에 태어나기 때문에 첫 신고식이 울음이라고 합니다. 세상을 살아가면서 다가올 일들을 직감이라도 하는지 울고 태어나는 것이 인생의 첫 모습입니다. 인생뿐 아니라 존재하는 모든 만물들 역시 고난 중에 있기 때문에 하나님의 아들이 나타나시기를 고대하게 되고(롬 8:19) 예수님의 재림은 결국 만물들이 새롭게 될 것입니다(계 21:1~5). 2013년 4월 120년 역사의 보스턴 마라톤대회도중 사제 폭탄이 터져 사람이 죽고 아수라장이 되었는데 범인들은 체첸공화국 출신의 무슬림 종교를 가진 자들이었습니다. 외모는 잘생겼는데 그의 속이 무슬림의 그릇된 모습들이 채워져 있었기에 그런 일을 벌이게 된 것이라고 생각됩니다. 우리도 예수 그리스도 안에서 변화된 새로운 피조물이 되었고(고후 5:17), 하나님께서 인생을 고생하게 하심은 본심이 아니시며(렘애 3:33), 여호와의 손이 짧아서 우리를 구원치 못하심도 아니라 죄악 때문이라고 하셨는데(사 59:1) 고통 중에도 시험을 이기며 승리하였던 선진들 중에 욥의 신앙은 매우 중요합니다. 그가 인생을 단련한 후에는 내가 정금같이 나오리라는 말씀에서 은혜의 시간을 갖게 됩니다. 고난 중에도 소망을 둔 사람들은 복이 있습니다.

1. 환란과 시련은 누구에게나 오게 되어 있습니다.

　바닷가의 파도가 작든 크든 바람에 의해서 오는 모든 현상과 같습니다. 그런데 그 바람과 파도는 생물학적이나 생태학적으로 유익을 주듯이 성도에게 오는 시험과 시련도 유익한 일들이 많다는 점입니다(시

119:67~72).

1) 고난이 해롭고 무익한 것만은 아닙니다.

역사적으로 크게 일했던 사람들 중에는 모두가 고난의 용광로를 거친 사람들이 많습니다.

① 고난의 용광로를 거친 사람들을 보시기 바랍니다.

구약의 '비둘기'란 뜻을 가진 요나의 경우에 자기 죄 때문이지만 물고기 뱃속에서까지 들어갔다와서 한 나라를 멸망에서 건지는 선지자로써 쓰임 받았습니다. 요나의 이와 같은 물고기 뱃속까지의 고난은 또한 예수 그리스도의 모형이기도 합니다(마 12:39~41, 16:4, 눅11:29~32).

② 요셉의 경우에는 하나님의 계획을 이루기 위한 고난을 받게 되었습니다.

야곱의 열두제자 중에 열한 번째로 태어나 애굽에 팔려가게 되는 일들이며, 애굽에서 생활하는 가운데 누명을 쓰고 감옥에까지 내려가는 일들이며 고난의 연속이었지만 결국 요셉의 생애는 승리요 성공이었습니다. 고난이 고난으로 끝나지 않고 이것이 큰 성공이요 승리의 결말로 이어지는 고난이기 때문에 성도는 기쁨으로 이기는 연습을 해야 합니다.

2) 성도에게 오는 모든 고난은 뜻이 있습니다.

뜻이 없는 고난은 하나도 없습니다.

① 욥이 당하는 고난에는 뜻이 있고 의미가 깊었습니다.

욥의 생각과는 전혀 관계가 없었지만 고난은 닥치고 있었습니다. 욥은 부자라 하였고 다복한 가정을 이루고 있었으며 하나님을 최고로 잘 섬기는 '동방에서 가장 큰 자'(He was the greatest man among all the people of the East - 욥 1:3)그런데 이 욥에게 하루아침에 모두 없어지는 일이 벌어지게 되었고 자기 몸마저 병으로 고통 중에 있었습니다. 중요한 것은 그런 시험과 환란 중에도 욥이 신앙을 굳게 지켰다는 사실입니다. 우리의 신앙은 하나님이 담보이십니다. 그러므로 이겨야 합니다.
② 욥은 하나님이 사랑하는 자가 어떤 사람임을 보여줍니다.
'하나님을 사랑하는 자 곧 그 뜻대로 부르심을 입은 자들에게는 모든 것이 합력하여 선을 이루느니라'(롬 8:28)하였는데 욥의 경우에도 그대로 되었습니다. 시험은 감당할 수 있는 자에게 오는데 욥의 경우도 마찬가지 이었습니다(고전 10:13). 따라서 시험은 축복에 통로로 알고 이기는 성도가 되어야 하겠습니다. 시험과 고난은 나에게는 축복과 상급으로 주시는 통로로 알고 이기며 극복해야 하겠습니다.

2. 시험이 올 때에는 이기고 축복받는 방법이 있습니다.

욥에게 배우는 승리의 방법이기 때문에 실제적요소입니다.

1) 매사에 하나님과 나의 신앙적 관계를 생각해야 합니다.

미물인 참새 한 마리라도 하나님의 장중에 있습니다(마 10:29). 예수님이 말씀하시기를 '너희는 참새보다 귀하니라'(you are worth more than many sparrows - 마 10:31)하였습니다.
① 하나님의 자녀는 미물의 차원에서 비교할 수 없습니다.
현재 당면한 일들이 어렵고 힘들며 부귀영화가 없어도 하나님의 자녀의 신분은 변하지 않고 하나님의 자녀는 그대로 현존합니다. 재벌이나 학벌이나 사회적 위치 내가 속해있는 위치에 관계없이 하나님의 자녀는 변치 않습니다.
② 하나님의 자녀라는 분명한 긍지와 자부심의 믿음을 가지고 살아야 하겠습니다.

재산가요 사회적 지위가 있고 유명인이라도 예수님이 계시지 않고 천국이 없다면 불행한 인생일 것입니다. 길선주목사님은 일본경찰관들에게 심문과정에서 '천국본점은 내가 가지 못했지만 지점은 내가 아는데 내 속에 주님이 계신점이라'고 하며 당당하게 맞서게 되었다는 이야기가 있습니다.

2) 시험거리는 누구에게나 있지만 성도는 이기게 됩니다.
   이기는 능력은 위에서부터 주시기 때문입니다.
① 시험에 걸려서 넘어지는 것이 아닙니다.
이것이 하나님께서 우리에게 향하신 뜻이며 우리 자신들이 원하는 바입니다. 우리는 시험에 걸려서 침륜에 빠질 자들이 아닙니다(히 10:37~39). 침륜이라는 말은 영어에서(shrink)오그라들다, 움츠리다 인데 무슨 일이 있든지 성도의 신앙이나 생활이 움츠리지 말고 힘내야 합니다.
② 주님은 내가 넘어지지 않게 하기 위해서 오늘도 일하십니다.
아버지가 일하시기 때문에(요 5:17) 기도하고 계시며(롬 8:26, 34), 베드로에게도 믿음이 떨어지지 않게 위해서 기도하셨습니다(눅 22:31). 따라서 성도의 승리는 믿음의 주님을 바라보는 데에 있습니다(히 12:2).

3. 시험이 올 때에 내가 해야 할 일이 있습니다.
   가만히 앉아서 당하고만 있을 것이 아니라 주님께 맡기고 해야 할 일이 있습니다.

1) 하나님께 소망을 두어야 합니다.
본문에서 욥의 고백가운데 '내가 정금같이 나오리라'는 고백은 뜻이 있습니다.

① 사람에게 소망을 두지 않고 하나님께 두어야 합니다.
사람을 믿고 소망을 두면 그것이 문제가 됩니다. 사람은 배반하기 때문입니다. 예수님의 제자 가룟유다는 배반자가 되었고, 욥의 친한 친구들이 매일 욥에게 찾아와서 문제가 되었습니다.(욥 8:11). 바울 곁에 있던 데마도 있었습니다(딤후 4:10).
② 환경에 소망을 두면 곤란합니다.
그 화려했던 환경은 모두 변해서 모두 날아가 버렸고 몸마저 병에 시달리게 되었으며 부인까지도 욥에게 '그래도 순전을 굳게 지키느뇨 하나님을 욕하고 죽으라'(욥 2:9) 했습니다. 환경은 변하게 되고 문제가 될 때가 있기 때문에 환경에 소망을 두면 곤란한 일입니다.

2) 욥에게 정금과 같은 시간이 다시 왔습니다.

정금은 변함이 없습니다. 세월이나 처해있는 위치에 관계없이 변치 않은 것이 정금입니다.
① 고난은 정금을 만드는 과정입니다.
그래서 고난이 왔을 때에 기뻐하라 하셨고(약 1:2), 생명의 면류관을 약속하셨습니다(약 22). '여호와께서 욥의 곤경을 돌이키시고 욥에게 그 전 소유보다 갑절이나 주신지라'(gave him twice as much as he had before - 욥 42:10)하였습니다.
② 정금은 아름답습니다.
승리했던 사람들의 뒤 모습은 역사에서 볼 때에 제일 빛나고 광채가 나는 신앙인의 모습입니다. 아브라함, 다윗, 모세, 욥, 이사야, 베드로, 바울 등 어찌 그 이름들을 모두 나열하겠습니까마는 은평교회 성도들이 욥과 같이 시험과 시련을 잘 이기고 승리의 이름들이 되시기를 주의 이름으로 축복합니다.

▶ 결론 : 성도는 이기는 자들이어야 합니다.

최악의 경우에도 감사하는 사람들
(단 6:10)

사람이 이 세상을 살아가면서 불평과 불만들을 하며 살아가지만 사실 이러한 일들은 끝이 없을 뿐 아니라 결국은 자기 자신이 무너지게 되고 타인도 망가지게 됩니다. 반대로 어려운 중에도 감사와 기쁨의 조건들을 찾게 되면 더 많은 것들이 있게 되고 결국은 흥하게 되며 성공적인 길을 가게 됩니다.

하나님께서는 긍정적 믿음의 사람들에게 축복해 주시지만 부정적인 곳에는 축복이 없기 때문입니다. 바울은 옥중에서도 기쁨을 전하였고(빌 4:4), 신앙생활의 세 가지 축복을 제시하였는데 "항상 기뻐하라 쉬지 말고 기도하라 범사에 감사하라 이것이 그리스도 예수 안에서 너희를 향하신 하나님의 뜻이니라"(살전 5:16~18)하였습니다. 신앙의 표시에는 감사에 있습니다.

현대사회에는 옛날 같은 빈곤의 세상이 아니라 상대적 빈곤의 시대인데 오히려 옛날에 비해서 감사는 더 빈약한 시대에 살아가고 있습니다. 이제는 범사에 감사하야 하는 때 인바 '범사'라는 말은 헬라어로 엔 판티(ἐν παντι·)로써 '감사'는 유카리스테이테(εὐχαριστεῖτε)로써 좋은 매력이라는 의미인바 하나님 보시기에 매력적인 사람은 범사에 감사하는 사람이라는 것입니다. 그 사람의 신앙은 잴 수 없지만 감사하는 신앙에서 신앙의 크고 작음을 볼 수 있습니다. 감사에 관한 말씀은 10명의 나환자 사건에서도 볼 수 있지만(눅 17:11~19) 감사해야 할 사람이 감사가 없는 시대임을 보게 됩니다. 말세에 사람들에게 고통의 이유 중에 하나가 감사치 아니하는 것에 있다고 하였습니다(딤후 3:2). 본문에서 다니엘은 도무지 감사를 할 수 없는 상황에서도 감사하는 신앙을 보여주었는데 여기에서 풍성한 수확이 있는 2014년의 추수 감사절에 은혜의 시간이 되시기를 바랍니다.

1. 하나님께 드린 다니엘의 감사는 상황을 초월한 것이었습니다.

상황적으로 볼 때에 감사할 수 없는 상황이었지만 감사 하였습니다.

1) 상황을 뛰어넘는 감사였습니다.

상황은 변할 수 있지만 언제나 감사 할 수 있어야 하겠습니다.
① 상황적으로 보면 도저히 감사 할 수 있는 상황이 아니었습니다.
바벨론에서 포로 중에 조금 출세 했나 싶었더니 지긋지긋한 정적들에 의해서 모략을 당하게 되었고 사자 굴에 들어가게 되었습니다. 허기진 사자들의 밥이 될 수밖에 없는 상황입니다. 그래도 감사했다는 것입니다. 좋은 조건에서도 감사하지 않는 시대에 살지만 우리의 신앙은 다니엘의 참 감사를 배워야 하겠습니다.
② 상황적으로 좋지 않는 가운데서도 감사했던 사람들이 있습니다.
성경에서 위대한 믿음의 사람들이 여기에 속하게 됩니다. (욥 1:21)욥은 부귀영화와 화목한 신앙의 가정이었는데 하루아침에 모두 상실하게 되고 몸마저 병들게 되었는데 "여호와의 이름이 찬송을 받으실지니이다"(may the name of the LORD be praised)하였는데 이 찬송(praised)속에는 감사가 깊이 포함 된 용어입니다. 사랑의 원자탄이라고 소문난 손양원목사님은 공산주의자들에 의해서 두 아들을 잃어버리고도 감사하면서 아들을 죽인 사람을 양자로 삼았고 감사했습니다.

2) 상황을 초월한 감사는 찬송이 있습니다.

이것이 우리가 가져야 할 신앙입니다.
① 시편 여러 곳에서 감사 신앙을 보여 주었습니다.

우리가 가져야 할 감사신앙입니다. (시 69:30~)"내가 노래로 하나님의 이름을 찬송하며 감사함으로 하나님을 위대하시다 하리니 이것이 소 곧 뿔과 굽이 있는 황소를 드림보다 여호와를 더욱 기쁘시게 함이 될 것이라"하였습니다. 이것이 감사의 현장입니다.
(시 50:23) "감사로 제사를 드리는 자가 나를 영화롭게 하나니 그의 행위를 옳게 하는 자에게 내가 하나님의 구원을 보이리라"하였습니다.
② 우리는 수 없이 하나님의 영광을 위해서 살겠노라 기도했습니다.
이제 그 기도한 대로 감사를 드려야 할 차례입니다. (시 50:14~)"감사로 하나님께 제사를 드리며 지존하신 이에게 네 서원을 갚으며 환난 날에 나를 부르라 내가 너를 건지리니 네가 나를 영화롭게 하리로다"하였습니다. 이제는 말보다 감사를 행위로 나타내는 것이 우리의 신앙이 되어야 합니다. 여기에서 우리 신앙의 모습이 나타나게 될 것입니다. 은평교회 성도들은 상황을 초월한 감사하는 신앙 가운데 서게 되시기를 바랍니다.

2. 다니엘의 감사는 중단 없는 감사였습니다.

어떤 일을 하든지 좋은 일은 중단 없이 해야 합니다. 감사하는 일 역시 중단 없이 하는 것이 중요합니다.

1) 그 감사하는 일은 생명을 담보로 하는 것이었지만 중단치 아니하였습니다.

죽느냐 사느냐 문제 앞에서도 감사가 계속되었습니다.
① 진정한 감사는 어떤 일에 막혀도 중단되지 않는 감사입니다.
잡혀서 사자 굴에 들어가기 위해서 체포 되는 상황인데도 감사가 계속되었습니다. "다니엘이 이 조서에 왕의 도장이 찍힌 것을 알고도 자기 집에 돌아가서는 윗방에 올라가 예루살렘으로 향한 창문을 열고 전에

하던 대로 하루 세 번씩 무릎을 꿇고 기도하며 그의 하나님께 감사하였더라"했는데 우리가 배울 감사입니다.
② 상황에 따라 변질되는 감사가 아니었습니다.
우리의 신앙생활이 상황에 따라 변질되면 곤란합니다. (사 26:3)심지가 견고해야 합니다.
(엡 6:24)변함 없이 주를 사랑해야 합니다. 순교자 폴리갑은 '예수님은 80평생 한 번도 나를 모른다고 하시지 아니했다' 하면서 끌려가 산채로 장작더미 불에 순교했습니다. 우리는 수시로 변화의 세대에 살지만 신앙은 변치 말아야 합니다.

2) 우리의 신앙은 언제나 변함없이 성숙해야 합니다.
이것은 변함이 없는 믿음과 감사 속에 있을 때에 가능합니다.
① 다니엘의 신앙은 그 자체가 변함이 없었습니다.
오늘날에도 많은 사람들이 교회에 들락 걸리는 경우를 보게 됩니다. 예수님 당시에도 예수님께 왔다가 다시 되돌아가게 될 때에 예수님이 질문하셨습니다. "니희도 가려느냐"("You do not want to leave too, do you?" - 요 6:67). 이때에 베드로의 고백은 "주여 영생의 말씀이 주께 있사오니 우리가 누구에게로 가오리이까"하면서 마태복음 16:17이하 나오는 빌립보 가이사랴 지방에서의 고백과 더불어서 귀한 고백이 되었는데 베드로는 그 고백대로 마지막에는 순교의 제물이 되었습니다.
② 우리는 하나님의 큰 축복의 말씀을 많이 들었고 배웠습니다.
이제는 정말로 하나님의 주신 은혜를 생각하면서 감사하는 성숙한 신앙을 보여야 할 때입니다. 축복은 많이 받았는데 감사가 없고 인색하다면 문제입니다. 감사는 신앙의 크고 작음을 재는 잣대이기 때문입니다.

3. 감사하는 신앙에 더 큰 기적과 축복이 왔습니다.

다니엘이 메대와 바사의 법대로 사자굴에 들어가게 되었지만 사자의 입이 봉해지게 되었고 더 큰 기적과 능력이 체험되었습니다.

1) 왕이 다니엘을 안타까워하면서 다니엘에게 심리적 응원이 되었습니다.

① 왕이 다니엘을 죽이고자 하는 마음이 없었음을 보여주는 대목입니다.
(16절) "왕이 다니엘에게 이르되 네가 항상 섬기는 너의 하나님이 너를 구원하시리라 하니라"하였습니다. 왕이 침수를 금하고 밤이 새도록 다니엘을 생각하였다(18절)하였습니다. 다른 총리들의 계략이었을 알게 되었습니다.

② 천사를 보내셔서 사자의 입을 봉하셨습니다.
(22절) "그의 천사를 보내어 사자들의 입을 봉하셨으므로 사자들이 나를 상해하지 못하였사오니"하였는데 천사들은 부리는 영이기 때문에 이런 때에 사용됩니다(히1:14, 행12:12, 마18:10).

2) 다니엘은 이후에 더 큰 축복을 체험하게 되었습니다.

변치 않는 감사 속에서 체험한 축복이었습니다.
① 왕 앞에 무죄함이 증명되었습니다.
(22절) "이는 나의 무죄함이 그 앞에 명백함이오며 또 왕이여 나는 왕에게도 해를 끼치지 아니하였나이다 하니라"했습니다. 다니엘은 후대에 이르기까지 총리가 되었는데 고레스 왕까지 쓰임 받게 되었습니다.
② 모함한 다른 총리들은 하나님께서 원수를 갚아주셨습니다.
(24절) "그들이 굴 바닥에 닿기도 전에 사자들이 곧 그들을 움켜서 그 뼈까지도 부서뜨렸더라"했습니다. 하나님께서 다니엘의 복수를 대신 해 주셨습니다(롬 12:19~참조). 감사하는 신앙은 언제나 하나님이 역사해

주십니다. 은평교회 성도들이 언제나 이 감사가 풍성하게 되시기를 주의 이름으로 축원합니다.

▶ **결론** : 추수감사절에 감사를 회복해야 합니다.

범사에 감사하는 신앙
(살전 5:16~18)

　지루한 장마와 불볕더위가 지나고 이제는 추수를 지나 월동 준비에 바쁜 계절이 될 때에 우리는 또다시 추수 감사절을 맞이하게 되었습니다. 되돌아보면 울 때도 있었지만 웃을 때도 있었고 희비가 엇갈리는 때도 있었지만 이것이 인생인가 하는 길들이기에 더욱 하나님을 경외하며 감사해야 합니다(전 7:13-14). 그리고 언제나 하나님께 축복을 받으면서 원망이나 불평이 아니라, 감사생활이 중요합니다(시 37:1-5, 17).
　사도 바울은 본문에서 죄수 아닌 죄수로서 복음을 전하다가 옥중에 갇혀 있는데, 밖에 있는 교회들에게 복음을 전하면서 감사해야 함을 강조하셨습니다. '범사에 감사하라'는 말씀은 매사에 감사할 것을 말씀 하신 것입니다. 대게 감사하는 모습을 보면 취직, 입학, 졸업, 승진 등 경사가 있을 때에 하는 것이 일상적인 감사의 모습들이지만, 본문에서는 매사에 감사할 것을 가르쳐 주셨습니다. 광야에서도 구름과 불기둥으로 인도해 주셨고, 장막 칠 곳까지 인도해 주셨습니다(출 40:36, 신1:36). '감사'라는 말은 헬라어로 유카리스티아(εὐχαριστία)인데 좋은 매력, 좋은 은혜, 좋은 선물, 이라는 뜻들이 있습니다. 그래서 시편 136편은 전체가 감사로 기록된 감사장이기도 한바, 우리의 신앙생활을 다시 한번 감사로 충만한 추수감사절이 되시기 바랍니다.

1. 감사하는 것은 구원 받은 성도의 마땅한 일입니다.
　믿음의 선조들은 어떤 형편에 있든지 감사 가운데 승리하게 되었습니다.

1) 지극히 어려운 실정에서도 감사하며 찬송했던 모습들을 보게 됩니다.

   이것이 신앙입니다(욘2:9).
① 풍성한 오곡백화를 주신 하나님께 감사하는 것은 물론이고 인간적으로 어렵고 힘들 때에도 찬송하고 기도하며 감사하였습니다. 영국의 순교자 존 브래드포드(John Bradford, 1510-1555)는 당시의 메리 여왕에게 순교 당했는데, '여왕이 나를 놓아 주어도 감사하겠고, 순교시켜도 감사할 것이라'고 하며 순교 당했습니다. 스데반 집사님도 찬송하고 기도하면서 순교하였습니다(행 7:60). 바울은 본문에서 옥중에 있었지만 감사할 것을 강조하였습니다. 요즘 이 부분에 허약 체질 속에 있는 우리 자신을 돌보아야 합니다.
② 예수 안에 있기 때문입니다.
'감사' 꼭 해야 하느냐고 굳이 말한다면 예수 안에 있기 때문입니다. '범사에 감사하라 이는 그리스도 예수 안에서'라고 하였습니다. 예수 안에 있는 성도이기 때문에 천국이 확실합니다(요 5:24). 또한 상급이 확실합니다(고전 9:24-25). 따라서 사나 죽으나 감사는 당연한 일이 됩니다.

2) 바울은 그의 신앙과 신학을 걸고 감사의 복음을 전하였습니다.

   그냥 지나가는 이야기가 아닙니다. 신앙과 신학, 그리고 목숨까지 걸면서 전하는 복음입니다.
① 바울 신학의 중심입니다.
이는 성경적 신학이며, 예수님의 강조점입니다(요 15:1-7). 예수님은 포도나무 비유에서 분명하게 강조해 주셨습니다.
(4절) '내 안에 거하라 나도 너희 안에 거하리라'는 말씀이 그 중심입니다. 안에(in) 라는 말씀에 계속 강조 되였는데, 8번씩이나 강조하였습니

다. 이는 바울 신학의 중심이 되었는데, '그리스도 안에'(ἐντο Χριστός)라는 말은 그의 복음서신에서 무려 153번씩이나 강조하였습니다.
② 감사하는 신앙에는 너무 큰 축복과 은혜가 있지만, 감사하지 못했을 때에는 사탄이 역사하기 쉽습니다. 같은 마음의 한 구석에 감사가 아니라, 원망과 불평의 영혼들이 가득하다면, 이는 분명 축복이 아닙니다. 그래서 성경은 다시 한번 옛날 이스라엘 백성들의 사건을 되새김질하게 강조하여 주었는데(고전 10:10), 범사에 감사하는 일은 매우 중요한 신앙의 약속입니다. 따라서 언제나 경건에 이르기를 연습하면서(yourself to be godly-딤전4:7), 감사생활에 힘써야 되겠습니다.

2. 감사하는 것은 그 사람의 신앙의 측정기와 같습니다.

세상의 측정기나 계량기들이 다양하게 많은데, 신앙의 측정기는 성경이요, 성경 안에서 강조 하는 것이 감사생활입니다. 믿음이 좋다, 나쁘다, 크다, 작다, 의 판단은 감사생활에서 많이 좌우 됩니다.

1) 감사하는 모습에서 판가름이 납니다.

신앙생활의 형태가 여러 가지로 나타나는 경우를 봅니다.
① 우리의 신앙생활은 감사의 유무에서 가늠할 수 있습니다. 축복과 은혜를 받았는데도 감사가 없는 경우도 있습니다(눅 17:11-19). 10명의 문둥병자가 모두 치료 받았는데, 오직 한명만이 예수님께 나와서 감사의 사례를 하였습니다. 예수님이 이때에 하신 말씀은 '그 아홉은 어디 있느냐'(Where are the other nine?)하셨습니다.
② 감사하기 보다는 오히려 원망과 죄를 더하게 하는 경우도 많습니다. 이스라엘 백성들이 광야생활에서 그 유래를 보게 됩니다. 하나님의 크신 은혜와 축복이 아닌 것이 없었지만 감사대신에 원망과 불신앙으로 일관했습니다(출 14:11, 12:35, 14:11). 이 세대의 모든 그리스도인들이

깨달아야 할 일입니다.

2) 진짜 좋은 신앙은 상황에 관계없이 감사하는 것인데, 이것이 성숙한 신앙이요, 건강한 신앙입니다.
① 감사로 일관된 신앙생활을 해야 합니다.
이것은 하박국 선지자를 통해서 배우게 됩니다(합 3:18-19). 본문에서 바울을 통해서도 배우게 됩니다. 범사에 감사하는 신앙은 추수감사절 때만이 아니라 언제나 간직해야 할 건강한 신앙입니다.
② 은평교회 성도들이 모두가 성숙한 신앙으로 승리하게 되시기를 바랍니다.
현대에는 내게 조금 기분이 언짢다고 해서 감사 대신에 혈기 부리거나 부정적인 일들이 많은데, 감사하는 태도에서 있어야 하겠습니다. 이것이 사도 바울도 우리에게 전해주시는 복음이요 성경입니다.

3. 감사하는 신앙은 더 큰 축복과 은혜가 약속되었습니다.

스펄전 목사님은 말하기를, '반딧불을 보고 감사하면 호롱불을 주시고, 호롱불을 보고 감사하면 전기 불을 주시고, 전기 불을 보고 감사하면 달빛을 주시고, 달빛을 보고 감사하면 태양빛을 주시고, 태양빛을 보고 감사하면 태양을 창조하신 예수 그리스도 빛 안에 산다'고 하였습니다.

1) 더욱 큰 은혜와 축복을 받게 됩니다.
이것은 성경에 약속이요 언약이기도 합니다.
① 육적 질병도 나았지만 영혼 구원의 은혜도 받게 되었습니다. (눅 17:19) '그에게 이르시되 일어나 가라 네 믿음이 너를 구원하였느니라'(Then he said to him, "Rise and go: your faith has made you

well)하였습니다. 육신 병보다 비교될 수 없는 축복을 확인 받게 되었습니다.
② 하나님은 우리에게 하나밖에 없는 독생자를 주셨습니다.
하나님은 우리에게 모든 것을 다 주신다고 하였습니다(롬8:32). 이 또한 우리가 추수감사절 에 하나님께 감사해야할 중대한 이유입니다. 구원받은 성도가 되었기 때문입니다. 이것은 그의 사랑으로 된 일입니다.

2) 성도가 감사하는 것은 하나님의 뜻입니다.
　우리는 하나님의 뜻대로 살겠다고 찬송합니다. 그런데 하나님의 뜻은 무엇일까요?
① 하나님의 뜻을 바르게 이해해야 합니다.
하나님의 뜻을 행할 때에 영원합니다(요일 2:17). 거룩한 것이 하나님의 뜻입니다(살전4:3). 그리고 감사하는 것이 하나님의 뜻입니다(살전5:18). 감사생활은 하나님의 뜻이요 축복의 길입니다.
② 따라서 감사함으로 하나님의 뜻을 행하고 더욱 은혜와 축복 속에 승리해야 합니다.
'원수는 비석에 세기고 은혜는 흐르는 물에 새긴다'라는 속담이 있는데, 세상은 점점 감사는 사라지고 짜증들만 쌓이는 때에 감사를 다시 배우고 실천하는 추수감사절이 되시기를 주의 이름으로 축원합니다.

결론 : 추수감사절에 감사를 다시 배웁니다.

가정/교육

이 땅에서 잘되고 축복받는 길
(엡 6:1~3)

사람들은 누구든지 이 세상에서 잘되기를 바라고 축복되게 살기를 소원합니다. 그런데 문제는 누구나가 자기마음 같이 잘되고 형통한 길만 있는 것은 아니라는데 문제가 있습니다. 자기가 힘써서 잘되는 길은 한계가 있겠지만 하나님께서 축복하실 때에는 잘되는 것이 형통의 원리가 되기 때문입니다(시 127:1; 잠 16:9).

성경에는 인생을 살아가면서 잘되고 복 받는 길을 제시해 주셨습니다. 비단 영원한 천국 가는 영생의 복일 뿐 아니라 이 세상에도 살 동안에 잘되는 비결이 제시한 것이 성경입니다. 하나님만 섬기고 경외하는 것을 전제하면서 주일성수, 십일조 등은 복 받는 길입니다.

오늘은 어버이 주일로써 이 땅에 자녀들이 부모에게 효도하는 것은 복 받는 길이라는 사실입니다. 미국에서는 1914년 윌슨(Wilson)대통령에 의해서 어버이 날로 제정되었고 우리나라는 1956년 어머니 날로 정하였다가 1974년에 어버이날로 개정 되었습니다. 현대에는 옛날처럼 대가족제도의 시대가 아니고, 핵가족 시대를 넘어 이제는 가족 각자가 흩어져 사는 시대입니다. 그래도 부모공경은 없어지지 말고 지켜야 할 축복의 길입니다. 자기밖에 모르는 이기주의 때인 말세 때에도(딤후3:5) 교회 안에서 성도는 어버이주일에 깊이 생각하며 어버이 공경에 자녀들은 힘써야 하겠으며 본문에서 은혜의 시간이 되시기를 바랍니다.

1. 부모공경은 하나님의 계명입니다.

명령(command)은 반드시(certainly)라는 전제가 주어지게 됩니다.

1) 부모공경은 반드시 지켜야 할 도리입니다.

자식은 부모님이 나를 애지중지하게 키워주신 은혜를 생각하고, 자식의 도리는 부모님 공경에 힘써야 합니다. 많은 신학자들은 이 부분에서 '자식은 부모님이 하나님의 대리자'라고 합니다.

① 십계명 중에 말씀하셨습니다.

1~4계명은 하나님에 대한 것이요, 5~10계명은 인간에 대한 계명이라면 그 첫 번째가 부모님의 대한 계명입니다. 그래서 분문은 (엡 6:2) "이것이 약속 있는 첫 계명이니"(which is the first commandment with a promise) 라고 하였습니다. 하나님께서 부모님을 잘 공경해야 한다고 명령해 주셨기 때문에 이것은 지켜야 할 도리(道理)입니다.

② 하나님께서 주신 계명은 구약 율법에서만 아니라 신약에서도 강조해 주셨습니다.

예수님에 관한 것은 예언적으로 주신 구약뿐 아니라 예수님이 오신 신약의 중심적 사상에도 강조된 것이 효도이기 때문에 교회 안에서 효도는 대단히 중요한 일입니다. (요 19:25~27)예수님이 십자가에 못 박히실 때에 제자 요한에게 마리아를 부탁하신 일은 중요합니다. 그 후에 요한은 마리아를 끝까지 잘 공경했다는 것입니다. 구약뿐 아니라 신약 교회론 에서도 강조한 효는 하나님 백성이 복 받는 일입니다.

2) 미물들도 부모와 자식 간에 관계가 엄격함을 보게 됩니다.

자녀가 어릴 때에는 부모가 자식을 먹여 살리고, 어미가 늙으면 자식들이 어미를 먹여 살리는 미물들의 세계가 있습니다.

① 까마귀의 세계를 봅니다.

까마귀는 검기 때문에 사람들이 혐오스럽게 여기지만 까마귀는 어미 새가 늙으면 새끼 까마귀들이 먹여 살린다고 합니다. 그래서 집단생활을 한다고 전해지기도 합니다. 그래서인지 성경에도 까마귀 새끼가 먹을 것을 구하게 될 때에 하나님이 주신다고 하였습니다(욥 38:41; 시 147:9). 하물며 만물의 영장으로서 인간이 효를 잃고 사는 것은 없어야 함이 당연합니다. 이것이 또한 복 받는 길이 되기 때문입니다.
② 부모에게 잘못하게 되면 까마귀에게 먹히게 됩니다.
그래서 성경에는 부모에게 불효하거나 잘못하는 사람은 까마귀와 연관시킨 말씀을 많이 보게 됩니다. (잠 30:17) "아비를 조롱하며 어미 순종하기를 싫어하는 자의 눈은 골짜기의 까마귀에게 쪼이고 독수리 새끼에게 먹히리라"하였습니다. (렘 16:4) "칼과 기근에 망하고 그 시체는 공중의 새와 땅 짐승의 밥이 되리라"하였습니다. 미물들을 통해서 교훈해 주시는 말씀에 귀를 기울여야 합니다.

2. 자녀들아 너희 부모를 주안에서 순종하라 하였습니다.

자녀라는 말은 부모가 존재하는 전제로 이 땅에 살아가는 존재들입니다. 하늘에서 떨어지거나 땅에서 나온 존재가 아니라는 사실입니다.

1) 너희 부모라고 하였습니다.

타인의 부모를 공경하는 것이 아니고 내 부모를 섬기는 일입니다.
① 시부모도 부모입니다.
친정부모만 부모가 아니라 결혼한 이상 시부모도 부모이고, 섬겨야할 분입니다. 왜냐하면 결혼과 함께 남편과 한 몸이 되었기 때문입니다(엡 5:31). 시부모를 잘 섬기고 복 받은 예로써 룻에게서 배우게 됩니다. 남편과 사별하였고 이방여인이었던 룻이었지만 홀 시부모를 대하는 룻은 효부 중에 효부였습니다(룻 1:16~17). 이것이 이 세대 현대인들에게 맞든지 안 맞든지 성경은 우리에게 효를 가르치는 교과서입니다.
② 장인장모님도 부모입니다.
결혼한 때부터 이미 한 몸이 되었기 때문입니다. 현대에 와서는 더욱이

아들 딸 구별 없이 낳아서 키우는 시대이기 때문에 사위도 아들이요, 자부된 며느리도 자식입니다. (삼상 24:1~15)다윗은 사울에게서 죽임 당할 뻔한 일이 몇 번 있었는데도 사울을 원수같이 여기지 아니하고 공손하게 섬겼는데 하나는 왕이기 때문이며 또 하나는 사적으로 장인이기 때문입니다.

2) 주안에서 공경해야 합니다.
　주안에서 공경하는 것이 무엇보다도 중요한 일입니다.
① 예수 믿는 신앙 안에서 공경해야 합니다.
부모님 말씀이요 뜻이라고 해서 무조건 순종이 아닙니다. 불신 가정에서 제사문제며, 우상섬기는 일은 멀리해야 할 일입니다. 대한민국에서는 효 문제가 나오면 꼭 제사문제가 등장하는데 이때에 마귀사탄이 꼭 역사하는 일이기도 합니다. 기독교의 효는 살아계실 때에 잘해드리는 것이 효의 중심입니다. 그리고 불신 부모님이 예수 믿고 영원한 천국가게 해드리는 것이 효입니다. 부모님이 지옥 간다면 얼마나 안타까운 일인지 알아야 합니다.
② 주안에서 부모님 공경하는 것은 불신 부모님에게 전도해서 예수 믿고 천국가게 해드리는 일이 효 중에 효입니다. 육체적 효는 세상에서 끝이 나지만 영적효도는 영원한 천국까지 계속 연결되기 때문에 영원한 효의 길이기도 합니다. 주안에서 효하는 것이 기독교의 효입니다.

3. 부모님 공경은 축복이 약속되었습니다.
　부모 공경하라 하셨고 축복을 약속해 주신 분이 하나님이십니다. 반대로 불효하게 되면 축복이 없습니다. 축복받는 일은 바로 효입니다.

1) 불효하게 되면 반대로 저주가 약속되었습니다.

저주의 대상이 된 사람은 성경에서 보게 됩니다.
① 노아의 둘째아들 함이 그 대상입니다.
(창 9:25)아버지 노아의 잘못된 흉을 형과 동생에게 말했던 함은 두고두고 저주의 상징적 인물이 되었습니다. "이에 가로되 가나안은 저주를 받아 그 형제의 종들의 종이 되기를 원하노라"하였는데 가나안은 함의 아들이요 노아로써는 손자였습니다.
② 잠언에서도 교훈해 주셨습니다.
(잠 28:24)"부모의 물건을 도적질하고 죄가 아니라 하는 자는 멸망케 하는 자의 동류니라"하였고, (잠 23:22)"너 낳은 아비에게 청종하고 네 늙은 어미를 경히 여기지 말지니라"하였습니다.

2) 부모공경은 어렵지만 축복의 역사요 형통의 지름길로 주셨습니다.

성경에서 뿐 아니라 교회사나 현재 삶의 주변에서 얼마든지 볼 수 있는 축복의 현장입니다.
① (창 9:22)노아의 세 아들 중에 셈과 야벳은 축복의 사람의 조상이 되었습니다. 현재에도 세계를 지배하는 인종은 셈 족이요, 야벳족들이 세계에서 뛰어난 민족들입니다.
② (룻 4:21~22)룻은 나오미를 공경하고 큰 복을 받았습니다. 이방여인 으로써 유대나라의 중심부에 들어가게 되었습니다. 살몬은 보아스를 낳았고 보아스는 오벳을 낳았고 오벳은 이새를 낳았고 이새는 다윗 왕을 낳게 되었습니다(마 1:5). 사도요한 역시 예수님의 말씀 따라서 마리아를 잘 모시게 되었고 늙기까지 교회를 돌보는 사도로써 남게 된 것이 교회사입니다. 은평교회 성도들이 이 땅에서 잘되고 장수하는 축복이 효를 통해서 받게 되시기를 주의 이름으로 축원합니다.

▶ **결론** : 효는 자녀에게 가르쳐야 할 축복의 도리입니다.

자녀사랑 부모공경 행복한 가정
(시 127:1~5)

사람이 살아가는 주거지 시설들이 고급주택과 아파트들이 발달된 시대에 살아가지만 현대인들에게는 집(House)은 존재하나 가정(Home)은 빈약해진 불행의 시대에 사는 것이 현대인들의 모습이라 할 것입니다. 하나님께서 인간을 최초로 만드시고 축복하셨는데(창 1:28), 인간은 죄로 말미암아 모두 상실하였고 오늘날에 와서는 가족이 아니라 혼자이기를 좋아하는 시대에 살아갑니다. 어쩌면 마지막 시대의 종말 때에 사건들이 벌어지는 현상이라고 할 수 있을 것입니다(계 12:7~12).

하나님의 축복인 가정이 약화되어 가는데 부모, 자식, 형제라는 울타리가 무너지는 현상들이 많습니다. 오늘 어버이주일에 다시한번 성경으로 돌아가서 작은 천국으로서의 가정이 회복되기 위해 은혜의 시간이 되시기를 바랍니다.

1. 가정은 질서가 중요합니다.

하나님은 질서의 하나님이시기 때문입니다. '땅이 혼돈하고 공허하며 흑암이 깊은 위에 있고'(창 1:2)하는 것은 원치 않습니다.

1) 마귀는 무질서하고 혼돈의 세력의 원조(origin)라 할 것입니다.

그래서 마귀를 따라가게 되면 질서가 무너지고 혼돈이 오게 되어 있습니다.

① 질서가 세워지기 위해서는 책임성(Responsibility)이 중요합니다. 그래서 하나님께서는 아담과 하와에게 책임감을 지워주셨는데 그 중에

하나가 금단의 열매인 선악과였습니다. 하나님이 주신 가정이 건강하기 위해서는 각자에게 주어진 책임을 다해야 합니다. 여기서부터 에덴동산의 회복과 축복이 예수그리스도 안에서 주어질 것입니다.
② 아담에게 그 책임이 크다고 할 것입니다.
마귀가 뱀의 모양으로 하와에게 접근했을 때에 아담은 보이지 않았습니다. 하와 혼자 있을 때에 뱀이 접근하였고 하와에게 죄를 제공하게 되었습니다. 오늘날 가정문제에도 어찌 보면 이 범위를 벗어나지 않습니다. 이것은 전적으로 아담에게 그 책임이 있음을 알아야 합니다. 여기에서 남편의 의무, 아내의 의무, 부모의 의무, 자식의 의무가 있다고 할 것입니다.

2) 어디에 행복이 있는지를 언제나 살펴야 합니다.

이삭행복연구소 서대반소장이 쓴 "행복한 가정을 만드는 비결"이라는 책이 있는데 요약해서 소개합니다.

A. 아내가 해야 할 일입니다.	B. 남편이 해야 할 일입니다.
① 남편을 황제처럼 대우하라.	① 아내를 황후처럼 대우하라.
② 칭찬하라.	② 자상하게 보살피라.
③ 남편을 성공시키는 아내가 되라.	③ 이해하고 용납하라.
④ 잔소리 하지 말라.	④ 하루에 1회 이상 전화통화해라.
⑤ 존경과 격려를 아끼지 말라.	⑤ 넓은 가슴으로 아내를 안으라.
⑥ 남편의 특성을 이해하라.	⑥ 책임을 져라.
⑦ 남편의 신앙생활을 지혜 있게 도우라.	⑦ 수고를 인정하고 감사하라.
⑧ 기도하라.	⑧ 말을 잘 들어주라.
⑨ 남편의 수고를 인정하라.	⑨ 부모에게서 떠나라.
⑩ 데려온 아들하나 더 키운다 생각하라.	⑩ 특별한 날을 기억하라.

C. 부모가 해야 할 일입니다.	D. 자녀가 부모에게 할 일이 있습니다.
① 매일 축복해라. ② 비젼을 주라. ③ 웃음으로 키워라. ④ 본을 보이라. ⑤ 자녀의 소유와 공간을 인정하라. ⑥ 자녀와의 약속을 반드시 지켜라. ⑦ 칭찬해 주라. ⑧ 엄중하고 단호하고 친절 하라. ⑨ 효도의 본을 보여라. ⑩ 일하기 싫으면 먹지도 말라.	① 무슨 일이든지 부모님과 의논하라. ② 부모님을 도와드려라. ③ 매일 부모님께 한 가지 이상씩 기쁨을 드리도록 하라. ④ 순종하라. ⑤ 항상 밝은 표정을 지어라. ⑥ 집을 나설 때에는 항상 말씀드리고 나서라. ⑦ 늦으면 미리 전화해라. ⑧ 형제간에 다투지 말라. ⑨ 부모님 말씀을 잔소리로 듣지 말라. ⑩ 부모님 공경하라

현대가정들에게 주는 귀한 진리라고 생각합니다.

2) 신앙의 가정은 주안에서 부모님을 공경하는 가정입니다.

① 구약의 예로 보겠습니다.

(창 9:25-)노아의 아들들의 예에서 좋은 경우가 됩니다. (창 47:1)요셉의 경우 와 (출 20:12)십계명에서 명령하셨습니다.

② 신약의 경우를 보겠습니다.

바울서신의 교회론에서 (엡 6:1)와 예수님이 사도요한에게 말씀하신 부분도 중요합니다(요 19:27). 모두 복 받는 길입니다.

2. 가정에서 중요한 것은 하나님을 믿는 일입니다.

1) 믿음의 가정들을 주목해야 할 일입니다.

① 고넬료의 가정이 그 대표적이라 할 것입니다(행 10:1-).

가장인 고넬료를 중심으로 온 가정이 더불어서 하나님을 경외(He and all his family were devout and God-fearing)하였습니다.

② 아브라함의 예에서도 밝혀주었습니다.
아브라함의 집안이 복을 받은 것은 아브라함의 믿음인데 그 믿음이 이삭, 야곱, 요셉으로 대를 이어 갔습니다. 여기에는 복이 약속되어 있습니다. (신 28:1~5, 갈 3:9)이 말씀들이 우리 가정 되게 해야 하겠습니다.

2) 참 신앙의 가정에서 참 신앙이 나오고, 부정한 가정에서는 부정된 사람이 나올 확률은 높게 됩니다.
① 부정한 부모에게서는 부정한 자녀가 태어나는 일이 많습니다(신 28:27-).
정신이상자, 알콜중독자, 사회문제아들이 태어납니다.
② 축복받은 자에게서 축복받은 사람이 태어납니다.
왜냐하면 심었기 때문입니다. 부모가 심었고, 조상이 심었던 것이 싹이 나고 열매를 맺는 것은 하나님의 창조의 원리입니다. (시 126:5~6)여호와께서 성을 쌓아 주시고 지켜주심이 반드시 필요한 이유입니다.

3. 효의 축복을 받아 효의 축복을 물려주는 가정들이 되시기를 바랍니다.
하나님 안에 축복받게 되고 축복을 물려줄 수 있어야 합니다.

1) 축복을 받기는 했는데 물려줄 수 없다면 문제의 가정이 됩니다.
① 솔로몬의 경우에서 보게 됩니다.
다윗에게서 왕권과 신앙을 물려받아 축복된 인생 이였으나 후대에는 분열과 문제만 남겨주었습니다. 그 이유는 당연 합니다(왕상 11:1-).
② 문제는 그가 하나님을 버렸다는 것입니다.
한 나라의 왕이요, 한 가정의 가장인 솔로몬의 모습입니다(왕상11:9~10

). 결국 후대에 국가가 분열되고 문제의 씨앗을 남긴 왕의 모습이 되었습니다.

2) 실패한 가정 성공한 가정에게는 이유가 분명합니다.
① 하나님 말씀만 따라가는 가정들이 되시기를 바랍니다.
이것은 부모는 자녀에게 물려주고 그 자식은 또 그 자식에게 물려주는 대를 잇는 신앙의 모습이 중요합니다. 십일조생활, 주일성수의생활, 부모공경의생활, 주의 종을 대접하는 생활 등을 성경에서 하나님께서 공인하신 축복의 통로입니다. 요즘 재벌총수들이 감옥에 들락거리는 것을 메스컴을 통해 보면서 세상에서 제일 중요한 가정에서부터 바른 신앙을 지켜나가야 하는 책임이 가장들에게 있습니다.
② 우리 가정에서 주님이 주인이 되게 해야 하겠습니다.
구세군의 창시자인 윌리암 부스(William Booth)사랑관은 '이 세상에서 가장 아름다움은 말은 어머니(아버지), 가정, 천국'이라는 용어(用語)라고 하였습니다. 우리 가정이 주님을 주인으로 모시고 하나님사랑, 교회사랑, 부모님께 대한 효도가 가풍이 되어 축복받은 가정들이 되시기를 주의 이름으로 축원합니다.

▶ **결론** : 부모공경은 축복입니다.

결단

종말 때에 사는 길
(벧후 3:7~13)

세상 모든 일에는 시작이 있고 거기에 대한 끝이 있기 마련입니다. 그래서 성경 전도서에서 "천하에 범사가 기한이 있고 모든 목적이 이룰 때가 있나니"(전 3:1~)라고 하였는데, "그러나 하나님이 하시는 일의 시종을 사람으로 측량할 수 없게 하셨도다"(yet they cannot fathom what God has done from beginning to end.)하셨습니다. 천하의 만물의 모든 일은 시작이 있으면 끝이 있다는 말씀입니다. 그런데 문제는 그 끝은 아무도 알 수가 없다는 것입니다. 지금 누구나가 이구동성으로 종말 때라고 이야기들을 하고 있습니다.

예수 믿는 사람들은 창조 때부터 시작된 인간의 역사가 예수님이 재림하심으로 끝이 나게 되는데 하나님의 교회가 예수님의 재림을 기다리며 고대하고 있습니다. 그렇다고 할 일을 하지 않고 있다면 데살로니가교회처럼 책망을 받게 됩니다. (살후 3:10) "일하기 싫어하거든 먹지도 말게 하라"(If a man will not work, he shall not eat)하셨습니다. 언제나 일하면서 재림을 준비해야 하고 깨어있어야 하지만 그날은 아무도 모릅니다(마24:36). 그 후로 이천년이 지났습니다. 어떤 이들이 더디다고 생각했듯이(벧후3:9) 더딘 것도 아니고 재림 약속이 없다는 것도 아닙니다. 여러 가지 징조들을 보면서 깨어있는 교회가 되어야 합니다(마24:44).

1. 거룩과 경건의 생활로 준비해야 합니다.

예수님이 오실 때의 세상을 예수님은 두 사건에서 암시를 주셨는데 노아의 때와 소돔과 고모라의 때입니다(창6:6, 마24:37, 눅17:31~32).

1) 두 사건에서 깨달아야 합니다.

　하나는 물로 심판하신 사건이요, 또 하나는 불로 심판 하신 사건입니다.

① 불 심판에서 보겠습니다.

소돔과 고모라지역은 본래 사람이 살기에 좋은 곳이었기에 롯이 선택한 곳이었습니다(창13:10~). 애굽 땅과 같고 여호와의 동산 같은 곳이었지만 문제는 죄악으로 하늘을 찌르듯 한 심각한 곳이었습니다. 결국은 이런 죄악의 세상에 대해서 하나님은 불로 심판하셨습니다.

② 물 심판을 보겠습니다.

세상에 죄악이 관영하기 때문에 하나님께서는 사람을 지으셨음을 한탄하실 정도였습니다(창6:6). 노아에게는 방주를 예비하라 하셨고, 40일 40주야로 비를 내리게 하사 홍수가 나게 하시고 땅에 기는 것 중 방주 안에 들어간 것 외에는 모두가 죽었습니다. 하나님께서는 심판하실 때에는 언제나 유예기간을 주시고 그 기간 동안에 돌아오지 아니하고 회개치 아니하게 될 때에 심판이 준비되었습니다. 지금은 유예기간 이기에 조롱하는 자들이 많이 있는데 그들의 말과 같이 되지 않는 다는 사실입니다(벧후3:3~). 노아나 소돔성 때와 같은 동일한 말씀(By the same word)이 준비되어 지고 이루어집니다.

2) 이런 때에 어떤 사람들이 되어야 하는가를 깨달아야 하겠습니다.

　하나님께서 지금 베드로를 통해서 단도직입적으로 질문하십니다.

① 먼저 재앙에 대해서 귀담아 들어야 할 때입니다.

하늘이 큰 소리로 떠나가고 체질이 뜨거운 불에 녹아지고 땅과 그중에 있는 모든 것이 드러나며 하늘이 불에 타서 무너진다고 했습니다. 현실적으로 피할 수 없는 징조들이 세계 곳곳에서 나타나는 자연재해 및 사람들에게서 나타나는 질병들이 우연하게 발생하는 것이 아니요 이 모든 것들이 예수님의 재림에 대하여 암시해 줍니다. 이와 같은 사건들을 매스컴을 통하여 들을 때 마다 자신의 신앙을 점검하고 바르게 서야 할 때입니다.
② 질문에 대한 답변입니다.
어떠한 사람들이 되어야 하겠느냐 라는 말씀 앞에서 거룩한 행실입니다. (롬13:11)잠잘 때가 아니고 깰 때입니다. (롬12:2)세상을 본받지 말아야 할 때입니다. (약4:4)세상과 짝하게 되면 하나님과 원수가 됩니다. 성공과 출세의 꿈도 중요하지만 예수님 맞을 준비하며 깨어 있는 것은 무엇과 비교할 수 없이 중요한 일입니다.

2. 예수님의 재림을 사모하는 준비가 필요합니다.

준비된 사람은 재림을 사모해야 합니다. 두려워서 떨 때가 아니요 재림을 기다려야 합니다.

1) 재림을 사모하고 기다려야 하는 신앙이 중요한 일입니다.
(12절) "하나님의 날이 임하기를 바라보고 간절히 사모하라"(as you look forward to the day of God and speed its coming)했습니다.
① 하나님의 날은 예수님의 때입니다.
온 세상에 미치는 날입니다(마24:31, 40, 27). 언제 어디서 무엇을 하든지 모두 보게 됩니다. (계1:17)예수님을 찌른 자들도 보게 됩니다.
② 믿음의 성도는 준비해 놓고 기다리는 신앙이 되어야 합니다.
바울은 차라리 몸을 떠나 주님을 보기 원한다고 하였습니다(고후5:8). 준비된 성도의 신앙이 중요한 이유입니다. 지금이 곧 준비할 때입니다.

2) 예수님의 재림은 반드시 이루어지게 됩니다.
어느 한 구석에서 일어나는 사건이 아니요 지구촌 어디에서나 동시에 보게 될 것입니다. 휴거(Rapture)라는 책에서 가상적으로 이야기 했는데 참고가 됩니다.
① 성경은 분명히 예수님의 재림을 약속하셨습니다.
신약에 뿐 아니고 구약에서도 약속했는데 구약성경에서 1,527곳, 신약성경에서 7,959곳 합 9,486곳에서 예수님의 재림사건을 직접 간접적으로 말씀했습니다. 그 말씀은 반드시 이루어 집니다(계10:7).
② 이 세상은 망하지만 성도에게는 소망이 새롭게 시작됩니다.
이 세상은 죄로 말미암아 무너지고 하나님 앞에서 심판을 받게 되지만 예수님 안에 있는 성도는 구원입니다. 주님의 재림을 사모하며 찬송을 부르며 준비했던 이성봉목사님과 같이 승리하는 성도들이 되시기를 바랍니다.

3. 예수그리스도의 재림에 대한 확신을 가지고 준비하며 기다리는 신앙이 되어야 합니다.

세상에 휘말려서 의심하며 반신반의식으로 하면 곤란합니다. 확신에 있어야 합니다(고후13:5).

1) 예수님의 약속은 확실합니다.
성경의 약속을 보시기 바랍니다(행1:11; 계1:7).
① 예수님의 재림 약속이 확실합니다.
(13절) "그의 약속대로"(But in keeping with his promise)라고 했습니다. 예수님의 약속의 재림사건들이 지금 계속이루어지고 있는 현실을 직시해야 할 때입니다.
② 예수님의 재림과 더불어 새로운 세상이 시작됩니다.
미국 주간 잡지(U. S. A weekend)에 실린 여론조사에 의하면 640명중에 80%가 천국을 확신한다고 했습니다. 어느 갤러리 조사에 의하면 대

한민국인의 38%가 천국 내지는 내세가 있다고 응답하였다고 합니다. 문제는 반드시 천국이 있다는 것입니다.

2) 믿는 자가 되시기 바랍니다.
　학력, 재산, 유무 관계없이 믿어야 합니다.
① 인생은 짧고 천국은 영원합니다.
짧은 세상을 위해서 영원힌 천국을 버리는 어리석은 자가 되지 말아야 합니다. 주님이 세우신 나라는 영원히 망하지 않습니다(단2:44~45).
② 은평교회 성도들이 영원한 천국준비를 하며 예수님의 재림을 소망해야 하겠습니다. 목회자로써의 나의 바라는 것은 모든 성도들이 영혼이 잘되고 영원히 천국을 누리는 것입니다. 사도요한은 "아멘 주 예수여 오시옵소서"(계22:20)했는데 이 고백 속에 승리하시기를 주의 이름으로 축원합니다.

▶ **결론** : 지금은 때가 급한 때입니다.

무익했던 사람이 사랑과 유익의 사람으로
(몬1:1~7)

　기독교를 일컬어서 변화와 체험의 종교라고 말하게 됩니다. 예수를 알기 전에는 죄악의 사람으로 살던 과거를 버리고 변화를 받아 새롭게 된 사람이 되었기 때문입니다. 세계사에서나 교회사에서 위대한 일을 남김 사람들이 많음을 봅니다. 우리가 잘 부르는 찬송 305장(통합405장)이 '나 같은 죄인 살리신'(Amazing grace)의 존 뉴톤(J. Newton 1779)은 노예장사였고, 본인도 노예생활 경험도 있지만 예수님을 믿고 예수님을 만나서 새롭게 되었을 때에 이 찬송을 남겼습니다.
　이미 소천 하여 천국에 간 사람들이나 현존하는 사람들 중에 많은 목사님들 중에도 깡패가 변하여 주의 종이 되었고, 세상에서 버린 받은 사람들이 예수님을 만나서 변화 받아 위대하게 승리의 생애를 살아가는 사람들이 수 없이 많이 있음을 보게 됩니다. 중세시대에 위대한 신학자라 불러지는 성 어거스틴(Saint Augustine)역시 형편없던 방탕생활자였지만 어머니 모니카(Monica)의 기도로 방탕생활에서 돌아와 위대하게 사용 받았는데 신약 27권이 확정될 때(397년 칼타고회의)주동적인 역할로 일했음을 보게 됩니다.
　본문에서 나이가 많은 바울은 복음 전하다가 옥에 갇히게 되었는데, 그 옥 속에서 만난 오네시모에게 전도하게 되었고, 전도를 받아 돌아온 그 오네스모의 주인 되는 빌레몬에 관한 말씀입니다. 빌레몬에 대해서 '우리의 사랑을 받은 자요 동역자'라고 소개하고 있습니다. 빌레몬은 '필레오'에서 온 말인데 '사랑과 애정이 깊은'이라는 뜻입니다. 또한 오네시모 는 무익했던 사람이 유익한 사람으로 소개하는데 골로새서 4장9절에서 볼 수 있게 됩니다.
　이조 숙종 때의 사람인 '박세부'에 의해서 전승된 오륜 요약(五倫 要約)이라는 책이 있는데 아이들을 가르치는 책으로써 거기에 '동문 선습'이라는 부분이 있습니다. 세 가지 덕을 보는 친구가 있는가 하면 세 가지 손해를 끼치는 친구가 있다는 것입니다. 덕 보는 친구는 정직한 친구, 믿을 수 있는 친구, 배운 것이 많은 친구이지만, 손해를 끼치는 친구는 불편한 벗, 유해한 벗, 속이는 벗이라는 것입니다. 바울은 본문에서 그의 선교 사역에서 빌레몬과 오네시모를 통해서 큰 교훈을 주고 있는데 여기에서 은혜의 시간이 되기 원합니다.

1. 빌레몬과 오네시모 이들은 바울에게 있어서 사랑과 믿음의 성도였습니다.

　핍박의 시대에 바울에게 이런 성도가 옆에 있다는 것은 축복이었습니다. 지금처럼 어려운 시대에 우리가 배워야 할 부분입니다.

1) 빌레몬은 모범적인 신앙인이었습니다.
　(5절) "주 예수와 및 모든 성도에 대한 네 사랑과 믿음이 있음을 들음이니"했습니다.
① 빌레몬은 성도들을 사랑하는 사람이었습니다.
은사 중에 제일은 사랑입니다. (고전13:13)은사 중에 제일은 사랑이라고 하였는데 사랑은 영원하기 때문입니다. (계2:4)소아시아 일곱 교회 가운데 에베소서 교회는 8가지의 칭찬이 있었지만 한 가지 사랑이 상실한 것 때문에 촛대를 옮기겠다는 위기가 왔습니다.
② 하나님은 사랑이기 때문입니다.
하나님의 사랑 때문에 우리가 구원받았습니다. 하나님의 사랑에 대하여 성경은 분명하게 말씀해 주었습니다(3:16, 롬5:8, 엡3:17~19, 요일4:8,

6). 따라서 우리는 예수 그리스도 안에서 빌레몬과 같은 사랑을 하시는 사람이 되시기를 힘써야 하겠습니다. 변화 받은 사람은 사랑 할 줄 아는 사람입니다.

2) 빌레몬은 믿음의 사람이었습니다.
 "믿음이 있음을 들음이니"(because I hear about your faith)하였습니다. 지상교회에서는 우리의 믿음 또한 중요합니다.
① 믿음으로만 되는 일이 있기 때문입니다.
믿음으로만 구원받게 됩니다(요1:12, 3:16). 믿음으로만 하나님을 기쁘시게 해드립니다(히11:6). 믿음으로만 기적과 능력에 현장을 체험하게 됩니다. 그런데 체험의 현장에는 믿음이 강조되었습니다(마9:28~29). 믿음이 없이는 세상을 이길 수 없습니다(요일5:4, 엡6:16). 믿음이 있을 때에 세상의 불신앙과 싸워서 이기게 됩니다.
② 믿음이 약화되는 때에 우리의 믿음이 견고하게 서야겠습니다.
믿음이 점점 약해지는 시대에 사는 때가 되었기 때문입니다(눅18:8).

3) 육신적 주인 되는 빌레몬과 바울에게서 배운 오네시모는 훌륭하게 영적 신앙인이 되었습니다. 신앙을 누구에게 배우고 본을 삼았느냐가 중요합니다.
① 신임을 받는 오네시모가 되었습니다.
바울이 오네시모를 골로새교회에 소개하면서 신실하고 사랑받는 형제라고 소개하였습니다.(골4:9) "신실하고 사랑받는 형제 오네시모를 함께 보내노니"(our faithful and dear brother)하였습니다. 우리의 신앙이 이렇게 칭찬받는 대상으로 성장해 나가야 합니다.
② 골로새교회는 앞서 말한 빌레몬의 집에서부터 시작되었습니다.
그의 집이 교회가 되었던 것입니다. 핍박의 시대였지만 빌레몬의 열정

적 신앙이 골로새교회의 바탕이 되었음은 그의 축복입니다. 우리의 신앙이 모범적으로 교회의 바탕이 되어간다면 그것이 축복입니다. 우리는 이 세대에 이 신앙을 배우고 닮아가도록 해야 하겠습니다.

2. 빌레몬과 오네시모 이들은 다른 교인들에게 좋은 영향을 끼친 사람들이었습니다.

신앙이 아니더라도 타인에게 좋은 면을 모범이 된다면 축복입니다. 학문의 제자, 예능계의 제자, 체육계의 제자도 있듯이 신앙의 본이 되는 모델(Model)이 되어야합니다.

1) 성도에게 좋은 영향을 끼치는 사람이 되어야 합니다.

① 본문에서 "그리스도에게 미치도록"(we have in Christ)이라는 말은 '에이스 크리스톤'(εἰς Χριστόν)은 그리스도를 향하여, 그리스도를 위하여, 라는 말씀인바 빌레몬과 오네시모의 신앙의 영향을 끼치는 모습을 보는 부분입니다. 결과적으로 선을 알게 되고 그리스도께 미치도록 역사하느니라 라는 말씀에서 잘 나타내 보여 주고 있습니다.
② 빌레몬과 오네시모를 통하여 그리스도인들에게 역사하는 영향이 크다는 뜻입니다.
우리는 내 신앙생활이 누군가에 영향을 줄 수 있어야 하는데 좋은 영향을 주어야 합니다. 여기에서 제자들이 나옵니다. 이것이 또한 좋은 주님의 교회 모습입니다.

2) 바울이 골로새교회를 생각할 때에 빌레몬과 오네시모를 생각하며 하나님께 감사함이 풍성하게 되었습니다.

그 이유는 그들이 교회 전체에 좋은 영향을 끼쳤기 때문입니다.
① 교회 안에 어머니 품과 같은 포근한 일꾼이 많아야 합니다.

아버지와 같은 근엄함으로 교회를 세워져가는 것도 있지만 어머니 같은 자상한 일꾼이 많아야 합니다. 장로님, 안수집사님, 권사님, 서리집사님들이 우리 교회의 포근한 일꾼이 되어야 합니다. 그래서 교회 가는 날이 기다려지고 예배시간이 기다려지게 해야 합니다.
② 성경에서 그 인물을 소개한다면 이런 사람입니다.
(행11:24)바나바를 소개합니다. 착한 사람이요 성령과 믿음이 충만한 사람이었습니다. 바울도 초창기에 바나바의 영향에서 세워지게 되었고(행11:25, 15:37), 마가도 무책임한 사람이 훌륭하게 성장된(딤후4:11) 배경에는 바나바의 역사 때문이었습니다.

3. 빌레몬과 오네시모 이들을 만나면 편안케 되고 기쁨이 있는 사람들이었습니다.

만나면 좋은 사람이 있고 좋지 않은 사람이 있는데 이들을 만나면 좋았습니다.

1) 바울이 하나님께 감사한 이유가 여기게 있었습니다.
바울에게는 물론이고 다른 사람에게는 큰 기쁨이 되었기 때문입니다.
① 성경 안에서 우리가 간직해야 할 옳은 신앙입니다.
(7절) "형제여 성도들의 마음이 너로 말미암아 평안함을 얻었으니 내가 너의 사랑으로 많은 기쁨과 위로를 얻었노라"했습니다. 이것이 현대교회가 간직해야 할 부분입니다.
② 사랑으로 인해서 기쁨과 위로가 있는 교회가 되게 해야 합니다.
교회에 나와 사람을 만나게 되면 기쁨이 있고, 평안이 있으며 세상에서 받은 상처들을 싸매줘야 합니다. 이와 같은 교회는 누가 만들어 주는 것이 아니라 서로가 만들어 가야 하는 교회입니다.

2) 지금은 극단적으로 이기주의와 물질주의 그리고 향락주의로 치닫는 세상입니다.

　말세징조를 보이는 세대입니다.
① 이런 때에 바른 교회관과 바른 신앙을 빌레몬과 오네시모에게서 배우게 됩니다.
맘모스적 거대한 현대식 건물로 건축된 곳에 수많은 인파가 인기로 모인다고 해도 모범적이지 아니할 수 있습니다. 은평교회가 부족하지만 사도행전 교회로 돌아가고 초대교회 신앙을 다시 배워야 할 이유입니다.
② 이제는 성경으로 돌아가서 빌레몬과 오네시모의 신앙에서 바른 교회, 바른 신앙을 가지고 회복되어야 하겠습니다. 사랑과 용서 화해와 포용의 신앙이 역사하는 신앙으로 승리하게 되시기를 주의 이름으로 축원합니다.

▶ **결론** : 이제 우리가 유익한 신앙의 사람으로 거듭날 때입니다.

누구와 함께 가십니까?
(눅 22:28~34)

　인생은 세상을 혼자서 살 수 없습니다. 로빈슨 크로스가 배를 타고 가다가 난파당하여 무인도에 혼자 살아남게 되었을 때에 제일 무서운 것은 식인종이나 짐승이 아니라 외로움이었다고 했습니다. 현대에 와서 종로나 명동의 거리에 사람들이 넘치는 곳에도 고독과 외로움을 느끼게 하는 현실 속에서 '군중속의 고독'이라는 말을 사용합니다.
　하나님께서 아담을 창조하시고 홀로 있는 것이 좋아 보이지 않으셨기에 아담이 잠든 사이에 갈비 하나를 취하여 하와를 만드시고 같이 살도록 하였습니다(The LORD God said, "It is not good for the man to be alone. I will make a helper suitable for him."창 2:18). '이러므로 남자가 부모를 떠나 그 아내와 연합하여 둘이 한 몸을 이룰지로다'하였습니다.
　세상에는 함께(together)라는 대상이 참 많고 다양합니다. 옛 말에 '그 사람을 알려면 친구를 보면 알 수 있다'고 하였습니다. 교회 안에서도 내 주변에 긍정적이고 믿음 있는 사람인가? 아니면 부정적이고 불신앙자인가를 보아야 합니다. 사람들은 반려동물을 키우는데 심지어 뱀이나 돼지도 키우는 사람도 있습니다. 내 옆에 누가 함께 하고 있는 것은 매우 중요한 문제인바 생각하며 은혜 받는 시간들이 되시기를 바랍니다.

1. 내 인생 속에 하나님과 함께 가는지 살펴야 합니다.
　인생이 하나님과 함께 걷는 다는 것은 최고 최대의 가치가 됩니다.

1) 날마다 주님과 함께 하는 일에 힘써야 합니다.

세상 끝날 까지 항상 함께 하시겠다고 약속해 주셨습니다(마 28:20).
① 무슨 일이 있든지 언제나 함께하시는 예수님이십니다.
'항상'(always)입니다. 그래서 예수님은 우리의 임마누엘(Immanuel)되십니다(사 7:14: 마 1:23). 그리고 영원토록 출입을 지켜주십니다(시 121:1~8). 구약시대부터 지금까지 예수님은 함께 하실 것을 약속해 주셨습니다(사 41:10).
② 사람은 변질되기 쉽습니다.
약속했어도 상황이 변하면 변질되는 것이 인간들입니다. 예수님의 수제자인 베드로와 제자들이 그 좋은 본보기입니다. 상황에 따라서 변했던 사람들이 있었습니다(마 26:33, 26:6~9, 7:5). 이런 현장은 오늘날 교회 안에서도 많이 볼 수 있습니다. 누가 뭐라고 하지도 않고 시키지 아니 했는데도 스스로 교회 위해서 죽도록 일하겠다고 하고서도 생활이 변하고 은혜가 떨어지면 어디론가 자취를 감춘사람들이 수 없이 많다는 사실입니다. 그래서 예수님도 사람들을 아시기 때문에 저희들에게 의탁치 아니하였다고 하였습니다(요 2:24~25).

2) 우리는 언제나 주님과 함께 가는 인생이 되어야 합니다.

내가 유능하거나 잘나서가 아니라 내가 죄인이기 때문에 주님이 우리에게 함께 하십니다(롬 5:8).
① 술람미 여인을 통해서 교훈해 주셨습니다.
솔로몬이 이 사랑해서 함께 가자고 하는 여인은 술람미 여인인데 우리 모두에게 주시는 사랑의 노래입니다. 나의 사랑 나의 어여쁜 자야 일어나 함께 가자고 하십니다(아 2:1~13). 아무에게나 함께 가지고 하심이 아닙니다. 예수님은 제자들에게도 말씀해 주셨습니다(마 26:46).
② 주님과 함께 가는 인생은 성공의 길 뿐입니다.

세상적인 개념에서 성공이 아니라 천국을 영원히 누리는 차원에서의 성공입니다. 반대로 세상에서 물질적으로 성공했어도 하나님을 떠나면 지옥에 길입니다(눅 16:24). 따라서 우리는 이 세상을 살면서 언제나 하나님과 함께 걷는 인생이 되어야 합니다.

2. 이 세상에서도 함께 가야되는 사람들이 있습니다.
주님과 걷는 것을 기본인 동시에 사람과도 함께 걸어야 합니다.

1) 멀리해서는 안 되는 것이 인생의 동반자입니다.
하나님께서 내 옆에 붙여 주신 사람이기에 귀합니다.
① 부부는 인생의 동반자입니다.
부부이기 때문에 언제나 함께 가야 합니다. 자녀들이 많아도 나중에 다 떠나고 부부만 있는 곳이 가정입니다. 따라서 장점만 보고 단점은 서로 덮으면서 평생 동안 함께 가는 동반자가 되어야 하겠습니다. 장점을 감추고 단점만 가지고 이야기하면 서로 곤란합니다.
② 예수님 믿음 안에서 작은 천국이 되도록 힘써야 합니다.
세상에 가정들은 100%만족한 가정은 하나도 없습니다. 부족해도 서로 맞추어 가면서 살아가야 합니다. 교회론적인 면에서 교회역시 마찬가지입니다. 그래서 가정은 교회로 비유하였습니다(엡 5:21~33). 지상교회 역시 만족할 곳은 없지만 서로 덮으면서 천국복음에 힘써야 합니다.

2) 가정 모두가 함께 하기 위해서는 몇 가지 기억해야 합니다.
가족의 구성원, 교회의 구성원들은 꼭 기억해야 합니다.
① 서로 인내해야 합니다.
교회 안에서도, 가정에서도 구성원들이 하나같이 참아 주며 기다릴 수 있어야 합니다. 예수님은 나 같은 사람위해서도 기다리셨습니다. 참고 인내하시는데 천년이 하루같이 기다리시기도 하십니다(벧후 3:8).

② 참는 것이 사랑이라고 하였습니다.
하나님은 사랑이십니다. (고전 13:4) '사랑은 오래참고 사랑은 온유하며 투기하지 아니하고'(Love is patient)하였습니다. 교회생활 역시 참아주고 기다릴 때에 성숙한 신앙인이 됩니다. 은평교회에 속한 모든 권속들이 가정에서나 교회에서도 참고 견디는 은혜가 있기를 바랍니다.

3. 은평교회는 서로가 함께 하는 교회로 성장해야 합니다.
모든 지상교회들이 이와 같은 모습의 교회가 되어야 합니다.

1) 하나님의 교회는 서로 함께하는 교회로 성장해야 합니다.
① 초대교회의 모습에서 보겠습니다.
초대교회는 핍박과 어려운 중에도 서로 함께 모였고(행 2:1), 서로 물건도 통용하였고(행 2:44), 모여 기도하였고(행 1:14), 평안의 매는 줄로 성령의 하나 되게 하신 것을 힘써 지키라(엡 4:3)하였습니다.
② 교회생활은 독창이 아니라 합창입니다.
가정생활도 합창입니다. 소프라노, 앨토, 테너, 베이스가 하나 같이 난합된 음성이 되기 위해서 자기 음 뿐 아니라 다른 파트까지 모두 듣고 하모니를 이루는데 힘써야 합니다. 자신의 음을 절제하고 다른 사람의 음을 들어야 합니다. 교회생활, 가정생활이 이러 합니다.

2) 우리 모두는 하나같이 함께 가기 때문입니다.
가정에 행복한 최후 목적인 천국까지 같이 가야 합니다.
① 주님이 우리와 함께 가십니다.
내 곁에는 주님이 늘 함께 계심도 믿어야 합니다. 마귀와 같이 하면 결국 지옥입니다(마 25:41). 따라서 마귀와 절대로 같이 가면 곤란합니다. 주님과 만 함께 가야 합니다.

② 목적지가 분명합니다.

천국이 우리의 목적지입니다(빌 3:20). 현재 누구와 함께 가고 있습니까? 다시 한번 파악하고 확인해야 합니다(고후 13:5). 은평교회 모든 성도들이 하나 같이 주님과 인생을 걷게 되시기를 주님의 이름으로 축원합니다.

▶ **결론** : 주님은 내 곁에 계십니다.